a nova história do brasil

Armelle Enders

a nova história do brasil

Tradução
MARISA MOTTA

© Editions Chandeigne, Paris, 2008

Preparação de textos
Heloisa Arruda

Revisão
Maria Helena da Silva

Capa e caderno de fotos
Studio Ormus

Editoração Eletrônica
Editoriarte

Adequado ao novo acordo ortográfico da língua portuguesa

CIP-BRASIL. CATALOGAÇÃO-NA-FONTE.
SINDICATO NACIONAL DOS EDITORES DE LIVROS, RJ.
....

E47n
    Enders, Armelle
      A nova história do Brasil / Armelle Enders ; tradução Marisa Motta. — Rio de Janeiro : Gryphus, 2012.
      il.

    Tradução de: Nouvelle histoire du Brésil
    Inclui bibliografia
    ISBN 978-85-60610-78-5

    1. Brasil — História. I. Título.

12-2265.   CDD: 981
                        CDU: 94(81)

11.04.12   16.04.12   034596
....

GRYPHUS EDITORA
Rua Major Rubens Vaz, 456 — Gávea — 22470-070
Rio de Janeiro — RJ — Tel.: (0XX21) 2533-2508 — www.gryphus.com.br
e-mail: gryphus@gryphus.com.br

Sumário

Prefácio 9

PRIMEIRA PARTE: O BRASIL ANTES DO BRASIL   15
  CAPÍTULO I: Pré-história (12000 a.C. a 1500 d.C.)   17
    A pré-história americana do Brasil   18
    A pré-história portuguesa do Brasil   26
  CAPÍTULO II: Na esteira da rota das Índias (1530-c.1580)   29
    A "terra do pau-brasil", um litoral disputado   29
    Os primeiros núcleos de colonização   32
    A criação de um governo geral e suas consequências   34
  CAPÍTULO III: Um arquipélago de colônias (século XVII)   41
    A riqueza da Bahia e de Pernambuco   42
    O sistema escravagista nas duas margens do Atlântico   46
    Escravos africanos: condições diversas   48
    O Atlântico Sul nas guerras luso-holandesas (1598-1663)   50
    Rio de Janeiro entre o Peru e Angola   54
    São Paulo de Piratininga: uma civilização luso-tupi   58
    No Norte do Brasil: Maranhão e Grão-Pará   60
    Poderes locais, monarquia imperial   62
  CAPÍTULO IV: O século de ouro da América portuguesa (c.1700-1808)   67
    A corrida do ouro   68
    Administração e sociedade em Minas Gerais   70
    O dinamismo do setor interno   75
    O Brasil na monarquia portuguesa   77
    Reorganização administrativa e diversificação econômica   81
    Iluminismo, revoluções, conspirações   84
    A crise de 1807 em Portugal e a transferência da corte   91

Capítulo V: A nova corte imperial (1808-1820)   95
   A corte na América: emancipação do Brasil   95
   O Reino Unido de Portugal, Algarves e Brasil   99

Segunda Parte: A construção do Brasil e a formação dos brasileiros (as décadas de 1820 a 1930)   103
   Capítulo VI: Independências (1820-1840)   105
     A revolução portuguesa   105
     O nacionalismo *vintista* no Brasil   108
     Rio de Janeiro e São Paulo contra Lisboa   112
     O fracasso de D. Pedro I   115
     Regências e experiências (1831-1840)   122
     O Brasil de todas as revoltas   124
     Conservadores e liberais   127
   Capítulo VII: Escravidão e civilização. Império "coerente" ou império de contradições? (1840-1889)   129
     D. Pedro II ou a monarquia burguesa   129
     O café do vale do Paraíba do Sul: apogeu e declínio da agricultura escravagista   133
     1850: uma revolução na história do Brasil   135
     A guerra do Paraguai: uma reviravolta no império   140
     A abolição da escravatura   146
   Capítulo VIII: Os Estados Unidos do Brasil. Federalismo, liberalismo e oligarquias (1889-1930)   151
     Uma primeira década crítica   152
     Bacharéis, coronéis e "política dos estados"   159
     São Paulo, "a locomotiva da federação"   162
     As grandes revoltas da década de 1920   167

Terceira Parte: Os caminhos da democracia e do poder na década de 1930 ao ano 2000   173
   Capítulo IX: Nacionalismo, trabalhismo, desenvolvimento (1930-1964)   175
     O triunfo do autoritarismo   176
     A invenção do trabalhismo   183
     A República de 1946 ou o aprendizado da democracia   185

Sumário

CAPÍTULO X: Ordem e regressão: os militares no poder (1964-1985)   193
   A ditadura   194
   Uma guerra civil   199
   A procura de uma adesão   203
   A transição democrática   208
CAPÍTULO XI: Uma democracia, uma grande potência (1985-2007)   215
   O *post-scriptum* da "transição democrática" (1985-1992)   217
   A era do real, a mudança do Partido dos Trabalhadores e a alternância tranquila (a partir de 1992)   223
   Configurações do início do século   237
   O resgate da história e seus efeitos   239
   O país de todas as violências   241
   O Brasil, país do mundo   242
   Anexos   245
   A população da América portuguesa e do Brasil (1560-2007)   245
   Estimativa dos números de escravos vindos para o Brasil (1531-1850)   245
   Crescimento, dívida, inflação (1951-1997)   246

Notas   249

Bibliografia   255

Índice   265

Ilustrações dos mapas   269

Prefácio

A NOVA HISTÓRIA DO BRASIL PRETENDE ser um prolongamento da *Histoire du Brésil* publicada pela primeira vez em 1973 por Frédéric Mauro na célebre coleção "Que sais-je?", com um enfoque enciclopédico, pela Presses Universitaires de France. Professor da Universidade de Toulouse, depois de Paris X-Nanterre, Frédéric Mauro (1921-2001) exerceu um papel importante no desenvolvimento de estudos históricos sobre o Brasil na França, com suas publicações e trabalhos que coordenou, em especial na época da ditadura militar que obrigou muitos estudantes a se exilarem.

A partir do início da década de 1970, os cursos de doutoramento multiplicaram-se no Brasil e centenas de teses foram defendidas, o que exigiu a atualização do livro de Frédéric Mauro. Ao contrário de uma ideia imutável, nada é mais volátil do que a história como disciplina, um reflexo de sua época e sujeita a uma revisão constante.

Entre 1960 e 1970, quando Frédéric Mauro reunia material para escrever "Que sais-je?", as explicações de ordem econômica eram preponderantes. A história do Brasil media-se por arrobas[1] de açúcar e toneladas de aço. Ela era uma sucessão de "ciclos" em torno de uma determinada produção destinada à exportação. Inadequada e enganosa, a noção de "ciclo" não é mais usada pelos historiadores.

Nesse início do século XXI, a globalização provoca um questionamento diferente do passado, uma contestação crescente dos relatos nacionais e uma inserção dos acontecimentos em uma dimensão global. É preciso também relembrar os povos derrotados, resgatar a dignidade dos escravos e das pessoas subjugadas, como atores de uma história que lhes pertenceu. Nessa perspectiva, a história do Brasil proporciona um excelente exemplo para observar que a fragmentação do mundo não é um fenômeno atual, que a construção deste País resultou de um processo bem mais complexo do que a relação de dependência com a Europa, e que a partir do século XVI os estabelecimentos portugueses e suas atividades pioneiras foram um ponto de confluência de homens vindos de horizontes diferentes e onde se entremearam as influências culturais diversas.

A primeira parte deste livro aborda o "Brasil antes do Brasil", ou seja, o longo período que precede a Independência de 1822, no momento em que o Brasil tornou-se um Estado-nação cujas dimensões continentais são conhecidas no mundo inteiro. O livro começa há 14 mil anos, quando caçadores-coletores partiram da Ásia em direção à América e termina no final de 2007, no início do segundo mandato do presidente Luís Inácio Lula da Silva.

Desde o momento em que esse Novo Mundo entrou na órbita europeia, o significado da palavra "Brasil" variou bastante em função da extensão da conquista portuguesa e de sua organização. Para compreender a evolução desse território entre o século XVI e a primeira metade do século XX, é preciso esquecer os mapas contemporâneos, a silhueta maciça em forma de harpa, e imaginar as áreas de povoamento descontínuas e na maioria concentradas ao longo do litoral. Além disso, devemos analisar os estabelecimentos portugueses com características diversas, em vez de vê-los como parte de uma colônia unificada, a exemplo da região amazônica ao norte do país, que de 1621 a 1772 não pertencia ao "Brasil" e constituía unidade geográfica distinta dos Estados do Maranhão e Grão Pará. No final do século XVIII, falava-se ainda em "províncias genericamente chamadas de Brasil", o que indica que o "Brasil" era uma acepção geográfica e não uma entidade política.

Na verdade, o "Brasil" pertencia a uma monarquia que se estendia por todos os mares do mundo e em todos os continentes. A monarquia compunha-se de um conjunto de "colônias" portuguesas, no sentido em que os conquistadores e os imigrantes vindos da península Ibérica criavam uma linhagem e impunham com rigor o respeito ao rei de Portugal. O Antigo Regime, fundado sobre a organização desigual da sociedade com privilégios diferentes, tinha muitas semelhanças ao regime aplicado no Brasil pelo reino de Portugal. Assim, a Independência em 1822 não resultou de uma deterioração implacável do sistema econômico colonial e, ainda menos, de um movimento nacionalista na América. A Independência do Brasil foi uma consequência da crise do Antigo Regime português, que se iniciou na Europa e repercutiu nas diferentes partes dessa monarquia imperial.

A colonização portuguesa tem a reputação de ter promovido a mestiçagem. O nacionalismo brasileiro organizou-se a partir das décadas de 1930 e 1940 em torno da ideia de um "povo mestiço", uma ideia que moldou profundamente o imaginário sobre o Brasil no estrangeiro. Como essa percepção está sempre presente e a mestiçagem tem hoje uma conotação muito positiva, é necessário definir seu significado e seus contornos.

De um ponto de vista histórico, a mestiçagem engloba dois tipos de questionamento. Primeiro, o sentido biológico que remete ao cruzamento das "raças", sempre algo constrangedor quando se refere à espécie humana. Aplicada ao Brasil, a mestiçagem em seu sentido biológico designa a mistura entre as populações nativas, europeias e africanas e subentende a formação de uma sociedade diversificada, impermeável ao racismo. Porém, isso não refletiu a realidade.

À época do Antigo Regime, o que se denomina em geral de "período colonial", a sociedade era estratificada de acordo com a cor da pele em quatro categorias principais: brancos, índios, negros e pardos. Enquanto a categoria dos negros associava-se diretamente à escravatura, a dos pardos referia-se à população livre com a pele escura, inclusive os mulatos. No período colonial, os "mestiços" refletiam menos a ideia da cor da pele e, sim, a um status cívico e definia uma posição social específica, superior à do negro e inferior à dos brancos. Nas milícias, brancos e homens de cor serviam em unidades separadas. A mestiçagem também tinha uma conotação de gênero: o homem branco podia casar com uma mestiça, mas o contrário era inimaginável.

Em 1824, durante o império, a população livre com a pele escura e, portanto, os mestiços, era considerada do ponto de vista jurídico cidadãos à parte. No século XX, o "mestiço" (mulato) e, ainda mais, a "mestiça" (mulata) foram alçados a tipos nacionais por excelência, até que isso foi denunciado como uma manobra para encobrir a realidade da discriminação racial no Brasil e o fato de a escravidão ter sido maciça até 1888. Então, por trás da expressão "Brasil mestiço," se escondem inúmeros problemas da história social, política e cultural importantes e, às vezes, trágicos.

Recentemente, a mestiçagem passou a ter outro sentido ao se tornar uma metáfora de misturas culturais e cosmopolitismo pós-colonial. A América Latina, com seu mosaico da Europa, lembranças da África e povoamentos indígenas, parece prefigurar o novo mundo. No entanto, não temos certeza de que possamos impunemente analisar uma problemática tão atual no Brasil em uma perspectiva do passado, sob o risco de multiplicar os anacronismos e de atenuar os clichês simplistas. Ao contrário, temos a tendência curiosa de chamar de "transferências culturais" as mudanças que aconteceram no Ocidente e "mestiçagem" à circulação de ideias e de coisas no meio externo à Europa.

A mesma reflexão impõe-se em relação à noção de "populismo" associada à maioria dos acontecimentos políticos da América Latina no período contemporâneo. Os comentaristas políticos latino-americanos contribuíram para a elaboração e a difusão desse conceito de uma geometria variável. Em seu sentido geral, o "populismo" refere-se a um regime e a uma prática de poder em vez de uma ideologia, um desvio da democracia. Em um governo populista, o chefe do Executivo apresenta-se como o depositário da vontade nacional e tenta criar uma relação direta e vertical entre sua pessoa e o povo, em detrimento de outras instituições representativas como o Congresso. O líder populista garante o apoio popular com a promulgação de medidas sociais.

No Brasil, o arquétipo do "populismo" foi o governo de Getúlio Vargas, a partir da década de 1940 e, ainda mais acentuado, em seu governo de 1950-1954, durante o contexto democrático da Constituição de 1946. A qualificação também se aplica a seus herdeiros políticos como João Goulart e Leonel Brizola, que sempre defenderam a teoria do "trabalhismo" em vez do "populismo" em seus governos.

Mas a noção de "populismo" tem sido objeto de revisão profunda no Brasil, porque não se trata de um conceito neutro. O "populismo", mesmo em seu uso acadêmico, conservou o caráter pejorativo, fruto das lutas políticas dos anos 1950 e 1960, e sugere a manipulação e as aparências. A direita hostil a Vargas o tachava de "populista", ao ver na política social do governo uma pura demagogia. A esquerda socialista criticava o controle do trabalho pelos sindicatos oficiais e por uma legislação do Estado, que não se originara do movimento operário. O "populismo" era de certa forma um artifício da razão capitalista.

Em resumo, o "populismo" foi uma doutrina demagógica de cunho paternalista. Devido a diversos pressupostos e de sua história polêmica, é difícil compreender plenamente o que foram o "getulismo" e o trabalhismo no Brasil. Por esse motivo, essas duas correntes políticas são pouco mencionadas nas páginas seguintes.

Este livro é fruto de cerca de vinte anos de leituras, pesquisas, discussões e visitas ao Brasil. Gostaríamos que tivesse uma vida mais breve que a do *Que sais-je?* de Frédéric Mauro. A publicação rápida de outras sínteses revelaria a vitalidade dos estudos sobre esse grande País.

Todos os livros têm seus companheiros de percurso que merecem um cumprimento amistoso e reconhecido. Obrigada a Sidnei, Gláucia, Orlando, Eliska e Bruno, Renato Franco, Marieta de Moraes Ferreira, Camila Dantas, Fundação Getulio Vargas e a Anne Lima.

In memoriam, a Ariane Witkowski.

PRIMEIRA PARTE

O Brasil antes do Brasil

CAPÍTULO I

Pré-história
(12 mil a.C. a 1500 d.C.)

STRICTO SENSU, O NOME "BRASIL" QUE designou a costa onde os navios europeus se abasteciam de pau-brasil, surgiu no século XVI. O "Brasil" nasceu eurocêntrico. Por isso, este livro da história do Brasil começa em abril de 1500, quando Pedro Álvares Cabral tomou posse da terra onde aportou em nome do rei de Portugal. No século XIX, os primeiros escritores brasileiros que escreveram a história de seu país mantiveram-se fiéis ao episódio da chegada de Pedro Álvares Cabral às terras brasileiras, minuciosamente descrito por Pero Vaz de Caminha, escrivão a bordo dos navios comandados por Cabral. Se nos mantivermos fiéis a essa versão do nascimento do Brasil, a pré-história deste País situa-se mais nos conciliábulos e nos empreendimentos audaciosos que impulsionaram os navegadores portugueses às "grandes descobertas" e à Índia, do que no interesse pela floresta espessa que cobria a costa brasileira.

A chegada dos portugueses em 1500 no litoral ao sul da América marca também uma ruptura cultural, ao introduzir a escrita nessa região e à sua introdução ao campo do conhecimento chamado história. As diferentes civilizações que se estabeleceram nessa região tão vasta, que se estende da bacia amazônica ao estuário do rio da Prata, não deixaram vestígios escritos que permitem conhecê-las melhor. Segundo a perspectiva clássica, elas pertencem ao domínio dos arqueólogos e não de historiadores. Mas isso não significa que os povos americanos não tenham passado ou que não evoluíram ao longo do tempo, embora em grande parte desconhecemos sua história devido ao caráter fragmentado das informações que possuíamos. O clima equatorial e tropical do

Brasil e a acidez do solo não conservaram vestígios orgânicos, como esqueletos, florestas e plantas, o que torna a datação difícil e a cronologia arriscada de determinar.

Para termos uma leitura que não seja exclusivamente eurocêntrica da história do Brasil, em especial no período dito "colonial", além de eliminar a ideia de uma sociedade criada *ab nihilo* a partir de 1500, e resgatar para os habitantes da América meridional uma parte de sua historicidade e, portanto, de sua complexidade, é preciso ultrapassar as dificuldades metodológicas e tentar mostrar as certezas e incertezas dos estudiosos a respeito do longo período — mais de 10 mil anos — que separa o início da presença humana nessas regiões antes da chegada da frota de Pedro Álvares Cabral.

A pré-história americana do Brasil

Em torno de 1950 havia uma espécie de consenso sobre o povoamento das Américas. Há 12 mil anos,[2] no final da última era glacial, quando o nível do mar era uns cem metros mais baixo do que hoje em dia (ou que a uns 5 mil anos a.C.), caçadores-coletores partiram da Ásia em direção à América pelo estreito de Bering. Essa migração foi, pensava-se, a origem da colonização progressiva do continente que terminou cerca de 8.500 anos a.C. Cinquenta anos depois essa suposição foi questionada pelos trabalhos dos arqueólogos, sem que houvesse uma nova explicação.

Diversos sítios arqueológicos na América do Sul, no Chile, assim como no planalto central brasileiro, evidenciaram a presença de seres humanos entre 11 mil e 9.500 anos a.C. Alguns arqueólogos afirmam que o povoamento do subcontinente é ainda mais antigo. Assim, calculam que o sítio de Pedra Furada ao sul do atual Estado do Pará foi povoado há 50 mil anos, mas os indícios descobertos pelos pesquisadores são controvertidos. Por outro lado, encontraram-se vestígios humanos com 12 mil anos (10 mil anos a.C.) e 8 mil anos (6 mil anos a.C.) em alguns lugares do Brasil atual, o que demonstra um povoamento bastante denso nesse período. Um crânio com 11.500 anos batizado de "Luzia" foi encontrado em Lapa Vermelha (Minas Gerais) e é o vestígio humano mais antigo "americano"

Pré-história

descoberto até hoje. "O homem da Lagoa Santa" (Luzia e seus semelhantes) não possuía um tipo mongol como os caçadores-coletores que atravessaram o estreito de Bering, mas um tipo físico mais próximo dos aborígenes da Austrália. Luzia, portanto, não é avó dos ameríndios como os conhecemos. Os esqueletos mais recentes, datados de 6 mil anos a.C., remetem a uma morfologia mongol. Esses elementos estimularam os estudiosos a supor que existiram diversas ondas migratórias através do estreito de Bering. A primeira, há 14 mil anos, originária do Sudeste da Ásia, foi submersa pela onda seguinte, mais numerosa e vinda do Noroeste do continente asiático.

Os vestígios mais antigos descobertos, da bacia amazônica às regiões meridionais mais frias, no planalto central brasileiro e ao longo da costa, confirmam o assentamento de populações que viviam da agricultura, da caça e da pesca. Essas populações deixaram no litoral testemunhos de sua cultura material, sob a forma de depósitos geológicos e terraços que os índios da língua tupi-guarani chamavam de sambaquis (de *tamba*: concha e *qui*: amontoado). Os sambaquis são distribuídos irregularmente ao longo da costa, no curso inferior do rio Amazonas até o sul do Brasil. Alguns têm 30 metros de altura e outros, provavelmente mais antigos, foram cobertos pelas marés do mar. Podemos datar o início do sambaqui de Porto Maurício (Paraná) de 6.030 anos a.C. e o de Piaçaguera (São Paulo) de 4.930 anos a.C., mas a maioria dos sítios estudados foi povoada a partir do IV e III milênios a.C. e abandonados durante o I milênio a.C.

Os sambaquis são formados pelo acúmulo de restos de alimentos como conchas, ossos de animais ou casca de nozes, cacos de cerâmica, utensílios, ornamentos e estatuetas. Eles não são simples depósitos: os sambaquis foram habitados e serviam também de sepultura. Diversos sítios testemunham uma longa ocupação de muitos séculos, às vezes de um milênio. Assim, a palavra sambaqui designa ao mesmo tempo os depósitos geológicos e a organização social das populações que viviam nesses lugares. Apesar de não serem homogêneos de uma extremidade a outra do litoral brasileiro em sua evolução no decorrer do tempo, essa organização durou cerca de 5 mil anos.

Em alguns sítios pesquisados no Estado de Santa Catarina as comunidades tinham tamanhos diferentes, de dezenas a centenas de pessoas. Sedentários, os habitantes dos sambaquis dominavam várias técnicas de pesca e, sem dúvida, eram marinheiros hábeis. Embora não tenham sido encontrados restos de embarcações, os sítios são ricos em vestígios de peixes de alto-mar. Encontraram-se também traços de sambaquis em ilhas.

Na bacia amazônica os primeiros vestígios de ocupação humana localizam-se perto de Santarém e datam de cerca de 9 mil anos a.C. O conjunto dessa extensa região foi povoado (de maneira descontínua) em torno de 7 mil anos a.C. A Amazônia, caracterizada por sua extraordinária diversidade natural e social, é o berço de quatro famílias linguísticas: aruaque, caribe, jê e tupi. A difusão das dezenas de milhares de línguas do continente ajuda a reconstituir a história desses povos, suas migrações e conquistas territoriais, resultantes do progresso da agricultura.

Se os Andes e a Mesoamérica foram o centro do cultivo de grãos como o milho, a Amazônia, em especial, na bacia do alto Madeira, teve um papel comparável no cultivo do abacaxi, papaia, da palmeira pupunha (cujos frutos são comestíveis), de amendoim e, sobretudo, da mandioca. O cultivo de plantas antecedeu à difusão da agricultura, lentamente adotada pelos povos da Amazônia entre 6 mil e 1 mil anos a.C. As práticas agrícolas nem sempre substituíram as colheitas de frutos ou vegetais de maneira definitiva, mas as duas atividades às vezes se alternavam ou se associavam. Como vestígios agrícolas da Amazônia antiga, restam as "terras negras" cultivadas pelos índios pré-históricos e consideradas pelos camponeses contemporâneos como as mais férteis. Depois de abrirem clareiras na floresta sem utensílios metálicos, os índios espalhavam pela terra todos os tipos de dejetos orgânicos produzidos nas aldeias e nos quais misturavam pedaços de cerâmica que freavam a evaporação e mantinham certa umidade. Essas "terras negras", das quais as mais antigas (na atual Rondônia) têm 4 mil anos, resultaram do esforço de transformar um meio relativamente ingrato para cultura agrícola.

O desenvolvimento da cerâmica acompanhou em geral a da agricultura, embora os caçadores e os sambaquieiros também tenham utilizado a cerâmica. Foi ainda na Amazônia, perto de Santarém, que os arqueólogos encontraram as cerâmicas mais antigas do continente datadas de 5 mil anos a.C. O conjunto dessas descobertas revelou que em vez de serem periféricas e atrasadas em relação às civilizações da cordilheira

O povoamento da América do Sul

dos Andes, as regiões equatoriais e tropicais da Amazônia foram um centro de inovações fundamentais.

A região amazônica deu origem a muitas "tradições"[3] de cerâmicas extraordinárias, sendo que a mais famosa é a tradição marajoara da ilha de Marajó, na foz do rio Amazonas. Nessa ilha densamente povoada, os índios construíram a partir do século IV d.C. inúmeros terraços para evitar as inundações sazonais e, também, para fins agrícolas. Eles também fabricaram cerâmicas policromáticas de excelente qualidade chamadas "marajoaras". As diferenças entre as sepulturas sugerem uma sociedade hierarquizada, com uma pequena elite e uma grande quantidade de pessoas comuns. A cultura marajoara desapareceu no século XIV.

A Amazônia brasileira é também, provavelmente, a região de origem dos povos migratórios e conquistadores da língua tupi-guarani, os primeiros aborígenes com os quais os portugueses e outros navegadores europeus criaram vínculos profundos. As descrições e relatos sobre as tribos tupi-guarani multiplicaram-se a partir do século XVI, porém eles não revelam informações sobre essas sociedades antes da chegada dos europeus.

A palavra "tupi-guarani" designa um tronco comum de línguas indígenas que se estende da Argentina à Guiana francesa, mas, segundo os linguistas, a palavra originou-se da Amazônia. Existe também uma "tradição tupi-guarani" que remonta a um tipo de cerâmica policromática.

Entre 500 a.C. e o início de nossa era, as tribos de língua tupi-guarani migraram de sua região de origem, no curso médio do rio Amazonas devido à pressão demográfica e períodos de seca provocados pelo fenômeno conhecido como El Niño. Algumas tribos como os guaranis desceram pelos rios Madeira e Guaporé, atravessaram a bacia do Paraguai e, por fim, conquistaram as regiões de florestas tropicais e subtropicais que se estendem do Sudeste do Brasil atual (de São Paulo ao Rio Grande do Sul), o Paraguai e a província argentina das Missões. Na região da "tríplice fronteira" entre o Brasil, Argentina e Paraguai, até a Bolívia, os descendentes dos guaranis até hoje constituem uma parte importante da população.

Por sua vez, os tupinambás e tupis seguiram o rio Amazonas até sua foz e continuaram o caminho ao longo das margens do rio onde a mata atlântica expandia-se em direção ao sul. O uso do pretérito imperfeito nesse texto é intencional devido à hipótese de o povoamento dos tupis nas costas brasileiras ter sido o prolongamento das migrações dos guaranis e não de outro grupo indígena que seguiu um caminho diferente. Em todo caso, supõe-se que em torno do ano mil d.C., os tupinambás colonizaram quase sem interrupção o litoral entre o estuário do Amazonas e o estado atual de São Paulo, onde entraram em conflito com os guaranis.

A expansão dos tupis-guaranis realizou-se em detrimento de outros povos, rechaçados, assimilados ou eliminados pelos recém-chegados. Precipitou assim o fim da ocupação dos sambaquis e do estilo de vida que se desenvolvera. A unidade cultural dos tupis-guaranis sobreviveu às migrações e à dispersão das tribos por vastas regiões, o que indica a continuação de contatos entre os diferentes grupos indígenas de língua tupi--guarani. As comunicações efetuavam-se principalmente por via fluvial ou marítima, mas na região dos guaranis, existia também um sistema de caminhos terrestres, o peabiru, que penetrava no interior do continente até o Peru atual. O peabiru ("caminho cerrado"), criado entre os séculos V e IX d.C. e coberto por uma vegetação baixa que impedia o crescimento de árvores que poderiam bloquear o caminho, continua a suscitar muitas dúvidas sobre suas funções e em relação às sociedades que se comunicavam através dele.

As terras conquistadas pelos tupis-guaranis formaram mais uma "teia de aranha" do que um território contínuo. Entre as regiões colonizadas pelos tupinambás e guaranis havia grupos indígenas que os tupis-guaranis chamavam de tapuias, mas que não tinham uma civilização unificada. Apesar das afinidades linguísticas e culturais, nem os tupis ou os guaranis construíram um império. Ao contrário, a fragmentação em tribos, com frequência inimigas entre si, caracterizava sua organização social.

Os guaranis e os tupis migraram do planalto central, mais seco e frio, para as regiões de florestas onde encontravam seus meios de subsistência. Praticavam uma agricultura a partir de queimadas, sendo a mandioca o principal produto. Também cultivavam milho, feijão, batata-doce, amendoim, abóbora, tabaco, algodão e o urucum,[4] mas não criavam animais.

As aldeias situavam-se de preferência perto de rios, que serviam de fonte de água doce, meio de comunicação e local de pesca. As aldeias ou

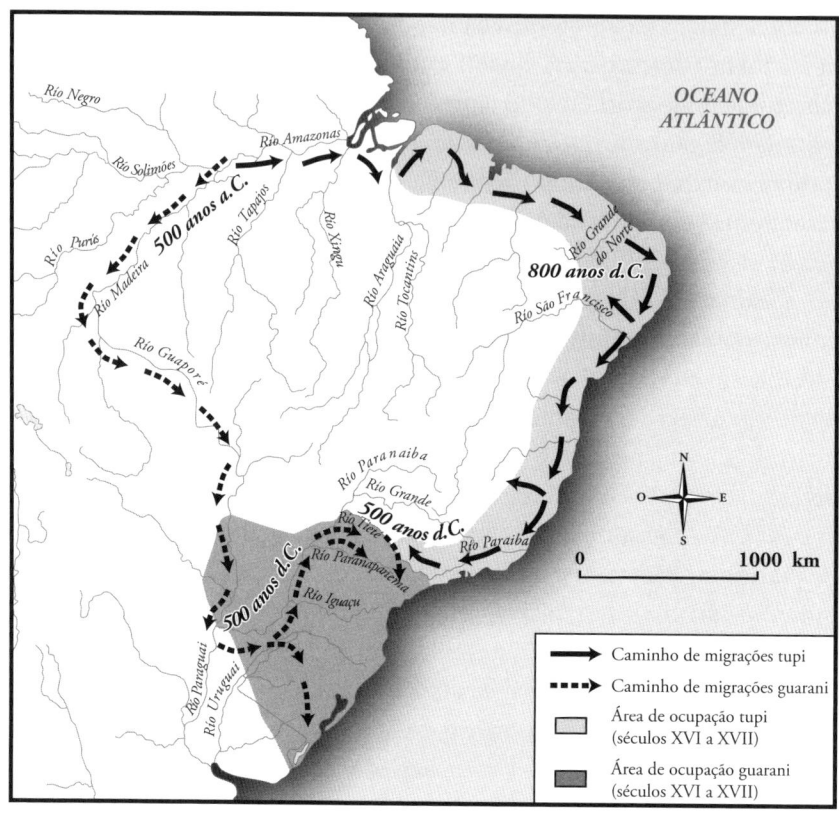

As migrações tupi-guarani (segundo a hipótese de Brochado, 1984)

tabas com suas ocas mudavam de lugar depois de alguns anos, quando o solo da clareira se esgotava e as construções de madeira cobertas por fibras vegetais deterioravam-se. A necessidade de expandir o território da tribo, devido ao crescimento demográfico ou à penúria, criava conflitos entre as tribos vizinhas, quase sempre entre os tupis e guaranis. Os prisioneiros eram mortos e comidos durante cerimônias ritualísticas. As guerras e o canibalismo tinham um sentido religioso e de sacrifício, ou seja, significava vingar os mortos nos combates e alimentar o ciclo da vida.

Os tupiniquins, grupo indígena de língua tupi-guarani, que viviam no litoral, foram os primeiros a verem, na manhã do dia 23 de abril de 1500, a frota de navios enormes ancorados a uns 3 quilômetros da costa.

Os canhões se sobressaíam, e a bordo havia homens brancos, barbudos e totalmente vestidos. Eles haviam tentado chegar à foz de um rio. Os tupiniquins nus, com penas nas cabeças, arcos e flechas nas mãos, correram em direção a eles. No entanto, nada aconteceu de especial durante o encontro. Por parte dos homens brancos, havia a prudência. Além disso, o mar estava agitado e o barulho da ressaca abafava as vozes. Os homens trocaram seus pertences como sinal de paz: um gorro vermelho, uma touca de linho, um chapéu preto por um cocar de penas e um colar de pequenas pérolas brancas. Os *caraybas* (os brancos) retornaram aos navios e levantaram âncora na manhã seguinte sob os olhos de alguns tupiniquins reunidos na praia. A uns 60 quilômetros ao norte, perto de um lugar chamado Porto Seguro, a frota de caravelas passou alguns dias ancorada e houve os primeiros contatos entre os tupiniquins e os portugueses comandados por Pedro Álvares Cabral. Ambos procuraram se familiarizar uns com os outros. Para os tupiniquins havia um mundo novo a descobrir: armas e instrumentos de ferro, carneiros, galinhas, uma fala incompreensível, procissões e cerimônias curiosas...tudo inédito e desconhecido.

Os portugueses, habituados ao comércio com povos de costumes os mais diversos, admiraram a salubridade da terra, o clima agradável e a abundância de água doce. Apesar da surpresa diante da nudez dos índios, ao mesmo tempo essa nudez os tranquilizou. Eles viram que os homens não eram circuncidados e que, portanto, não haviam chegado a uma terra muçulmana.

Conscientes que sua descoberta era importante, os portugueses ergueram uma cruz, em que estavam pregadas as armas e divisas do rei D. Manuel e enviaram uma caravela para Lisboa, a fim de informar ao rei que a lista de conquistas incluía uma nova terra batizada de "ilha da Vera Cruz". Para conhecer o país e seus recursos, além de aprender a língua e servir de intérprete mais tarde, eles deixaram dois proscritos junto com os índios. Os detalhes dos 11 dias que a frota de Cabral passou nesse litoral estão descritos na carta escrita por Pero Vaz de Caminha, enviado depois à Índia para se ocupar da construção de uma feitoria em Calecute. No sábado, dia 2 de maio, a armada portuguesa partiu para a Índia, o verdadeiro objetivo da viagem.

A pré-história portuguesa no Brasil

O Oriente era o centro das atenções e das iniciativas portuguesas. Durante o século XV com as mudanças geopolíticas ocorridas no Mediterrâneo e na Europa, as coroas ibéricas, Portugal, Aragão e Castela, acumularam capital, conhecimento e experiência para realizar grandes expedições marítimas. As sociedades ibéricas, prestes a terminar a Reconquista para expulsar os mouros, estavam disponíveis para realizar novas cruzadas e novas conquistas. Em 1415, os portugueses em sua guerra ultramarina contra os mulçumanos conquistaram a cidade de Ceuta na costa marroquina, mas o espírito das cruzadas logo se renovou por razões comerciais. O avanço dos turcos no Mediterrâneo oriental (conquista de Constantinopla em 1453) dificultou o comércio de especiarias do Levante e os comerciantes venezianos e genoveses, com seu dinheiro e experiência, partiram para outros lugares. A rota marítima que ligava as cidades italianas e o Norte da Europa percorria a península Ibérica cujos portos, Lisboa, Sevilha e Cádiz, beneficiaram-se com o impulso do comércio e com a criação de colônias de comerciantes italianos.

Após a conquista das ilhas e arquipélagos do Atlântico Norte (Açores e Madeira) os portugueses partiram para a costa africana. Em 1444, chegaram à Guiné ou "país dos negros". Sempre que possível, inseriam-se nas redes comerciais existentes, armazenavam e negociavam as mercadorias nas feitorias que fundavam, de preferência nas ilhas ao longo da costa. A África fornecia principalmente ouro e escravos, que começaram a chegar a Portugal a partir de 1425.

Com a ascensão ao trono de D. João II em 1481, a exploração e o comércio com a Guiné passou a ser uma atividade exclusiva da Coroa portuguesa. Essas iniciativas faziam parte também de uma política ambiciosa. Os portugueses queriam chegar à península indiana por mar, contornando a África. Com esse objetivo, tornaram-se intermediários dos mulçumanos, que controlavam a rota terrestre para a Ásia, e apossaram-se do comércio de especiarias dos venezianos.

O regime de ventos e correntes do Atlântico Sul dificultou o contorno da África, obrigando os marinheiros a se afastarem da costa e a navegar em direção ao oeste antes de dirigirem-se para o sul do continente. Em 1488 Bartolomeu Dias atravessou o cabo da Boa Esperança, como ele o batizou. Nesse ínterim, os espanhóis, afastados pelos portugueses da rota oriental, também procuraram um caminho direto para a Ásia e pensaram encontrá-lo atravessando o oceano Atlântico rumo ao Ocidente. Quando os portugueses chegaram ao oceano Índico, Cristovão Colombo alcançou as Grandes Antilhas e iniciou, em 1492, o primeiro capítulo da história das "Índias espanholas".

As "descobertas" e "conquistas", as palavras usadas pelas coroas portuguesas e espanholas e pelos navegadores, realizadas ou a serem conquistadas, resultaram em um acordo de partilha arbitrado pelo papa entre os monarcas ibéricos, a fim de terminar as rivalidades. O Tratado de Tordesilhas firmado em 7 de junho de 1494 atribuiu ao rei de Portugal a soberania sobre o território situado a leste de um meridiano a 370 léguas das ilhas de Cabo Verde. A divisão territorial garantiu aos portugueses o controle do Atlântico Sul, fundamental para ir à Índia. Eles mantiveram também o direito de posse eventual de ilhas e de terras que os navegadores suspeitavam da existência e que, aos seus olhos, não era admissível que os espanhóis conquistassem. A política portuguesa continuava atraída pelo Oriente cujas riquezas eram *a priori* mais promissoras do que as ilhas de domínio espanhol. Em 20 de maio de 1498, os portugueses atingiram seu objetivo e a frota de Vasco da Gama ancorou em frente a Calicute na costa oriental da Índia. Dois dos quatro navios da armada voltaram para Lisboa em agosto de 1499, com os porões carregados de noz moscada, gengibre, canela e pimenta.

Depois dessa primeira viagem, uma segunda frota comandada por Pedro Álvares Cabral consolidou as conquistas portuguesas. Em 9 de março de 1500, 13 navios e 1.200 homens partiram do estuário do Tejo em direção a Calicute. Um mês mais tarde, após terem passado pelas ilhas de Cabo Verde, os navios dirigiram-se para o oeste e, na noite de 22 de abril, os portugueses avistaram terra. Sem saber se era uma ilha ou um continente, chamaram-na de "ilha de Vera Cruz".

O historiador brasileiro, Joaquim Norberto de Sousa Silva, provocou em 1850 uma controvérsia que ainda é discutida: "O descobrimento do Brasil por Pedro Álvares Cabral foi devido a um mero acaso ou teve ele alguns indícios para isso?"⁵ Os portugueses, tão bem informados a respeito das rotas marítimas do Atlântico Sul, sabiam ou supunham existir terras a conquistar no Atlântico Sul antes da posse oficial de Vera Cruz por Cabral? Será que negociaram com conhecimento de causa o Tratado de Tordesilhas que situava Vera Cruz na parte do mundo que lhes fora reservada? Desde 1850, a pergunta tem sido objeto de muitos debates, mas nenhuma prova categórica apoiou a hipótese de um descobrimento planejado. O assunto não interessa aos historiadores do século XXI, assim como a provável chegada do navegador Pinzón em janeiro de 1500 na costa setentrional do Brasil atual. A exploração de Pinzón não teve consequências. Por outro lado, não há dúvida que a Terra de Santa Cruz, nome por fim escolhido por D. Manuel, originou-se da rota da Índia e permanecerá por muito tempo sua extensão. Em sua descrição, Pero Vaz de Caminha diz que a terra descoberta por Cabral é adequada para a colonização agrícola, mas que ela pode, sobretudo, ser uma escala excelente para as frotas com destino a Calicute.

Cabral pouco se beneficiou com sua descoberta, ofuscada pelas dificuldades de sua missão à Índia. Em Calicute enfrentou a hostilidade da população e dos comerciantes mulçumanos com quem entrou em conflito. Quando voltou a Lisboa, em julho de 1501, Cabral havia perdido metade de sua frota. Ele não mais recebeu missões importantes e morreu no esquecimento em torno de 1520.

CAPÍTULO II

Na esteira da rota das Índias (1530-c.1580)

NO INÍCIO DO SÉCULO XVI, PORTUGAL, com pouco mais de 800 mil habitantes, não tinha meios nem ambições para construir um império colonial no sentido contemporâneo do termo. Nas ilhas, em especial em Cabo Verde, os portugueses plantavam cana-de-açúcar e exploravam uma mão de obra servil, como no Mediterrâneo oriental e na Sicília, porém a maioria das conquistas portugueses não se estendia por grandes territórios. Elas formavam um conjunto de feitorias, às vezes protegidas por uma fortaleza. No Oriente, os portugueses enfrentaram Estados com grande capacidade de resistência. Sua hegemonia, então, foi imposta pela guerra e pela necessidade de criar o "Estado da Índia", com uma capital, Goa, e um vice-rei com amplas prerrogativas militares. Com essa finalidade, os comerciantes e missionários portugueses estabeleceram-se na China e no Japão.

Mas a terra descoberta por Cabral era diferente. Os portugueses não encontraram nem cidades nem caravanas de mercadorias ou jazidas minerais mas sim, uma floresta impenetrável a perder de vista e um povo que vivia nu e sem ambições.

A "terra do pau-brasil", um litoral disputado

Em junho de 1500, chegou a Lisboa o navio enviado por Cabral para informar a descoberta do novo território ao rei D. Manuel. Além da carta de Pero Vaz de Caminha, o navio levou papagaios e macacos, pedaços de pau-brasil e um índio. D. Manuel relatou aos reis católicos a conquista da Terra de Santa Cruz e preparou expedições para reconhecê-la.

Em maio de 1501, uma frota comandada por Gonçalo Coelho, acompanhado por Américo Vespúcio, partiu de Lisboa. Chegou ao Brasil no dia 17 de agosto no futuro Estado do Rio Grande do Norte, e depois seguiu para o sul ao longo da costa batizando os acidentes geográficos de acordo ao calendário. Em 1º de novembro de 1501, os navios entraram em uma baía que os portugueses chamaram de "Todos os Santos". Em 1º de janeiro de 1502, ao avistarem uma passagem estreita entre as montanhas pensaram que era a foz de um rio e encontraram o Rio de Janeiro, o "rio do mês de janeiro". A frota encerrou a viagem em uma praia batizada de Cananeia, desta vez por razões obscuras. Após desembarcar alguns proscritos, Gonçalo Coelho retornou à Lisboa. Os portugueses tinham várias novidades para contar: a Terra de Santa Cruz não era uma ilha, mas um continente; as populações indígenas não tinham atividade comercial e, em especial, praticavam o canibalismo. O único produto interessante, além dos papagaios, era o pau-brasil, nome inspirado em "brasa"* adotado na língua francesa no século XII antes de se difundir na Europa. A palavra designava a madeira de árvore originária da Ásia e que fornecia bela tinta vermelha muito apreciada pela indústria têxtil.

Para explorar região tão vasta sem muitas despesas, a Coroa retomou a prática utilizada na Guiné. Portugal assinou em 1502 um contrato com uma sociedade de comerciantes lisboetas dirigida por Fernando de Loronha (ou Noronha). Em troca do comércio exclusivo do pau-brasil, esses comerciantes precisavam enviar seis navios por ano ao país, explorar anualmente 1.800 quilômetros de litoral, construir uma fortaleza em Terra de Santa Cruz e dar ao rei parte de seus lucros. Em reconhecimento por seus bons serviços, em 1504 o rei presenteou Fernando de Noronha com uma ilha, que conserva ainda seu nome e que foi lugar de desterro antes de ser considerada santuário ecológico e Patrimônio Mundial Natural pela Unesco em 2001.

Os melhores lugares de extração do pau-brasil foram Pernambuco, a região de Porto Seguro e o litoral que se estende de Cabo Frio ao Rio

---

*Etimologia: francês antigo *breze,* atual *braise* 'brasa'. (N. do T.)

de Janeiro. Os portugueses fundaram algumas feitorias rudimentares onde ocorriam as transações comerciais. A criação de entreposto comercial dependia da boa vontade das tribos que viviam na região e de sua intensa colaboração. Os índios derrubavam as árvores e as carregavam até o local de embarque. Com a madeira e seu trabalho, esses *brasileiros*[6] adquiriram utensílios metálicos, machados, facas e anzóis de pescaria muito úteis na vida cotidiana. Nessa fase, os portugueses ainda controlavam os índios. Pouco numerosos, não teriam nenhuma vantagem no uso da força. No entanto, apesar das proibições da Coroa e dos armadores, os navios portugueses também levavam escravos comprados dos índios. Se a madeira fosse reexportada para a Itália ou Flandres, os escravos índios destinavam-se ao serviço das grandes famílias portuguesas. Os índios cultivavam laços de amizade e comerciais com os portugueses, no intuito de ganhar aliados preciosos para as inúmeras guerras contra os seus inimigos. Da mesma forma, os índios tomavam partido nas rivalidades dos europeus.

Os portugueses tinham grande dificuldade em manter o monopólio do pau-brasil em um litoral cada vez mais chamado de "terra do pau-brasil", em vez do nome oficial de Terra de Santa Cruz. Os marinheiros normandos que forneciam tecidos para os comerciantes de Rouen fizeram dura concorrência aos portugueses. O contrabando entre Dieppe, Honfleur e o Brasil foi muito importante durante a primeira metade do século XVI, causando enormes prejuízos para os comerciantes portugueses e para a soberania bastante teórica de D. Manuel e de seu sucessor D. João III (1502-1557). Os súditos do rei da França fizeram também acordos com as tribos do litoral. Os normandos aprenderam as línguas e os costumes locais, e asseguravam aos seus compatriotas grandes carregamentos de pau-brasil. Os empreendimentos normandos recebiam o apoio de Francisco I, que contestava com ironia a validade da partilha do mundo determinada pelo Tratado de Tordesilhas e pedia para ver o testamento de Adão. Em 1527, houve graves conflitos na Bahia entre os navios franceses e o governador português Cristóvão Jaques. Os portugueses eliminaram esses conflitos, mas esse enfrentamento provocou uma crise diplomática entre a França e Portugal.

Os primeiros núcleos de colonização

As ameaças dos franceses, assim como o avanço dos espanhóis na América do Sul e a descoberta de jazidas de metais preciosos, incentivaram Portugal a definir os limites do domínio americano e a reforçar sua presença. Os degredados e os náufragos que se instalaram no Sul do Brasil espalharam rumores promissores: existia no interior do continente um reino rico com uma "montanha de prata".

A expedição confiada por D. João III em 1530 a Martim Afonso de Sousa, ajudado pelo irmão Pero Lopes de Sousa, foi uma iniciativa crucial da Coroa portuguesa na província de Santa Cruz. Martim Afonso de Sousa foi encarregado como seus predecessores de realizar uma missão exploratória e punitiva contra os franceses, mas também, pela primeira vez, colonizadora. Além das atribuições militares, o capitão tinha prerrogativas administrativas e o poder de fundar cidades.

A frota chegou à costa brasileira em janeiro de 1531, perseguiu contrabandistas franceses em Pernambuco e, em seguida, navegou pela costa até o sul do continente. De Cananeia, Martim Afonso de Sousa enviou uma expedição ao interior, porém ela foi dizimada pelos índios na região do rio Iguaçu. Durante essa iniciativa frustrada, o capitão continuou a explorar o país até o estuário do rio Santa Maria (do rio de la Plata), onde Juan de Solis chegara há dez anos a mando do reino de Castela. Embora a região se situasse no hemisfério espanhol definido pelo Tratado de Tordesilhas, a Coroa portuguesa acalentava há muito tempo o projeto de fixar o limite meridional de sua ocupação na América do Sul nesse ponto.

Em fevereiro de 1532, Martim Afonso de Sousa fundou a primeira cidade portuguesa no Brasil, a cidade de São Vicente, "um porto para escravos", em uma pequena ilha no litoral paulista atual. Na monarquia portuguesa uma cidade dispunha de um governo exercido por uma Câmara sobre um território preciso (*termo*). O poder da justiça municipal era simbolizado por um mastro, o pelourinho, erguido próximo aos prédios que abrigavam as reuniões da Câmara municipal.

O capitão fundou também um lugarejo em Piratininga, a 80 quilômetros no interior perto de um rio. Em 1554 os jesuítas fundaram uma instituição religiosa nesse local, sob a proteção de são Paulo. O lugar dava acesso à rede de trilhas dos índios, o peabiru, portanto os portugueses conheciam sua existência. Um proscrito, João Ramalho, abandonado na região há uns vinte anos, gozava de grande influência sobre os índios tupiniquins de quem havia adotado os costumes. Ramalho garantiu a aliança com o chefe Tibiriçá, principal autoridade da região.

O vilarejo de Piratininga era inexpressivo, e São Vicente teve um progresso modesto, graças ao tráfico de escravos índios e à cultura de cana-de-açúcar. No final de algumas décadas, a colônia deslocou-se para o porto vizinho de Santos, mais cômodo e com um futuro mais promissor.

Poucas mulheres portuguesas acompanharam esses primeiros colonos, tanto em São Vicente como em outros lugares. Então eles casaram-se com as índias o que deu origem a uma nova categoria de mestiços, os mamelucos.[7] Essas alianças matrimoniais consolidaram os vínculos entre os portugueses e as tribos de índios que os apoiavam.

Diante da insistência das invasões francesas, D. João III decidiu colonizar o Brasil com a ajuda de um sistema utilizado nas ilhas do Atlântico, com um custo menor para as finanças da Coroa de Portugal. O país dividiu-se em 15 capitanias hereditárias. Cada uma delas possuía cerca de 350 quilômetros de litoral e estendiam-se teoricamente em direção ao interior até o meridiano de Tordesilhas. Essas capitanias foram cedidas a 12 donatários escolhidos entre os nobres dedicados à conquista da Índia ou à administração do reino. Os donatários tinham de colonizar sua imensa propriedade no prazo de cinco anos e para isso dispunham do poder de conceder sesmarias aos colonos que viessem para o Brasil. Em 1535 D. João ordenou que condenados por penas comuns, que até então eram enviados para a África ou a São Tomé e Príncipe, fossem deportados para o Brasil.

Os irmãos Sousa, que haviam servido ao rei em outros lugares, receberam os primeiros lotes de terras, entre a atual Santa Catarina e o Rio de Janeiro. Duarte Coelho que lutara na Índia recebeu a capitania de Pernambuco. O nome Pernambuco em tupi ("buraco do mar") refere-se à barreira de coral que se estende ao longo da costa e às passagens que permitem atravessá-la. Duarte Coelho instalou-se em suas terras da Nova Lusitânia no final de 1535, com duzentos colonos e fundou a cidade de Olinda alguns meses mais tarde. Em 1542, o primeiro engenho de açúcar começou a funcionar e, em torno de 1550, Pernambuco foi praticamente a única capitania que prosperou.

Para a maioria dos donatários, o Brasil foi um péssimo negócio. Os índios e seus aliados franceses não cessavam de atacar as colônias pouco protegidas. A colonização exigia pesados investimentos — armamento das frotas, importação de tecnologia e de pessoal qualificado para transformar a cana-de-açúcar em açúcar — e os benefícios eram demorados. A colonização também mudou a relação com as populações indígenas, devido à sua avidez em ocupar suas terras e obter mão de obra. Na década de 1540, a situação agravou-se ainda mais. Quase todos os povoados foram destruídos por ataques dos índios e os franceses continuaram a realizar ações ofensivas contra os portugueses. Na Bahia, o donatário Francisco Pereira Coutinho foi assassinado e devorado pelos tupinambás. A população portuguesa não ultrapassava 1.500 pessoas concentradas metade em São Vicente e a outra metade em Pernambuco. Entre esses dois povoamentos a presença dos portugueses era quase inexistente na costa.

Para garantir a segurança do Brasil e frustrar as ambições dos franceses, D. João III criou em 17 de dezembro de 1548 um governo geral no Brasil. Os donatários ficaram isentos de funções militares e administrativas, que passaram a ser exercidas pela Coroa de Portugal. O governo geral não extinguiu as capitanias hereditárias, mas superpôs a autoridade da Coroa onde o sistema fracassara. Tomé de Sousa, nomeado governador-geral do Brasil, partiu de Portugal em fevereiro de 1549, com a missão de "restabelecer a justiça em todas as capitanias". Um provedor-mor, um ouvidor, soldados, duzentos colonos e quatrocentos degredados o acompanharam. Seis jesuítas da Companhia de Jesus criada em 1540 reuniram-se à expedição.

A criação de um governo geral e suas consequências

Na baía de Todos os Santos a expedição de Tomé de Sousa encontrou apoio no português Diogo Álvares, conhecido postumamente pelo nome indígena de Caramuru, "o filho do trovão". Álvares sobrevivera a um naufrágio e vivia desde 1510 com os tupinambás. Em 1536 ganhou uma grande sesmaria do primeiro capitão donatário da Bahia, sobreviveu ao fracasso da capitania e ofereceu aos seus compatriotas o apoio de suas alianças e seu conhecimento do meio indígena.

Tomé de Sousa recebeu instruções precisas da Coroa. Primeiro, fundou uma cidade para abrigar a sede do governo. Situada em uma colina com vista para a baía, construiu na cidade de São Sebastião prédios e instituições essenciais para o funcionamento da organização municipal: um prédio para sediar as sessões da Câmara municipal, uma igreja, um Tribunal de Contas, uma alfândega e uma prisão. A cidade sediou também, em 1551, um arcebispado cujo primeiro titular, dom Pedro Fernandes Sardinha, foi aprisionado, assassinado e devorado pelos índios caetés. Em 1553, os jesuítas fundaram seu primeiro colégio, com sua organização típica, uma biblioteca, uma igreja e prédios para atividades educacionais. Fundaram colégios similares em outras capitanias, como em São Vicente, onde o padre Nóbrega chegou em 1550. O Brasil converteu-se em uma província da Companhia de Jesus em 1553.

A primeira medida do governador-geral tinha como meta pacificar os índios rebeldes. As autoridades portuguesas enfrentavam um dilema. Elas sabiam que o desgaste das relações devia-se ao aumento da escravidão e de pressões diversas sobre as terras indígenas e a mão de obra. No entanto, sabiam também que o futuro dos núcleos de colonização, onde a produção de açúcar começava a se desenvolver, dependia imperativamente do trabalho indígena. O governador-geral e seus sucessores mostraram-se impiedosos com os revoltosos cujas aldeias foram destruídas, seus habitantes massacrados ou escravizados. De 1558 a 1559, o governador-geral Mem de Sá subjugou os tupinambás da baía de Todos os Santos e destruiu 160 aldeias. Em 1562, as tribos caetés foram punidas da mesma maneira e aprisionadas. As expedições contra os índios foram realizadas também em outras capitanias. Os índios leais e devotados à Coroa eram amparados a princípio pelos portugueses e, cada vez mais, ficaram sob a proteção dos jesuítas nos quais a administração da colônia apoiava-se.

Os jesuítas aplicaram um método de colonização que garantiu a evangelização dos indígenas e sua incorporação à nova sociedade como camponeses sob tutela. Em qualquer lugar onde fosse possível, perto das cidades e dos burgos portugueses, os índios foram separados de suas tribos e reagrupados em aldeias[8] com terras coletivas, sob a autoridade dos jesuítas. Em torno de 1600 havia umas vinte aldeias habitadas por índios, que eram obrigados a abastecer a colônia com sua produção agrícola e fornecer trabalhadores recrutados por contrato. Essa organização da mão de obra logo revelou suas limitações e tornou-se uma fonte de conflitos entre os jesuítas e os moradores,[9] que precisavam de escravos em quantidades cada vez maiores. O fato de viver nessas aldeias significava para os índios um desenraizamento total de seus locais de origem. Além da renúncia às suas crenças e ritos tradicionais quando se convertiam ao cristianismo, a monogamia rígida, o uso de roupas, a organização do espaço, os horários precisos durante o dia, todo esse ambiente novo representou uma ruptura com o mundo indígena. As aldeias tornaram-se locais propícios à disseminação de epidemias, que começaram a dizimar as populações indígenas a partir de meados do século XVI.

A evangelização obrigou os jesuítas a interessarem-se mais pelas línguas e costumes indígenas. O padre José de Anchieta sistematizou as regras gramaticais de uma língua de comunicação com os índios, a "língua geral, a mais usada no litoral do Brasil", uma espécie de tupi-guarani universal que marcou o encontro entre o vocabulário tupi e a sintaxe latina. A "língua geral" e suas derivações de uso muito corrente predominaram na América portuguesa até o final do século XVII. Através dos tupis e dos guaranis os jesuítas conheceram os tapuias, os "bárbaros" cujas línguas não pertenciam à família linguística dos tupis. A língua tapuia não tinha equivalência na "língua geral" e caracterizava-se por uma grande diversidade linguística. Ao contrário dos tupis que colonizaram quase todo o litoral, os índios tapuias viviam no interior, no sertão do país, regiões jamais habitadas pelos portugueses, terras selvagens, a região da caatinga.

De 1550 e 1560, a resistência dos índios causou mais problemas aos portugueses na capitania do Rio de Janeiro. Os aliados dos portugueses, os tupiniquins, iniciaram uma guerra impiedosa às tribos tupinambás que povoavam as regiões entre Cabo Frio e a periferia da capitania de São Vicente. As tribos tupinambás, aliadas dos franceses, formaram uma aliança sob a liderança do chefe Cunhambebe e denominaram-se "tamoios" ("ancestrais" em tupi). Os portugueses perderam o controle da baía de Guanabara no Rio de Janeiro, situação grave e preocupante porque fora o lugar que a Coroa da França escolhera para criar um povoamento permanente no Brasil. Com o incentivo do almirante de Coligny, o cavaleiro Nicolas de Villegaignon construiu, em 1555, em uma ilha na baía de Guanabara, o forte Coligny, o embrião da futura "França antártica".

A colônia contava com uns trezentos soldados e habitantes vindos da França, mas logo ela se enfraqueceu com os conflitos entre católicos e calvinistas que prenunciaram os confrontos que devastariam o reino alguns anos mais tarde. Quanto aos portugueses, organizaram em São Vicente e em Santos grandes ofensivas contra esse ninho de hereges. Em março de 1560 os portugueses atacaram e conquistaram com enorme dificuldade e perdas pesadas o centro da "França antártica", com a expulsão de Villegaignon e de seus seguidores.

No entanto, foram necessárias várias expedições para vencer a resistência dos tamoios. Durante uma delas, Estácio de Sá, parente do governador-geral Mem de Sá, fundou a cidade de São Sebastião do Rio de Janeiro, em 1º de março de 1565, no sopé do Pão de Açúcar, porque o interior da baía ainda estava dominado pelos inimigos dos portugueses. Só em 1567, após uma batalha difícil, o governador Mem de Sá destruiu os tamoios e os últimos franceses remanescentes e, assim, pôde transferir a cidade de São Sebastião para local mais adequado e central.

A cidade de São Sebastião do Rio de Janeiro foi escolhida pela Coroa de Portugal como a contrapartida de Salvador no Sul e para fazer prevalecer a soberania portuguesa. A capitania ficou sob autoridade da Coroa e não à de um donatário, apesar de a família Sá, encarregada de diversas tarefas em nome do rei, ter construído um pequeno império de propriedades na cidade e suas imediações. Em 1572, Lisboa decidiu dividir a administração e a defesa do Brasil em duas regiões: o Norte ficou sob a responsabilidade das autoridades de Salvador, na Bahia; e o Sul coube às autoridades do Rio de Janeiro. O Brasil passou então a ter capitanias hereditárias administradas pelos donatários e seus herdeiros, e capitanias do reino como as da Bahia e Rio de Janeiro submetidas à autoridade da Coroa.

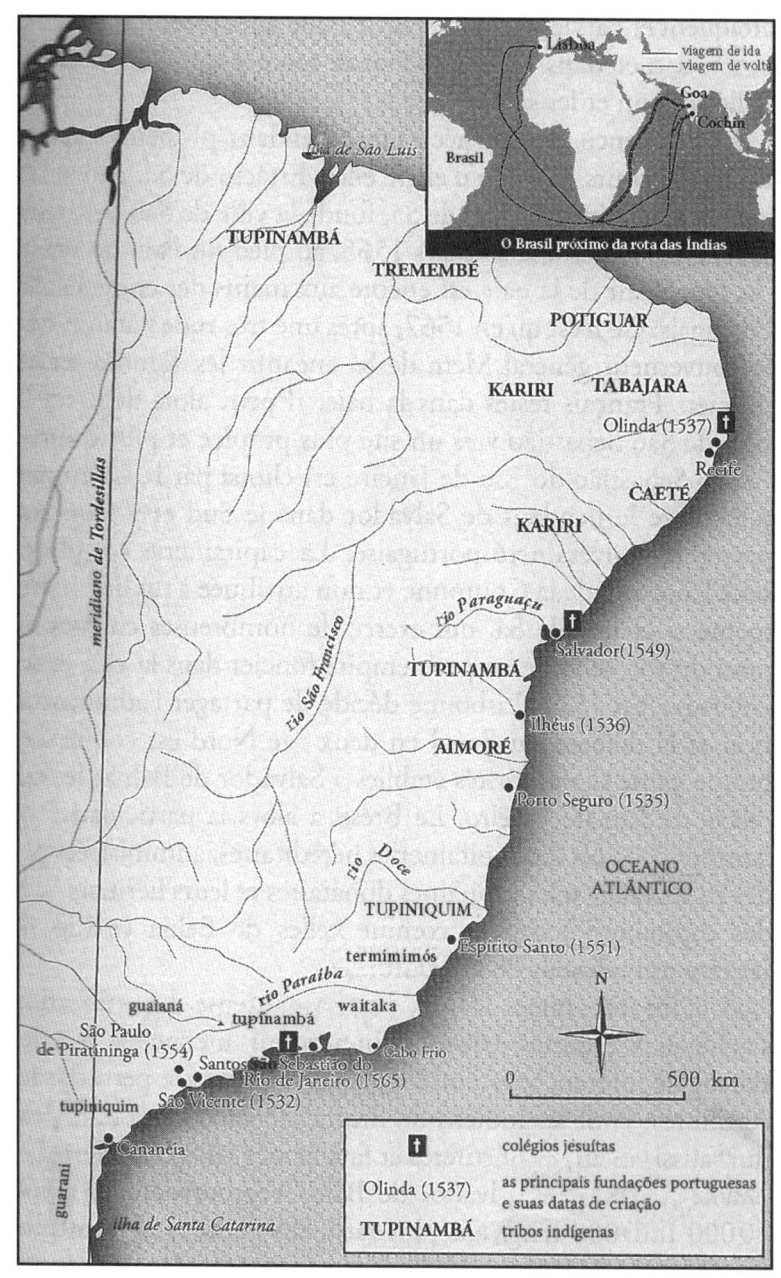

Os portugueses no mundo do século XVI

No final da década de 1560, terminou uma fase intensa de pacificação. Algumas tribos derrotadas ou ameaçadas pelos portugueses migraram para o interior, onde a chegada delas provocou desequilíbrios. Os índios do litoral foram contaminados por micróbios que extinguiram aldeias inteiras. As aldeias próximas de Salvador abrigavam em 1560 40 mil índios. Vinte anos depois só restavam 10 mil índios. A mesma tragédia aconteceu em outras capitanias. Em 1570, a Coroa portuguesa promulgou decreto para regulamentar a questão indígena e proibir a escravidão dos índios, exceto em ocasiões de "guerras justas" realizadas em caso de rebeliões. Mas os colonos não obedeciam às proibições da distante Lisboa. A noção de "guerra justa" era bastante ambígua. Além disso, foi-lhes permitido resgatar prisioneiros que seriam devorados pelos índios. E podiam também escravizar esses índios. O resgate dos prisioneiros resultou em entradas que penetravam cada vez mais no interior do continente e eram realizadas, sobretudo, pelos mamelucos e índios integrados à sociedade colonial. A demanda crescente de escravos por parte dos colonos gerou guerras cada vez mais frequentes entre as tribos indígenas, a fim de participarem do tráfico de escravos. Esses conflitos contribuíram para a grave crise demográfica dos índios do litoral. De 1500 a 1600, entre São Vicente e Cabo Frio, a população indígena diminuiu drasticamente sob efeito de doenças, guerras e deslocamentos populacionais.

Em torno de 1570, algumas colônias produtoras de açúcar ao longo do litoral brasileiro iniciaram na América o "complexo de fazendas".[10] Esse conjunto de propriedades rurais baseava-se na monocultura de exportação e na mão de obra escrava, ainda na maioria indígena até 1610, porém cada vez mais composta de escravos vindos da África. Mas a prosperidade da Bahia e de Pernambuco ainda não se comparava à das Índias portuguesas. Nos *Lusíadas* (1572), o grande poema épico cujos dez cantos exaltam a glória de Vasco da Gama e do destino conquistador de Portugal, Luís de Camões dedica apenas alguns versos à "província conhecida por sua madeira vermelha".[11]

CAPÍTULO III

Um arquipélago de colônias (século XVII)

Quando as capitanias de Pernambuco e Bahia começaram a se expandir graças ao açúcar, o reino de Portugal estava mergulhado em grave crise de sucessão. Em 1578, o rei D. Sebastião morrera na batalha de Alcácer Quibir durante uma cruzada empreendida contra o sultão do Marrocos. O tio do rei, o cardeal D. Henrique, ascendeu ao trono, mas morreu dois anos depois sem herdeiros diretos. Com o fim da dinastia dos Avis que reinava desde 1385, seis candidatos reivindicaram a Coroa portuguesa, porém Felipe II da Espanha, neto de D. Manuel, tinha argumentos genealógicos e poder para prevalecer seus direitos. A ameaça de uma invasão espanhola convenceu a nobreza portuguesa a se unir a ele, sendo proclamado rei com o nome de Filipe I pelas Cortes (estados gerais) de Portugal reunidas em Tomar, em abril de 1581.

A unificação da península Ibérica com a reunião das duas Coroas sob o rei da Espanha concluiu-se. "Na época de Filipe", a organização habitual de Portugal foi mantida e a Coroa portuguesa não foi incorporada ao reino muito heterogêneo da Espanha. O mesmo ocorreu com os domínios ultramarinos cuja administração manteve-se inalterada durante a unificação ibérica, sempre sob controle dos portugueses.

Porém o fato de haver um soberano vivendo em Madri teve consequências para o Brasil. Algumas favoráveis, como o desenvolvimento das relações entre o Brasil e as Índias espanholas. Outras extremamente prejudiciais. Portugal teve de apoiar os conflitos de seu rei. A longa guerra empreendida por Felipe II e seus sucessores contra as Províncias Unidas, que declararam sua independência da Espanha em

1581, abalou seriamente os interesses portugueses. "A guerra é do rei e não do reino", lamentavam-se as pessoas em Lisboa, que mantinha há muito tempo vínculos comerciais com os mercados do Norte da Europa, onde os comerciantes vendiam produtos tropicais e o sal produzido em Portugal.

Na década de 1630, os holandeses investiram contra os mercados portugueses da Ásia, nas preciosas regiões açucareiras do Brasil e nos portos de comércio de escravos na África. Essas ameaças à integridade dos domínios e do comércio português contribuiram para a dissolução da união ibérica e na sucessão de Portugal, com a ascensão ao trono em 1640 de D. João IV, chefe da casa dos Bragança.

O "Brasil", isto é, as regiões controladas pelos portugueses, não constituía um conjunto homogêneo e contínuo no século XVII, e sim um arquipélago de colônias com poucos vínculos e destinos diferentes.

A riqueza da Bahia e de Pernambuco

O desenvolvimento agrícola do litoral brasileiro contou com a sólida experiência dos portugueses adquirida na cultura de cana-de-açúcar nas ilhas Madeira e São Tomé e no comércio de escravos, destinado à península Ibérica e a essas ilhas. Em algumas décadas, o cultivo de cana-de-açúcar deu origem em certas regiões do litoral do Brasil a uma sociedade nova, complexa, sutilmente hierarquizada em função do nascimento, cor da pele e riqueza.

A cultura da cana-de-açúcar surgiu nas colônias portuguesas no início do século XVI, mas predominou no litoral do Nordeste, ao redor de Olinda em Pernambuco e na baía de Todos os Santos, onde havia abundância de terra fértil, argilosa e de cor escura, o massapé. A produção de açúcar beneficiou também a iniciativa dos donatários desejosos de valorizar suas propriedades, como Duarte Coelho em Pernambuco. A rápida expansão da produção brasileira começou no final do século XVI, com crescimento ininterrupto durante todo o século. Em torno de 1570, existiam cerca de sessenta engenhos de açúcar no litoral brasileiro localizados, na maioria, em Pernambuco e na Bahia. Quinze anos depois o número de engenhos duplicou e reforçou a hegemonia das duas capitanias. Em 1689, havia 528 engenhos em funcionamento no Nordeste, mas também havia engenhos no Rio de Janeiro, que nesse ínterim se tornara um grande produtor.

O processo de produção de açúcar iniciava-se 48 horas após a colheita da cana-de-açúcar. Esse empreendimento agrícola originou uma atividade industrial que lhe era indissociável. Além das condições naturais favoráveis, a exploração da cana-de-açúcar exigia conhecimento técnico e capital suficiente para adquirir equipamentos e mão de obra. A produção de açúcar nos engenhos, no início, designava *stricto sensu* as máquinas para extrair o caldo da cana, mas por fim passou a englobar o conjunto da propriedade rural: a usina, a casa do proprietário, a capela, as senzalas, os canaviais, as plantações de alimentos, os estábulos e as cocheiras. Os melhores locais para instalar um engenho de açúcar eram às margens de um rio, cujas águas giravam as rodas dos moinhos e facilitavam o transporte das mercadorias.

Os primeiros engenhos foram fundados pelas pessoas mais importantes da colônia, as únicas capazes de obter crédito em Lisboa. Os engenhos posteriores foram construídos por colonos às vezes de origem bem modesta, mas que haviam recebido sesmarias e conseguiram enriquecer o suficiente para investirem na produção de açúcar. Esses novos proprietários ascenderam à classe invejada dos senhores de engenho que constituiu as primeiras grandes fortunas da colônia. "Esses senhores" ou "Messieurs" proprietários de terras e produtores de cana, todos brancos, ostentavam um ar aristocrático e se enchiam de honrarias ao exercer influência decisiva nos negócios do país. O status proporcionado pela propriedade de um engenho de açúcar tornava-o um objetivo invejado, porém os desapontamentos eram numerosos. Sucessos e fracassos causavam uma mobilidade na classe social de senhores de engenho. O rei de Portugal não concedeu título de nobreza a seus "vassalos ultramarinos", mas os senhores de engenho consideravam-se e eram considerados como a "nobreza do país". Tinham o hábito de acrescentar ao seu patrimônio e à sua influência títulos e cargos que refletiam seu prestígio. Os "Messieurs" ocupavam funções nos conselhos municipais e alguns se orgulhavam de ostentar ordens honoríficas de cavalaria herdadas do passado, como a de Cristo.

Na hierarquia social das capitanias produtoras de açúcar, logo após os senhores de engenho vinham os lavradores de cana. Esses trabalhadores brancos cultivavam a cana, porém não tinham usinas para produzir açúcar. Alguns haviam recebido sesmarias e podiam custear os serviços de um engenho. Outros firmavam contratos de meeiros com os "Messieurs" e assumiam parte dos riscos dos imprevistos agrícolas. Os "lavradores de cana" mais ricos tinham contatos mais próximos com os senhores de engenhos, aos quais às vezes eram aparentados.

Nos portos — Recife, Salvador e depois Rio de Janeiro — formou-se também um grupo de negociantes que se encarregava da exportação do açúcar e fornecia algum crédito aos senhores de engenho e aos lavradores. Entre os colonos que vieram para o Brasil no início da colonização havia muitos "cristãos novos". Em 1497, os judeus do reino foram obrigados a se converterem ao catolicismo e, assim, passaram a se denominar cristãos novos, distinção hereditária que proibia o acesso a algumas corporações e instituições. Em 1536, com a criação do tribunal do Santo Ofício em Lisboa, a situação dos cristãos novos, os principais visados pela Inquisição, agravou-se. Muitos se refugiaram no Brasil onde gozavam de mais liberdade e participaram da rápida expansão econômica das capitanias do Nordeste. Ao contrário da América espanhola, nenhum tribunal do Santo Ofício instalou-se na América portuguesa, porém, a partir de 1591, Lisboa passou a enviar regularmente visitantes para investigar todos os tipos de heresia e vigiar os cristãos novos.

Entre a municipalidade de Olinda, dominada pelos senhores de engenho, e os comerciantes do porto de Recife, que dependiam administrativamente de Olinda, as relações nem sempre eram fáceis. De 1710 a 1711, os fazendeiros e comerciantes se enfrentaram com armas nas mãos para defender seus respectivos interesses. A guerra dos mascates, como eram chamados pejorativamente os comerciantes, terminou com sua vitória. A nova municipalidade de Recife suplantou a de Olinda como capital de Pernambuco.

Nos raros núcleos citadinos do Brasil no século XVII, como em Salvador e Olinda, os usos e costumes buscavam reproduzir os de Portugal. As mulheres portuguesas viviam reclusas e só saíam do ambiente doméstico para ir à igreja. Os hábitos alimentares das classes mais ricas permaneceram fiéis à trilogia importada do trigo, do vinho e do azeite de oliva, e das frutas e legumes cultivados em solo brasileiro.

Na lógica da "Nova Lusitânia", a colônia que imitava a metrópole, as terras e o clima do Brasil eram mais propícios ao cultivo de árvores e plantas cultivadas em Portugal. Os portugueses importaram diversas espécies do mundo inteiro para a província de Santa Cruz. Os coqueiros, bananeiras, laranjeiras, limoeiros, o gengibre, o arroz, a cana-de-açúcar e, mais tarde, o café introduzido no século XVIII, modificaram profundamente tanto a paisagem e os hábitos quanto às plantas nativas (abacaxi, amendoim, mandioca, anacárdio...) nos costumes e no imaginário brasileiro.

O progresso das fazendas também afetou o interior árido do país, o sertão, onde predominou a criação pioneira de animais. Os bois eram necessários como animais de tração dos moinhos e das carroças, que transportavam alimentos para a população. O couro estimulava a atividade dos curtumes, além de produto importante de exportação para Portugal. As manadas de bois, prejudiciais à lavoura, foram levadas para o interior e, ao longo dos rios, encontraram pastos pouco férteis, mas extensos. Alguns proprietários dividiam assim as sesmarias gigantescas no interior do Nordeste. A criação de animais não era um grande incentivo ao povoamento, porém ocupava muito espaço. Assim, permitiu colonizar o interior da Bahia ao Ceará, e resultou em mais conflitos com a população indígena desses lugares, na maioria tapuias menos conhecidos dos europeus que os tupis do litoral.

Nas fazendas, o corte da cana começava no mês de julho. Esse trabalho árduo se prolongava por mais de oito meses durante os quais as usinas de açúcar operavam cerca de vinte horas por dia. A colheita era levada aos engenhos pelos rios e os carregamentos menores eram transportados por carroças puxadas por bois. A cana era esmagada pela moenda, o caldo obtido passava por diversos caldeirões onde era aquecido, purificado e concentrado antes de secar em formas cônicas de onde saíam os torrões de açúcar após quatro a seis semanas. Quanto mais branco fosse o açúcar, mais valor ele tinha. Com o melaço, um dos resíduos da fabricação, fabricava-se a cachaça.

Para produzir açúcar era necessário dispôr de canaviais, água e lenha, mas, sobretudo, mão de obra. Um grande engenho tinha uma média de sessenta escravos ocupados em plantar e colher a cana, e em vários trabalhos artesanais para a fabricação de açúcar ou atividades agrícolas. Uma parte reduzida dos escravos, em geral, realizava os trabalhos domésticos. Os trabalhadores livres, qualificados e assalariados, misturavam-se aos escravos no processo complexo da produção do açúcar. As condições penosas do trabalho nos canaviais e, em especial, o calor infernal dentro das usinas, reduziu a perspectiva de vida desses trabalhadores. A taxa de mortalidade dos escravos nas fazendas de produção de cana-de-açúcar era muito elevada e situava-se entre 5% a 10% por ano. Como a taxa de natalidade dos escravos trazidos para o Brasil era muito baixa, devido em especial ao grande desequilíbrio entre os sexos, o saldo natural era negativo e a manutenção dos níveis da mão de obra dependia da regularidade do tráfico de escravos.

O sistema escravagista nas duas margens do Atlântico

A transformação das capitanias do Brasil em produtoras de açúcar resultou em uma demanda crescente por mão de obra indígena que os índios, também chamados de "negros do país", não conseguiram suprir, apesar de serem majoritários entre os trabalhadores dos engenhos até a década de 1610. Os primeiros escravos africanos chegaram ao Brasil na década de 1530, mas em pequeno número porque seu preço era elevado quando comparados aos "negros do país". No entanto, os fazendeiros consideravam ser um bom investimento, uma vez que os africanos eram mais fortes e mais produtivos que os índios. Um africano valia em média três vezes mais do que um escravo indígena. A substituição dos escravos índios por africanos tardou cerca de cinquenta anos e deu um impulso decisivo à expansão do tráfico negreiro para a América. As sociedades africanas ressentiram-se com os efeitos da demanda portuguesa por escravos e a economia escravagista mudou drasticamente de escala.

Com presença marcante e grande experiência no comércio de escravos negros, os comerciantes de escravos portugueses receberam da Espanha a concessão dos *asientos*, contratos para o fornecimento de escravos para a América espanhola a partir de 1595. Mantiveram esse monopólio até a secessão dos reinos de Portugal e Espanha em 1640. Essas enormes levas de escravos, além de suprir a demanda das fazendas brasileiras, estimularam também as conquistas portuguesas na África e nas Américas. A rota econômica que unia a África e as Américas ao redor das rotas marítimas do Atlântico Sul manteve-se até a proibição do tráfico negreiro para Brasil em 1850.[12]

Os portugueses mantinham feitorias no litoral do golfo de Guiné onde os escravos eram comprados de comerciantes africanos que estipulavam o preço. A concentração de escravos nos portos de embarque era a última etapa do caminho quase sempre longo entre a captura deles, às vezes em lugares distantes do litoral, e a partida para a América. Entre esses dois momentos, os escravos passavam por diversos intermediários, eram vendidos várias vezes, e ao serem separados de seus companheiros misturavam-se a escravos vindos de lugares diferentes, que falavam línguas distintas. Suas referências sociais e culturais desapareciam aos poucos, substituídas por uma nova identidade moldada pela escravidão.

Eram vendidos por "peças", unidade de medida que variava segundo os lugares, a época e a demanda. Em geral, correspondia a um homem adulto de uns 20 anos. Os escravos à venda tinham o valor dessa "peça": as crianças com menos de 8 anos e os velhos valiam meia peça.

Além das feitorias no litoral, os portugueses colonizaram Angola, onde seus domínios expandiram-se para o interior do país. A principal função de Angola, onde um governo geral foi criado em Luanda em 1592, era de prover escravos destinados à travessia marítima transatlântica. Na década de 1640, cerca de 12 mil africanos foram enviados todos os anos para a América dos portos de Luanda, Benguela e Cabinda.

Os ventos e as correntes marítimas facilitavam as ligações diretas com as capitanias brasileiras situadas entre Pernambuco e o Sul do país e o litoral africano. Em razão dessa proximidade, o Atlântico Sul não seguiu o modelo de comércio triangular desenvolvido entre a Europa, a África e as Antilhas no final do século XVII. Os interesses e a complementaridade eram tão fortes entre as duas margens de um "rio chamado Atlântico", segundo uma imagem metafórica,[13] que os colonos do Brasil expandiram as relações diretas com a África na segunda metade do século XVII e mais ainda no século seguinte. Os produtos brasileiros como a cachaça, o cauri[14] e o tabaco da Bahia eram também apreciados na outra margem do Atlântico e, junto com os tecidos, custeavam as armas de fogo, os metais importados da Europa e a compra de escravos. Dos dois lados do oceano surgiram costumes comuns. A mandioca importada do Brasil e cultivada em solo africano tornou-se alimento importante em Angola e depois se expandiu para outras regiões da África. As palavras e a culinária transmitiam-se de uma margem à outra. As doenças também.

A travessia do Atlântico nos navios negreiros tem uma péssima reputação bem justificada. As condições de vida a bordo eram deploráveis, embora tenham melhorado ao longo do tempo para reduzir a mortalidade e assim tornar o tráfico mais rentável. Quanto mais longa fosse a viagem cuja duração dependia das eventuais cabotagens dos navios entre as feitorias para completar sua carga, mais as perdas elevavam-se e representavam em média 20% do total de escravos. A viagem entre Angola e a Bahia durava de 40 a 45 dias, e mais de 50 dias entre a mesma região e o Rio de Janeiro. No século XVII, 560 mil africanos, ou seja, 42% de todo o comércio atlântico mundial, desembarcaram no Brasil, principalmente nas regiões produtoras de açúcar.

Escravos africanos: condições diversas

A esses "africanos", designação dos escravos nascidos na África para diferenciá-los dos "crioulos" nascidos no Brasil, os comerciantes atribuíam uma "nação" que não correspondia às suas origens e, sim, às regiões onde os cativos eram mantidos presos antes de serem exportados, como Congo, Angola, Mina... Essas "nações" indicavam mais o local de embarque do que os aspectos culturais. Na lábia dos comerciantes de escravos para atender às exigências dos compradores, essa origem era elogiada pela docilidade, assim como pela robustez do escravo. Mesmo fictícias, as "nações" definiam em parte a nova identidade do escravo que constava em seus registros, e às vezes tinham a função de sobrenome junto ao nome de batismo. Os Manuel Congo ou as Joaquina Angola eram numerosos no Brasil escravagista. Além disso, havia o hábito de distinguir o escravo boçal que desembarcara há pouco tempo e que não compreendia o português, do escravo ladino já aculturado.

Nos séculos XVI e XVII, a maioria dos escravos trabalhava nos engenhos, mas também desempenhava outras atividades como a pesca ou a construção. Os "escravos de ganho" saíam às ruas a fim de trabalharem para seu senhor como vendedores ambulantes. Uma pequena minoria (menos de 5%) dedicava-se às tarefas domésticas.

A única forma possível de associação entre os escravos eram as confrarias em torno de um culto ou a uma missão específica. Essas confrarias eram fundadas com estatutos (*compromissos*) aprovados pela Igreja, que descreviam sua finalidade e organização. As confrarias de escravos praticavam a caridade entre seus membros e asseguravam um enterro decente. Seus santos preferidos eram Nossa Senhora do Rosário, patrona da primeira confraria de negros em Lisboa, ou antigos escravos canonizados como santa Ifigênia ou são Benedito de Palermo. As confrarias refletiam o caráter segmentado da sociedade colonial e reuniam escravos e pessoas pobres. Elas organizavam-se, de maneira exclusiva, em função da cor da pele — negra, mestiça — ou por "nações". Essas confrarias eram mais necessárias que as confrarias laicas reservadas aos brancos, como a Santa Casa de Misericórdia, a instituição de caridade mais importante e seleta do mundo português, mas não ajudava pessoas de cor.

A resistência à escravidão caracterizou-se mais pelas fugas dos escravos do que por revoltas. Os mocambos, onde os escravos fugitivos refugiavam-se, localizavam-se em grande parte perto das zonas habitadas e eles viviam de roubos e banditismo. Na década de 1610 surgiram os capitães do mato, que capturavam escravos fugitivos, em geral índios ou mamelucos, e que eram pagos pelas municipalidades ou pelos fazendeiros para trazê-los de volta e restabelecer a segurança nos arredores.

As regiões pouco controladas pelos portugueses eram os melhores refúgios e permitiam aos fugitivos se unirem aos índios revoltosos, como no Sul da capitania da Bahia, embora expedições militares em geral os destruíam. No interior da capitania de Pernambuco, em Palmares (atual Estado de Alagoas), desenvolveu-se ao longo do século XVII um núcleo de resistência alimentado por ondas de refugiados, negros, mestiços, índios. Milhões de antigos escravos resistiram durante mais de um século às tentativas das autoridades de dizimá-los. Na década de 1670, as tentativas de pacificação intensificaram-se, porém elas enfrentaram a resistência de uma comunidade decidida a conservar sua independência. Organizado como um quilombo, um vilarejo militar segundo os esquemas inspirados nos guerreiros angolanos, Palmares era chefiado por um rei, Zumbi dos Palmares, que opunha uma luta feroz aos portugueses. Após dois anos de ataques constantes as autoridades portuguesas colonizaram Palmares, exterminaram seus habitantes e mataram Zumbi em 1695.

A longa existência e a dimensão do quilombo de Palmares marcaram a mente das pessoas. A palavra quilombo tornou-se sinônimo de mocambo e passou a designar a comunidade de escravos fugitivos no Brasil. Alguns séculos mais tarde, na segunda metade do século XX, Palmares converteu-se em símbolo da resistência negra, excluindo a participação indígena, e Zumbi tornou-se herói nacional. A lembrança de Palmares foi enaltecida pelas correntes que defendem a ideia da tentativa de criação de uma república africana e igualitária no Brasil, embora alguns elementos históricos que dispomos indiquem uma sociedade muito heterogênea no plano cultural, hierárquico e fragmentado.

A destruição do grande quilombo não encerrou a fuga de escravos, que continuou até a abolição da escravatura em 1888. O sucesso de Palmares explica-se em parte pela invasão dos holandeses no Norte do Brasil e pelas dificuldades que a presença dos holandeses causou aos portugueses.

O Atlântico Sul nas guerras luso-holandesas (1598-1663)

O Atlântico Sul foi palco de um dos episódios da guerra dos Oitenta Anos (1568-1648) que opôs Felipe II da Espanha e seus sucessores às

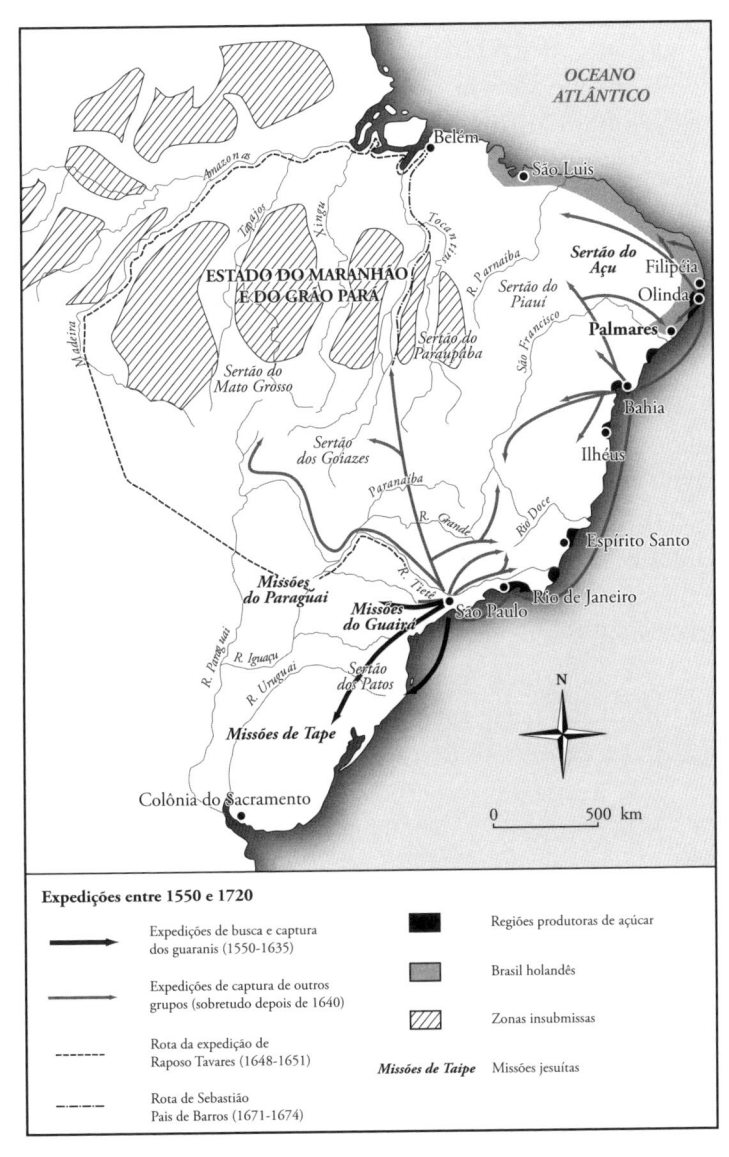

A expansão territorial no século XVII.

províncias secessionistas dos territórios espanhóis nas Províncias Unidas, com reflexos em todos os continentes e mares do mundo. Como decorrência da união ibérica, Portugal tornou-se alvo dos ataques holandeses na Ásia, África e na América. Apesar de Portugal ter reconquistado sua independência em 1640 e, por sua vez, declarado guerra à Espanha, o conflito luso-holandês prolongou-se até a assinatura de um tratado em 1663.

A Companhia das Índias Orientais foi criada em 1602 como um instrumento expansionista das Províncias Unidas, com um campo de ação entre o cabo da Boa Esperança e o estreito de Magalhães. A Companhia das Índias Ocidentais fundada em 1621, seguindo o mesmo modelo, tinha como raio de ação o Atlântico. As hostilidades começaram com a conquista e a ocupação de São Tomé e Príncipe, um dos redutos do tráfico negreiro dos portugueses em 1598-1599. Os holandeses conseguiram superar seus rivais e inimigos do comércio de ouro no continente e conquistaram São Jorge da Mina em 1637. Ocuparam Salvador em 1624, mas retiraram-se no ano seguinte diante da ofensiva de uma grande frota luso-espanhola vinda da Europa como reforço. É, sobretudo, em Pernambuco conquistado em 1630, que os holandeses iniciaram uma colonização duradoura, o que estimulou a Companhia das Índias Ocidentais a controlar a parte simétrica e complementar das fazendas brasileiras, a África produtora de escravos. Em 30 de maio de 1641, uma frota partiu de Recife em direção ao litoral angolano. Luanda foi conquistada em 26 de agosto, e os holandeses estenderam seus domínios a uma grande parte do país, com a ajuda de soberanos locais desejosos de se libertarem do império português.

A ocupação holandesa em Pernambuco enfrentou diversas resistências, apesar da estratégia de conciliação desenvolvida pelos holandeses. Os novos senhores calvinistas respeitaram a liberdade religiosa, embora suas crenças tenham exacerbado as tensões com a população local. Os cristãos novos também eram tolerados. Alguns deles assumiram abertamente o judaísmo, outros não escondiam mais suas origens.

O governo do conde Maurício de Nassau (1637-1644) consolidou e expandiu o domínio holandês no Brasil até o Rio Grande do Norte e reformou a colônia. Ele incentivou a agricultura de alimentos e de cultivo de árvores frutíferas, como bem exemplifica o jardim de sua casa. O conde de Nassau dedicou-se à transformação do porto de Recife, cidade escolhida para sediar a capital de seu governo, em substituição a Olinda, porque se assemelhava a uma cidade holandesa. Recife, um estuário com várias ilhas, facilitou o sentimento nostálgico: as ruas eram pavimentadas com tijolos, as pontes atravessavam os canais e o palácio construído pelo governador chamava-se Vrijburg...Eruditos e pintores foram convocados à corte do governador. Por esse motivo, temos os testemunhos iconográficos mais importantes do Brasil no século XVII, os de Franz Post e Albert Eckhout, que retrataram os engenhos de açúcar, os índios selvagens e os domesticados, e a vegetação luxuriante.

Maurício de Nassau dedicou-se em especial às operações militares e empreendeu de sua base no Recife a conquista de Angola e das feitorias de escravos. Ele contou no Brasil com o apoio e alianças com os povos indígenas inimigos de Portugal, sobretudo com as tribos tapuias. Em 1645, alguns meses depois da partida do governador, os holandeses defrontaram-se com uma rebelião em Pernambuco. Os problemas econômicos, as pressões da Companhia das Índias Ocidentais, a eficiência que rompeu a autonomia habitual dos colonos, as diferenças culturais, a independência reconquistada de Portugal em 1640, estimularam a população de Pernambuco a criarem milícias armadas. As cidades controladas pelos holandeses continuaram tranquilas, mas as campanhas intensificaram-se. As milícias compostas por índios, mestiços e negros enfrentavam às vezes diretamente as tropas holandesas, com o reforço de tropas da Bahia como nas duas batalhas de Guararapes (19 de abril de 1648 e 19 de fevereiro de 1649). Essas batalhas caracterizaram-se, sobretudo, pela destruição das fazendas e do incêndio de canaviais. Os revoltosos receberam pouca ajuda de Portugal, em guerra contra os espanhóis até 1668.

Ao longo do tempo, os insucessos acumularam-se nos dois lados do Atlântico para os holandeses. Além disso, as Províncias Unidas estavam em guerra com a Inglaterra desde 1652. Em 1653, os revoltosos sitiaram Recife e a cidade ficou bloqueada por uma frota de Portugal. Em janeiro de 1654, os holandeses renderam-se, encerrando sua experiência colonial no Brasil. Pernambuco comemorou sua "Restauração" e converteu-se em capitania do reino.

Na década de 1660, a produção de açúcar atingiu seu auge, mas a expulsão dos holandeses logo demonstrou ser uma vitória de Pirro. Os holandeses, assim como muitos cristãos novos que os seguiram, levaram para as Antilhas o conhecimento adquirido em Pernambuco. Sob o domínio holandês, inglês e francês, as "ilhas açucareiras" do Caribe competiram com o Brasil na produção de açúcar. Aos poucos os mercados do Noroeste da Europa se fecharam ao açúcar brasileiro, que perdeu mercados e desvalorizou-se. No entanto, o final do século XVII não significou o fim do "ciclo de açúcar" no Brasil. No litoral produtor de açúcar as fazendas não entraram em franco declínio. Sem dúvida, a expansão dos engenhos reduziu-se, o preço do açúcar a partir de então teve altos e baixos e variou em função da conjuntura internacional, porém a produção brasileira manteve-se estável. O açúcar continuou a dominar a economia e a sociedade das capitanias do Nordeste.[15]

Rio de Janeiro entre o Peru e Angola

A cidade do Rio de Janeiro foi fundada em 1565 e mais tarde seu local de fundação foi transferido por razões estratégicas. Ela exercia um papel de cidadela no extremo sul da dominação portuguesa, mas também era um centro de articulação do comércio com os domínios espanhóis. Entre o imenso vice-reinado do Peru e as capitanias brasileiras, não havia uma fronteira delimitada. Na extensa região intermediária, enormes territórios fugiam ao controle das duas Coroas reunidas sob o mesmo poder durante sessenta anos. Entre o Peru e o Brasil, segundo sua localização geográfica, criou-se uma espécie de Estado jesuíta independente, a província do Paraguai. Nessa região a Companhia de Jesus reuniu e aculturou os índios guaranis em diversas aldeias chamadas de "reduções".

As relações entre o Peru e o Brasil eram importantes. A via de comunicação entre os dois países era mais fluvial que terrestre: os grandes rios Paraná e Paraguai e seus afluentes proporcionavam conexões melhores entre a cidade portuguesa de São Paulo de Piratininga e a cidade espanhola de Assunção. Os dois rios aproximaram também o Brasil da região do Alto Peru e da mina de prata de Potosí explorada pelos espanhóis desde meados do século XVI e ambicionada pelos portugueses, que não possuíam esse metal. Os rios Paraguai e Paraná eram estreitamente associados à exploração de prata no Alto Peru. O gigantesco estuário que resultava da confluência dos rios chamou-se metaforicamente de rio de la Plata, "rio da prata". Na margem direita localizava-se Buenos Aires que era bem acessível por mar a partir do Rio de Janeiro.

O comércio espanhol enquadrava-se com rigidez no sistema de frotas que determinava o caminho das exportações e importações entre Sevilha e a América. Em princípio, as mercadorias que saíam ou entravam no Peru passavam pelo porto de Callao (Lima) na costa do Pacífico. Na prática, o comércio lícito durante a união ibérica e, sobretudo, o contrabando eram intensos entre Assunção, Buenos Aires e as capitanias de São Vicente e Rio de Janeiro. As regiões agrícolas do vice-reinado do Peru, como Tucumán (atual Argentina), não podiam se abastecer nos mercados de Potosí devido aos preços exorbitantes. Então, compravam arroz, açúcar, tecidos, escravos etc. graças a esse contrabando. Os negócios maiores realizavam-se entre Rio de Janeiro e Buenos Aires. Os comerciantes que se intitulavam sugestivamente de *peruleiros* ("aqueles do Peru") especializaram-se nessas trocas.

O *asiento*, a concessão de fornecimento de escravos aos comerciantes portugueses pela Coroa da Espanha, era uma dádiva para o Rio de Janeiro, a cinquenta dias de travessia por mar até o litoral angolano. Os habitantes do Rio de Janeiro ainda desfrutavam de outra vantagem em relação ao tráfico negreiro — a cachaça fabricada nos engenhos de açúcar da região, que era empregado na compra dos escravos. Os engenhos da baía da Guanabara produziam um açúcar de qualidade inferior à de Pernambuco. Os proprietários preferiam então destilar a cachaça muito apreciada na África, onde os comerciantes optavam por comprá-la em vez dos vinhos portugueses mais difíceis de conservar. O Rio de Janeiro reexportava os africanos para o rio da Prata e forneceu, por algum tempo, mineiros para Potosí. Depois de 1640, o comércio ilícito prosperou.

A família Sá que governava a capitania do Rio de Janeiro em nome do rei desde a fundação da cidade e possuía grandes interesses imobili-

55

ários e comerciais, é um exemplo dos amplos interesses da união ibérica pelo Rio de Janeiro.

O segundo governador do Rio de Janeiro, Martim de Sá (1575-1632), casou-se com uma aristocrata espanhola, doña María de Mendoza y Benevides. Dessa união nasceu em Cádiz[16] Salvador Correia de Sá e Benevides (1602-c.1681). Salvador de Sá chegou jovem ao Rio de Janeiro, aprendeu a "língua geral" e destacou-se por seus talentos militares à frente de tropas indígenas, em especial contra os holandeses em 1625. Em 1630, colocou-se a serviço do governador da província espanhola do Paraguai, que havia casado com uma jovem da família Sá e tinha um engenho de açúcar no Rio de Janeiro, para eliminar as rebeliões indígenas e capturar escravos. Salvador de Sá instalou-se no Peru onde comprou terras na província de Tucumán e casou-se com doña Catarina de Velasco, uma rica herdeira. Mas com a morte do pai, Salvador de Sá voltou para o Rio de Janeiro, onde assumiu as funções de governador em 1637.

Salvador de Sá orientou sua política em direção ao Atlântico. Ele expandiu seus engenhos de açúcar e recorreu a escravos africanos. No início da década de 1640, Salvador de Sá possuía setecentos escravos, um recorde no Brasil. Por esse motivo, seguiu a posição dos jesuítas em relação aos índios, protegeu a ordem da Companhia de Jesus contra a cólera dos moradores, já que muitos não dispunham de meios de substituir os "negros do país" por escravos da Guiné. Sua autoridade foi contestada pelos habitantes de São Paulo implicados diretamente na captura e comércio de índios.

Como os laços matrimoniais e de interesse que uniam Salvador de Sá à nobreza espanhola e ao Peru poderiam sugerir que se manteria fiel ao rei Felipe IV da Espanha (Filipe II de Portugal), quando os portugueses proclamaram o duque de Bragança rei de Portugal com o nome de D. João IV em 1640, Salvador de Sá aliou-se ostensivamente a D. João IV e passou a ser o representante da Coroa no Atlântico Sul. Ficou, assim, encarregado de proteger as frotas que faziam a ligação entre o Brasil e a Europa. Isso foi o início de um sistema que regulamentou o tráfego marítimo entre o Brasil e Portugal.

Em razão da situação crítica dos portugueses em Angola, Salvador de Sá foi nomeado governador e capitão-geral de Angola em 1647, a fim de expulsar os holandeses. Os senhores de engenho do Rio de Janeiro, cujas fazendas encontravam-se em plena expansão econômica, ansiavam por restabelecer o fornecimento de escravos angolanos. A expedição comandada por Salvador de Sá e financiada em grande parte pelos comerciantes do Rio de Janeiro foi vitoriosa. Os holandeses capitularam em 24 de agosto de 1648 e devolveram Angola a D. João IV.

De volta ao Rio após quatro anos reorganizando Angola, Salvador de Sá que tinha o controle também nas capitanias do Sul do país, quis expandir o domínio português em direção ao rio da Prata, mas fracassou em seu projeto. Em vão, ele procurou metais e pedras preciosas no interior do país.

O reinado de Salvador Correia de Sá e de seu clã terminou com uma rebelião chamada de "revolta da cachaça" (1660-1661). Há alguns anos as reclamações contra o governador acumulavam-se. Em 1649, uma companhia comercial criada em Portugal conseguiu proibir a produção e o consumo da cachaça, que concorria com os vinhos e bebidas alcoólicas portugueses, uma das principais atividades dos senhores de engenho das capitanias. A esse prejuízo, Salvador Correia de Sá acrescentou novo imposto para cobrir gastos militares. Em 8 de novembro de 1660, a cidade aproveitou sua ausência para derrubar o governo interino e tomar o poder. Cinco meses depois, Salvador Correia de Sá reconquistou a cidade com a ajuda de paulistas, mas temendo a irritação dos colonos, Lisboa chamou-o à corte e enviou um governador menos envolvido nos assuntos da capitania. Salvador Correia de Sá terminou sua existência romanesca em Lisboa, como membro do conselho ultramarino onde se decidia cada vez mais o destino do Brasil.

A Coroa portuguesa retomou o sonho expansionista do velho *condottiere* e delimitou a fronteira meridional teórica de seus domínios na margem esquerda do rio da Prata. Em 1676, o Rio de Janeiro sediou um arcebispado cuja área de atuação estendia-se até o grande estuário. Por determinação da Coroa, o governador do Rio de Janeiro, Manuel Lobo, fundou em 1680 uma colônia na margem esquerda do rio da Prata, de fronte a Buenos Aires, a Colônia do Sacramento, a fim de atrair a prata do Peru para o Brasil. Colônia do Sacramento foi imediatamente atacada e conquistada pelas tropas espanholas vindas de Buenos Aires, e essa primeira batalha marcou o início de uma longa disputa entre as duas Coroas pela posse da margem esquerda do estuário do rio da Prata.

Uma capitania modesta e periférica no começo do século XVII, o Rio de Janeiro tornou-se em torno de 1650 uma colônia dinâmica graças ao comércio com o rio da Prata e ao progresso dos engenhos de açúcar no litoral. Consolidou também sua autoridade sobre as capitanias vizinhas e liderou a expansão portuguesa em direção ao sul. Já a história da capitania de São Vicente foi totalmente diferente.

São Paulo de Piratininga: uma civilização luso-tupi

O "complexo de fazendas" não conseguiu acompanhar sozinho a dinâmica do Brasil, um arquipélago fragmentado de colônias. Na periferia da economia açucareira, os estabelecimentos portugueses desenvolveram-se segundo um esquema diferente da monocultura escravagista de exportação.

Assim, na capitania de São Vicente, a cidade de São Paulo situada a 700 metros de altitude e distante 80 quilômetros do mar por caminhos íngremes, a temperatura mais fresca e a localização dificultaram o desenvolvimento de uma economia rural. Porém, as condições climáticas e geográficas eram propícias à cultura do trigo e de outras plantas de climas temperados. São Paulo foi por muito tempo uma colônia pobre, uma sociedade de mamelucos onde se falava a "língua geral", em vez do português.

A expansão do domínio português na região na segunda metade do século XVI deu-se com o extermínio de sociedades indígenas locais, e no momento em que a agricultura de São Paulo prosperou a mão de obra tornou-se escassa. Depois de esgotado os recursos de "compra" de prisioneiros e de "guerras justas", os habitantes de São Paulo, entre os quais os mamelucos que eram muito importantes, especializaram-se na busca de escravos nos sertões cada vez mais distantes para vendê-los, às vezes em Assunção, no vice-reinado do Peru, ou nas fazendas nordestinas quando as conexões com a África ficavam difíceis, ou, sobretudo, em São Paulo mesmo.

No século XVIII a palavra bandeira passou a designar as expedições que partiam de São Paulo, sem dúvida, porque elas seguiam a mesma auriflama. Quando a cidade de São Paulo tornou-se uma potência no final do século XIX, os bandeirantes (membros das bandeiras) transformaram-se em símbolos do dinamismo paulista.

No século XVII, os que ainda não se denominavam bandeirantes, e sim paulistas ou sertanistas, aproveitaram a situação geográfica da cidade para explorar e dominar os sertões. São Paulo tinha a vantagem de localizar-se no cruzamento de rotas e vias fluviais que permitiam o acesso ao interior do continente. Em São Paulo de Piratininga o rio Tietê desembocava a muitas centenas de quilômetros em direção ao oeste no rio Paraná e, portanto, dava acesso também à bacia hidrográfica do Paraguai.

As missões e aldeias criadas pelos jesuítas na região de Guairá logo se tornaram alvo dos paulistas. Em 1628, uma expedição de 3 mil homens — brancos, índios e mamelucos — comandada, entre outros, por Antônio Raposo Tavares, destruiu 13 das 15 reduções de Guairá. Na década de 1630, os paulistas aumentaram as campanhas na região e expandiram a hegemonia portuguesa em direção ao sul. Mas as relações entre os jesuítas e os colonos de São Paulo deterioraram-se. Em 1640, um édito pontifical que excomungava todos aqueles que participavam do tráfico de escravos indígenas, foi promulgado no Brasil e provocou um distúrbio nas capitanias de Rio de Janeiro e São Vicente.[17] A Câmara municipal de São Paulo decidiu expulsar a Companhia de Jesus e confiscou seus bens em benefício da comunidade. No entanto, no Sul a expansão paulista sofreu um revés. O rei da Espanha autorizara os jesuítas a dar armas aos seus protegidos e estes realizaram em 1641 a batalha de Mbororé contra seus atacantes na margem direita do rio Uruguai. De uma maneira geral, o apoio do monarca espanhol aos jesuítas e aos índios teve enorme influência na aliança de São Paulo a D. João IV.

Na segunda metade do século XVII, os paulistas dirigiram-se para outras regiões a fim de capturar escravos. Algumas expedições surpreenderam pela audácia. Antônio Raposo Tavares partiu de São Paulo em 1648 à frente de centenas de homens, chegou ao sopé dos Andes e do

Alto Peru, e desceu para o noroeste através da bacia amazônica, antes de chegar em 1651 a Belém do Pará. A procura de metais e pedras preciosas, estimulada por uma Coroa portuguesa encurralada, foi um dos motivos oficiais dessas expedições que se dedicaram, sobretudo, a procurar escravos fugitivos. A expedição de Fernando Pais Leme, que partiu de São Paulo em 1674, percorreu durante sete anos o planalto central do Brasil. Ela não encontrou esmeraldas ou minas de prata, mas capturou escravos no sertão de Cataguases, assim denominado devido ao nome dos índios que viviam na região. Algumas pessoas que participaram das expedições paulistas instalaram-se na região onde, por fim, encontraram ouro em 1693 nas enchentes do rio das Velhas.

A reputação dos paulistas levou-os a ter uma participação na colônia além do âmbito de sua capitania. As guerras holandesas e a expansão da criação de animais no interior desestabilizaram o Nordeste do país e provocaram o aumento dos conflitos com os tapuias. Da Bahia ao Ceará, o interior da colônia foi cenário de diversas guerras contra os "bárbaros" de 1651 a 1704. A pedido do governo geral, muitas vezes os paulistas participaram dos conflitos, em troca da posse de escravos ou de terras. Um famoso líder paulista, o mameluco Domingos Jorge Velho, foi para o Rio Grande do Norte a fim de "pacificar" a região, mas o capitão e governador-geral de Pernambuco recrutou-o para destruir o quilombo de Palmares, que foi dizimado em novembro de 1695. Em suas negociações com o governador, Domingos Jorge Velho, que era mais fluente em tupi do que em português, pediu ajuda a um intérprete.

As expedições paulistas transformaram-se aos poucos no final do século XVII, com a descoberta de minas de ouro no interior do país. Essa descoberta provocou o inverso do fluxo demográfico: os paulistas não mais quiseram despovoar essas regiões e afluíram para lá em massa.

No Norte do Brasil: Maranhão e Grão Pará

As capitanias situadas no Norte de Pernambuco não eram propícias à agricultura. No Rio Grande do Norte e no Ceará, a terra arenosa não era adequada para o cultivo de cana-de-açúcar e atraía menos colonos.

Além disso, ventos e correntes dificultavam as comunicações marítimas entre a foz do Amazonas e Pernambuco. Na época de navios à vela era mais rápido ir a Lisboa partindo do Norte da América portuguesa do que ir ao Rio de Janeiro.

A submissão dos povos indígenas, o estabelecimento de colônias duradouras e a delimitação de fronteiras dos territórios que pertenciam a Portugal na imensa bacia amazonense foram tarefas árduas. Nas áreas não ocupadas pelos portugueses, os franceses permaneceram ativos. Eles continuaram a se abastecer de pau-brasil, a se aliar com os índios e a tentar criar novos estabelecimentos. Forçados a irem para o norte pelo avanço da colonização portuguesa, os franceses enviaram várias expedições ao Maranhão, o primeiro nome do rio Amazonas. Em 1604, Daniel de la Touche de la Ravardière foi nomeado tenente-general por Henrique IV para controlar uma grande região que se estendia da foz do Amazonas até o norte do subcontinente. Na ilha de Maranhão, La Ravardière, acompanhado por uma missão de frades capuchinhos, fundou a cidade de São Luís, mas sem recursos, a "França equinocial" foi conquistada pelos portugueses em 1615. Depois de breve ocupação holandesa, a região voltou ao domínio português.

Com poucos colonos, a presença portuguesa na primeira metade do século XVII na região que se estendia do Ceará à margem direita do Amazonas materializou-se em alguns fortes protegidos por pequenas guarnições. Em janeiro de 1616, fundaram-se às margens do Amazonas um forte e a cidade de Santa Maria de Belém do Grão Pará. Em 1621, a Coroa dividiu as capitanias brasileiras do Pará e do Ceará e criou um governo para administrá-las: o Estado do Maranhão e do Grão Pará, com a capital em São Luís.

As expedições de reconhecimento da região amazônica, como a realizada entre 1637 e 1639 por Pedro Teixeira partiu de Belém. Acompanhado por setenta soldados portugueses e 1.200 índios, Teixeira subiu o rio até o sopé dos Andes, no território espanhol. Apesar das explorações, os portugueses eram pouco numerosos na região, cuja fronteira com os domínios espanhóis continuou durante muito tempo sujeita a negociações e controvérsias. Em 1671, não mais de oitocentos portugueses viviam no Estado do Maranhão e no Grão Pará.

A partir da década de 1680, a principal atividade da região foi a colheita de produtos nativos do sertão como cacau, algodão etc. Havia também plantações de sementes importadas do Oriente, como canela, cravo-da-índia, gengibre, noz moscada entre outras. Nesse território pobre e pouco colonizado, as ordens dos franciscanos e, sobretudo, as dos jesuítas, exerciam considerável influência. Com suas missões e aldeias, os jesuítas controlavam a mão de obra indígena e garantiam alguma presença europeia na imensa região amazônica.

Poderes locais, monarquia imperial

No final do século XVII, os estabelecimentos portugueses eram bem segmentados. A palavra "Brasil" significava apenas uma designação geográfica e administrativa que não englobava o conjunto de colônias, porque a região amazônica do Estado do Maranhão e do Grão Pará constituía divisão administrativa separada.

No Brasil colônia, as capitanias e as principais cidades possuíam vida autônoma. A centralização do poder do governo geral era reduzida. O governador-geral só exercia poder nas capitanias em caso de questões militares e de defesa do território. Quanto aos demais assuntos administrativos e de jurisdição, só administrava a Bahia e as regiões que lhe eram subordinadas. Os governadores das grandes capitanias subordinavam-se diretamente ao conselho ultramarino, instituição criada por Felipe III em 1604 e mantida pelos reis da dinastia dos Bragança. O conselho ultramarino, composto por antigos funcionários do reino que haviam servido em províncias ultramarinas, manteve sua influência até a segunda metade do século XVIII, quando as nomeações de cargos públicos e as decisões políticas passaram a ser atribuição do ministro da Marinha e dos domínios ultramarinos.

A Bahia conta ademais, a partir de 1609, de importante instância de recurso, o Tribunal da Relação, com jurisdição sobre todo o Brasil.

Para exercer a administração da justiça e arrecadar impostos, o rei nomeou magistrados e funcionários que, por virem do reino, sua passagem pela América era apenas uma etapa em sua carreira. Porém, às vezes, havia magistrados e funcionários originários do Brasil. O chefe das finanças reais, o provedor-mor, era responsável pelo controle das receitas fiscais que permitiam, entre outras iniciativas, construir fortalezas e pagar os soldados. O rei detinha alguns monopólios como o comércio do pau-brasil (extinto apenas em 1823), da pesca da baleia (1603-1798), do tabaco (1642-1820) e do sal (1658-1801). A Coroa concedeu a particulares, mediante financiamento, a exploração e comercialização desses produtos. A Coroa portuguesa também arrecadava outros tipos de impostos e taxas sobre a entrada de mercadorias, como no caso dos escravos.

O comércio não se restringiu aos portugueses durante o período colonial. Até 1571, navios de outras nacionalidades tinham autorização de entrar e atracar em portos brasileiros. Depois dessa data, e ainda com mais rigor no período da união ibérica, a presença de estrangeiros foi proibida. Com a separação de Portugal do reino espanhol, seguida por longa guerra contra a Espanha (1640-1668), a Coroa portuguesa permitiu que holandeses, ingleses e franceses comercializassem com o Brasil. Quando o reino português tentou se fortalecer no final do século XVII, o comércio colonial era controlado com rigidez por um sistema de exclusividade. De 1680 a 1808, os navios estrangeiros só podiam atracar nos portos brasileiros em caso de avaria grave. Essas proibições, sempre reiteradas, eram em grande parte formais. Era impossível controlar um litoral com mais de 7 mil quilômetros de comprimento e povoado por tantas pessoas interessadas em fraudar os impostos do reino.

A estrutura da monarquia portuguesa associava ao esfacelamento político de "pequenas pátrias" à fidelidade ao rei, a fonte de toda a justiça. Na monarquia o primeiro escalão político, administrativo e judiciário era o conselho, controlado por pessoas importantes escolhidas por seus pares. Para ser um eleitor era necessário, entre outros requisitos, ter mais de 25 anos, ter constituído família no Brasil e usufruir de certo nível de riqueza. No Brasil os conselhos chamavam-se cidades, ou recebiam o título honorífico também de cidades e obedeciam a regras aplicáveis a todas as cidades portuguesas.

A cidade ampliou o conceito de "cidade" e "municipalidade". A palavra na verdade remonta a um centro urbano de um território imenso, que abrangia a área rural, os sertões, os vilarejos e os burgos, assim como as instituições e poderes municipais.

Como em todas as monarquias, a almotaçaria excluía os artesãos, os comerciantes, e todos aqueles cujo sangue não era "limpo", como os cristãos novos e os mestiços. Depois das Ordenações Alfonsinas (1467), os descendentes dos judeus e dos mouros foram excluídos de cargos públicos e eclesiásticos. As Ordenações Manuelinas (1514-1521) acrescentaram a essa lista a exclusão dos ciganos, índios e seus descendentes. As Ordenações Filipinas (1663) estenderam essa proibição aos afrodescendentes.

Em geral, as funções municipais eram exercidas pelos moradores, os "portugueses do Brasil", em detrimento dos "portugueses do reino". Algumas cidades reivindicaram privilégios idênticos aos das grandes cidades do reino. Assim, o Rio de Janeiro recebeu em 1642 o mesmo status da cidade do Porto, seguida por Salvador da Bahia em 1646, São Luís do Maranhão e Belém do Pará em 1662.

A partir de 1574, cada municipalidade no Brasil tinha de manter companhias de 250 homens para defenderem o território. Com o recrudescimento da guerra contra os "bárbaros", isto é, contra os holandeses, as cidades foram pressionadas a custear as despesas militares arcando com o pagamento de diversos impostos. O aumento da contribuição fiscal, o apoio das capitanias e das cidades portuguesas em 1641 a D. João IV, foram serviços prestados à Coroa pelas municipalidades e pessoas proeminentes.

As cidades, sem dúvida, constituíram o principal centro de poder no Brasil no século XVII, uma das raras instituições representativas onde as elites locais incumbiam-se da administração e mantinham relações diretas com a corte por meio da troca de correspondências e envio de representantes à Europa. A cidade de Salvador passou a ter uma representação nas reuniões das Cortes.

Na segunda metade do século XVII, durante o período posterior à Restauração, a fidelidade ao rei serviu paradoxalmente como pretexto a diversas revoltas realizadas nas cidades, tanto no Brasil como em outras colônias ultramarinas da monarquia portuguesa. Em Pernambuco, Maranhão (1684), Bahia, Rio de Janeiro, além de Goa e Angola, os "vassalos ultramarinos" destituíram seus governantes, segundo eles culpados de uma administração injusta. Os rebeldes portugueses apoiaram-se no argumento dos revoltosos portugueses de 1640 contra a "tirania" de Felipe IV. Para a Restauração portuguesa, que de acordo com os espanhóis não passou de uma rebelião, era legítimo protestar contra um governante que violasse o "pacto" que determinava as relações do soberano e das instituições do reino: a obediência em troca da justiça.

A distância, a fraqueza de Portugal após a Restauração, o medo sempre renovado que os "vassalos ultramarinos" descontentes procurassem outro soberano, forçaram o rei a atender às reivindicações de seus súditos revoltados e a confirmar a evicção dos "maus" governadores. Esses episódios demonstraram a força da elite e das pessoas proeminentes do ultramar que, a partir de então, foram levadas em consideração pelo poder do reino e pelos governantes.

No final do século XVII, a fim de estender a autoridade real aos conselhos, em Portugal e nas províncias ultramarinas, o rei nomeou "juízes externos" em municipalidades importantes, como em Salvador em 1696, Rio de Janeiro e Olinda em 1703. Esses juízes intervinham nos assuntos locais, sabiam ser persuasivos para pressionar as cidades a "contribuir voluntariamente" por ocasião das guerras, catástrofes ou casamento na família real. A ação dos juízes externos, magistrados de certo nível, uniformizaram as práticas administrativas em toda a monarquia. O poder dos conselhos começou a diminuir em benefício do Estado real.

CAPÍTULO IV

O século de ouro da América portuguesa (c.1700-1808)

AS ÚLTIMAS DÉCADAS DO SÉCULO XVII foram difíceis, até mesmo críticas, para a monarquia portuguesa. Os holandeses haviam sido expulsos do Brasil, porém eles excluíram o acesso dos portugueses às suas melhores possessões no Oriente. Do Estado da Índia só restou uns poucos lugares de prestígio e um comércio instável. O açúcar e tabaco brasileiros, cujos preços estavam em franco declínio, não compensavam a perda das riquezas asiáticas. As finanças do reino exauridas pela guerra estavam abaladas. A Coroa pedia desesperadamente que os "vassalos ultramarinos" procurassem prováveis jazidas de metais preciosos. Em 1690, o milagre aconteceu e o ouro começou a sair em abundância das entranhas do Brasil e inundou o reino.

O ouro financiou o Estado absolutista português, atraiu multidões e provocou uma expansão demográfica extremamente rápida no Brasil. Como um efeito em cadeia, o ouro estimulou a agricultura e a criação de animais, o tráfico negreiro e a capacidade de compra do Brasil e de Portugal. A era do ouro prolongou-se além do declínio da extração das minas após 1750. Depois de vinte anos de marasmo entre o início das décadas de 1760 e 1780, a economia do Brasil (e por extensão a de Portugal), revigorada pelas reformas do marquês de Pombal e apoiada pela conjuntura internacional teve um novo crescimento rápido, interrompido em 1806 por Napoleão I e sua imposição do bloqueio continental.

A corrida do ouro

A descoberta de ouro nos rios do sertão de Cataguases atraiu uma multidão de mineradores de São Paulo e das capitanias litorâneas. Os rumores chegaram a Portugal e provocou o mais importante movimento de imigração na história do país. No auge da corrida do ouro, entre 1697 e 1760, calcula-se que um quinto da população portuguesa, em uma proporção de 8 mil a 10 mil pessoas por ano, imigrou para o Brasil. Os números são ainda mais vertiginosos, porque essa imigração essencialmente masculina, representou cerca de 2 milhões de habitantes de Portugal. Nem todos os imigrantes foram para a região das minas, mas muitos tentaram sua sorte.

As condições de vida eram duras nesses sertões onde todo o abastecimento de víveres e de outros produtos era importado e qualquer mercadoria por mais insignificante que fosse era vendida a um preço exorbitante. De 1697 a 1701, houve uma grande escassez de víveres e os colonos pioneiros passaram por longos períodos de inanição. Além das pessoas à busca de ouro, chegaram à região comerciantes e fazendeiros que, com frequência, enriqueceram antes dos prospectores. O desenvolvimento da agricultura acompanhou o das minas nessa região do interior do Brasil, que passou a ser chamada no início do século XVIII de "Minas Gerais", ou seja, no sentido literal de minas em geral ou contínuas, porém a tradução mais apropriada seria "região de minas", porque, na verdade, as jazidas de ouro encontravam-se dispersas por um território imenso e quase sempre situadas a muitos dias de viagem entre elas. Os acampamentos deram origem a aldeias pequenas ou arraiais que viviam da mineração, da agricultura ou do comércio quando se localizavam ao longo das vias de comunicação. O povoamento estendeu-se para o norte quando as minas de diamantes foram descobertas em torno de 1720 em Serro Frio.

O acesso a Minas Gerais era feito pela Bahia através do vale do rio São Francisco. Apesar do caminho ser mais longo, era mais cômodo, porque se subia o trecho navegável do rio. Por esse caminho circulavam os imigrantes que vinham do Nordeste e o gado que abastecia Minas Gerais.

Nesse faroeste brasileiro do século XVIII, a lei era praticamente inexistente e os conflitos eram frequentes entre os diferentes imigrantes. Os paulistas, que se julgavam os descobridores dessas minas, viam a chegada dos pioneiros baianos vindos do Nordeste pelo vale do rio São Francisco e dos reinóis, os portugueses provenientes de Portugal, como uma intrusão. Os baianos detinham uma espécie de monopólio no comércio da carne. Os reinóis dispunham quase sempre de recursos superiores aos das técnicas artesanais dos prospectores paulistas. Eles não se contentavam apenas em peneirar a areia dos rios, mas escavavam as minas e exploravam as jazidas minerais. Eles trouxeram para a região uma imigração maciça de escravos negros, em torno de 5 mil por ano. Aos olhos dos paulistas esses intrusos queriam, sobretudo, controlar a região. Um deles, Manuel Nunes Viana, um comerciante de gado vindo da Bahia, se autointitulou "governador de Minas" e quis expulsar os paulistas. A rivalidade resultou em 1707 em uma guerra civil entre os paulistas e outros imigrantes apelidados pejorativamente de emboabas, uma palavra de origem tupi.[18] A Guerra dos Emboabas durou dois anos e terminou com a derrota dos paulistas.

Alguns deles retomaram às expedições de prospecção seguindo a rede fluvial em direção ao interior do continente. Em 1718, um paulista encontrou uma grande quantidade de ouro perto do rio Cuiabá. Uma nova frente se abriu. Assim, em 1734 foi fundada a cidade de Vila Bela em Mato Grosso em uma nova região de minas de ouro. Os paulistas dedicaram-se durante o século XVIII ao comércio com estas regiões distantes, acessíveis apenas por cachoeiras com trechos acidentados. Os grupos que partiam de São Paulo todos os anos nos meses de maio e junho foram apelidados de "monções" devido ao seu caráter sazonal imposto pelo fluxo dos rios.

Em Minas Gerais o líder dos emboabas, Manuel Nunes Viana, perdeu as atribuições a que se autointitulara, mas continuou a usufruir de uma grande influência nas décadas seguintes. A Guerra dos Emboabas levou as autoridades a exercer um controle mais rígido na região de mineração de ouro.

Administração e sociedade em Minas Gerais

Até a Guerra dos Emboabas, a região de mineração era administrada pelo governador do Rio de Janeiro, assim como por São Paulo que também detinha autoridade sobre a região. Em 1709, fundou-se a nova capitania de São Paulo e Minas, desmembrada em 1720, quando Minas Gerais se tornou uma capitania independente. As primeiras instituições criadas para administrar a lei nos sertões anárquicos foram circunscrições jurídicas, ou comarcas, e as três cidades de Vila de Nossa Senhora do Carmo, Vila Real de Sabará e Vila Rica foram fundadas em 1711. Em seguida, outras instituições municipais foram criadas, o que originou a rede urbana mais densa da América portuguesa.

A administração fiscal exercia um papel considerável na região de mineração. O rei recebia um quinto dos metais preciosos explorados nas terras que pertenciam à Coroa portuguesa. As modalidades de arrecadação do quinto em Minas Gerais variavam, causando sempre protestos e às vezes revoltas dos contribuintes. As autoridades fiscais alternavam três sistemas de coletas. O quinto podia ser uma tributação calculada em função do número de escravos que alguém possuía, ou por outros critérios. Mas, em 1714, os colonos de Morro Vermelho rebelaram-se contra a tributação. A Coroa decidiu então instituir as casas de fundição do reino, onde os mineradores traziam seu ouro e davam um quinto para o fisco. O restante era fundido em lingotes, cunhados e devolvido ao proprietário.

Mais uma vez a medida provocou uma revolta na cidade de Vila Rica em 1720, porém foi logo reprimida. Os principais líderes do movimento conhecido como Revolta de Felipe dos Santos ou Revolta de Vila Rica, e que faziam parte da elite local, beneficiaram-se da clemência do rei, mas Felipe dos Santos, um almocreve que incitava o povo a rebelar-se, foi enforcado. As fundições foram instituídas a partir de 1725, porém a arrecadação do quinto teve outras variações.

O terceiro sistema consistia em fixar a contribuição no peso de cem arrobas de ouro por ano para a capitania. Se esse peso não fosse alcançado, as municipalidades tinham de complementá-lo com uma tributação adicional (derrama). O peso de cem arrobas foi atingido sem dificuldade durante a década de 1750, mas na década de 1760 ele chegou em média a

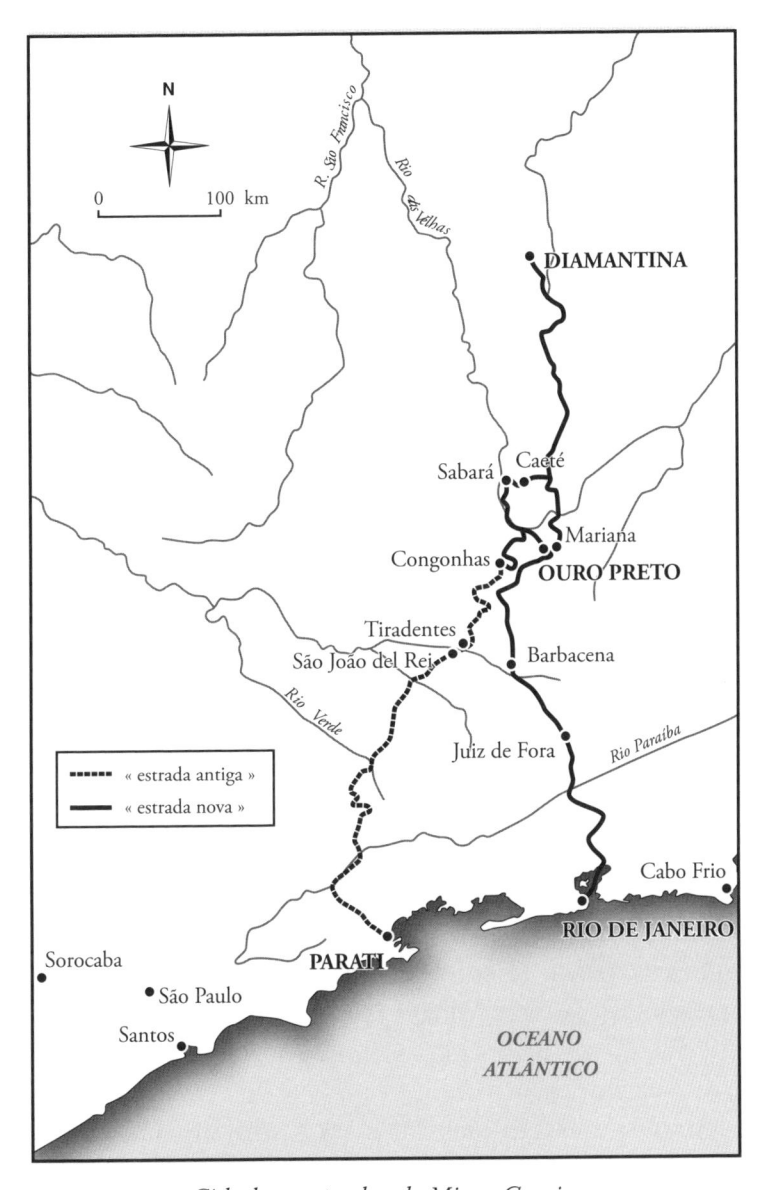

Cidades e estradas de Minas Gerais.

apenas 86 arrobas, depois a 68 arrobas de 1774 a 1785, revelando o declínio progressivo da extração de metais preciosos. A Coroa responsabilizava esse declínio mais ao contrabando do que ao esgotamento das jazidas.

A PRODUÇÃO DE OURO NO BRASIL NO SÉCULO XVIII (EM TONELADAS)
(avaliação feita com base na quantidade transportada pelas esquadras oficiais)

Ano	Minas Gerais	Goiás	Mato Grosso	Total
1700-1710	2,7			2,7
1711-1720	5,9			5,9
1721-1729	6,6		0,73	7,3
1730-1739	8,2	1,4	0,9	10,5
1740-1749	9	3,2	1	13,2
1750-1759	7,6	4,3	1	12,9
1760-1769	6,4	2,3	0,5	9,2
1770-1779	5,3	1,8	0,5	7,6
1780-1789	3,8	0,9	0,4	5,1
1790-1799	3	0,7	0,4	4,1

FONTES: Francisco Bethencourt e Kirti Chaudhuri (orgs.), *História da Expansão Portuguesa, v. 3: O Brasil na Balança do Império (1697-1808)*, Lisboa, Círculo de Leitores, 1988, p. 88, Virgílio Noya Pinto, *O Ouro Brasileiro e o Comércio Anglo-português*, São Paulo, Companhia Editora Nacional, 1979.

O contrabando foi uma catástrofe para as autoridades do reino durante toda a exploração das minas. Ele manteve um jogo incessante entre os contrabandistas e a administração e ocasionou um aumento nas despesas com soldados e fiscais para o Tesouro. Os Regimentos dos Dragões vigiavam as estradas e as vias de acesso a Minas e perseguiam os contrabandistas. Mas era difícil impedir que navios estrangeiros se aproximassem da costa brasileira e contrabandeassem o ouro.

Na região de minas de diamantes em Arraial de Tijuco (atual Diamantina) a Coroa estabeleceu uma delimitação rígida de um "distrito de diamantes" sob o controle de um intendente em 1734. Nesse distrito não havia conselhos municipais para acatar as reivindicações dos cidadãos importantes da região nem juízes, e só o intendente tinha plenos poderes administrativos e judiciários. Em 1740, a exploração de pedras preciosas que era um monopólio do reino foi arrendada aos contratadores. Esse sistema de arrendamento existiu até 1771, quando a administração do reino encarregou-se diretamente da extração de diamantes.

A partir do início do século XVIII, a Coroa proibiu a presença de ordens religiosas na região de mineração, com o objetivo de exercer sua autoridade sem interferência alheia. O direito de conceder benefícios eclesiásticos que o rei recebera do papa por ocasião da Reconquista e das conquistas ultramarinas, lhe dera muito poder sobre o clero secular. O rei recebia um dízimo para defender e propagar a fé em terras pagãs e podia sugerir a criação de dioceses e indicar candidatos a funções eclesiásticas. Em Minas Gerais as circunscrições eclesiásticas — paróquias e bispados — concentravam a rede de instituições jurídicas e municipais. Por sua vez, as ordens missionárias subordinadas ao papa e, portanto, livres do domínio do rei causaram diversos conflitos com os colonos em defesa dos índios. Essas ordens possuíam também grandes extensões de terras em outras capitanias. Em razão da ausência de ordens eclesiásticas regulares, Minas Gerais foi a região escolhida pelas ordens terceiras, como os franciscanos e confrarias laicas que financiaram a construção de igrejas suntuosas.

O dinamismo de Minas Gerais expandiu a escravidão para o Sudeste do Brasil, que se tornou o principal núcleo de escravos do país. Calcula-se que mais de 340 mil africanos foram levados para a região Sudeste, a fim de trabalhar exclusivamente na mineração entre 1698 e 1770. Antes de 1750, 90% dos escravos eram pessoas nascidas na África, e a maioria vinha de Angola. Porém ao longo do tempo, a população escrava se adaptou e se diversificou. Os escravos passaram a exercer diversas profissões como trabalhadores agrícolas, vaqueiros, carpinteiros, vendedores ambulantes, etc. Eles acompanhavam os rebanhos de mulas que abasteciam Minas, construíam prédios, esculpiam os retábulos das igrejas e revestiam de talha dourada os altares. Além disso, os escravos com frequência tocavam seus instrumentos musicais nas missas e cerimônias religiosas.

No século XVIII, Minas Gerais era a capitania com a maior concentração de escravos no Brasil. Em 1786, os cativos representavam 48% de uma população de quase 400 mil habitantes. A fuga de escravos facilitada pela distância e pelos sertões que separavam os povoados foi um problema constante em Minas. Os quilombolas, índios rebeldes, contrabandistas e bandidos aterrorizavam as pessoas que se afastavam dos limites vigiados.

Embora a alforria não fosse bem-vista e os alforriados tivessem má reputação, além de serem considerados pelas autoridades como um perigo social, Minas Gerais também abrigou a maior população mestiça livre (um terço da população em torno de 1800) do Brasil. A escravidão mantinha-se como uma instituição pela coerção, pelo medo do castigo, mas também pelas recompensas, pela esperança de um escravo de melhorar sua condição social e de conquistar a liberdade. Os senhores toleravam certa autonomia de seus escravos, lhes permitiam trabalhar em parte por conta própria e de guardar um pouco de dinheiro para o futuro. Juridicamente, um escravo era um bem, ele não tinha direito a possuir nada, mas isso era uma visão muito teórica. Diversos escravos conseguiram ser alforriados, alguns tinham seus escravos que os substituíam em seus trabalhos ou trabalhavam por conta própria. A sociedade escravagista não era um sistema racional, estável e bem estruturado, e sim uma relação ambígua e cheia de subterfúgios entre as estratégias dos escravos e dos seus senhores, da posição social das pessoas e da diversidade das condições e dos talentos, direitos e dos efeitos dessas circunstâncias.

A perspectiva de alforria, mesmo que fosse em relação a uma minoria irrisória de 1% do total dos escravos, alimentava a esperança e incentivava os escravos a servirem seus senhores com extremo zelo. Os amos libertavam os escravos aos quais eram próximos no momento da morte e libertavam também sem problemas suas mulheres, quase todas crioulas. Às vezes alforriavam seus filhos bastardos e suas concubinas. Por outro lado, os africanos só podiam ser libertos mediante pagamento. Em todos os casos a liberdade só era efetiva quando o escravo recebia sua carta de alforria registrada perante o tabelião.

Os forros formavam um grupo à parte na população, distinto dos escravos, mas também das pessoas livres por nascimento. Alguns forros enriqueceram e tinham rendimentos superiores a pessoas livres, que em muitos casos eram pobres, inclusive os brancos, mesmo na opulência da sociedade mineira. Logo, compravam seus escravos e na Vila Real de Sabará em torno de 1720, um proprietário de 17 escravos era um antigo escravo.

Os forros tinham mais oportunidades que os homens livres de melhorar suas condições de vida. As habilidades em adivinhação e clarividência, o comércio mas, sobretudo, a galanteria, eram os meios mais seguros de ascensão social. As mulheres eram raras na sociedade de Minas Gerais na primeira metade do século. Se fossem mestiças ou se tivessem a sorte de terem a pele clara, era possível que fizessem um bom casamento.

A história da mulata Chica da Silva tornou-se um mito. Personagem de romance do século XIX, depois de cinema, televisão e desfile de carnaval, Chica da Silva encarnou todas as contradições e a exuberância da sociedade mineira do século XVIII, um imaginário contemporâneo no qual se entremeiam a riqueza e a extravagância, a inversão dos valores sociais, e as fantasias sobre a sensualidade e sexualidade negras.

A mestiça retratada pela história é uma demonstração excepcional de uma escrava alforriada que encontrou um protetor rico. Libertada em 1753 por seu novo senhor, o contratador de diamantes João Fernandes de Oliveira, um personagem importante na colônia, Chica da Silva foi durante muito tempo sua concubina e mãe de seus 13 filhos. Apesar da cor de sua pele e de sua origem servil, ao contrário de outras escravas alforriadas bem-sucedidas, ela foi tratada como uma mulher livre pela elite da sociedade local, além de ter sido aceita pela confraria mais exclusiva de Minas, a ordem de São Francisco de Assis.

A mestiçagem no Brasil colônia foi mais uma estratégia dos oprimidos para suplantar as barreiras sociais do que uma suposta tolerância da sociedade em relação à cor da pele, cujas nuances indicavam a proximidade ou o distanciamento da condição servil de uma pessoa.

O dinamismo do setor interno

A descoberta de ouro em Minas Gerais provocou muita alegria e otimismo, porém ao mesmo tempo causou preocupações. Na corte, mas também em Pernambuco e na Bahia, temeu-se que a atração da região mineradora despovoasse as capitanias do litoral e que Minas Gerais privilegiasse o tráfico negreiro em detrimento da atividade agropecuária.

No entanto, o crescimento de Minas Gerais teve mais vantagens do que inconvenientes para outras regiões do Brasil ao promover um vigoroso impulso econômico.

A criação de animais, atividade tradicional do interior do Nordeste, expandiu-se em direção ao Piauí durante o século XVIII. Por sua vez, São Paulo abastecia Minas Gerais com produtos agrícolas carregados em mulas e cavalos. Mas o grande beneficiário da nova conjuntura foi o Rio de Janeiro em razão de sua proximidade relativa (de três semanas a um mês de viagem) das cidades do ouro pelo caminho novo, única via de acesso autorizada à região mineradora. As mercadorias com destino a Minas Gerais desembarcavam no Rio de Janeiro e, nesse contexto, o Rio superou a Bahia como porto de chegada de escravos da África e manteve essa posição até a proibição do tráfico negreiro em 1850.

A cidade atraía não só o comércio transatlântico, como também concentrava a navegação de cabotagem que trazia e redistribuía a produção das outras capitanias. Rio de Janeiro era o centro das trocas internas das capitanias brasileiras. Muitos comerciantes portugueses instalaram-se na cidade e deram mais prestígio ao mundo já importante dos negócios fluminenses.[19]

O Rio de Janeiro beneficiou-se também por seu papel administrativo e militar tradicional, fortalecido ainda mais pelo crescimento econômico de Minas Gerais. Sua baía, antes considerada inexpugnável, foi escolhida pela Coroa para ser a via de circulação do quinto e dos comboios que transportavam ouro e diamantes sob alta vigilância. Em 1751, foi criado o Tribunal da Relação idêntico ao de Salvador na Bahia. O fato de abrigar uma das mais importantes jurisdições do reino elevou a cidade quase à posição de capital, mas só em 1763 por determinação da Coroa o vice-rei foi morar na cidade.

Nessa transferência de capital, as motivações estratégicas tiveram outras considerações subjacentes. Além da luta permanente contra o contrabando, a Coroa decidiu empreender uma política de expansão em direção ao sul que gerou inúmeros conflitos com os espanhóis e exigiu a presença do vice-rei em uma cidade mais central do que Salvador. Rio de Janeiro e Santos foram os pontos principais da colonização da ilha de Santa Catarina e depois do Rio Grande.

A Coroa enviou casais, na maioria originária dos Açores e da ilha da Madeira, para a ilha de Santa Catarina e, depois, mais em direção ao sul, para Rio Grande de São Pedro a fim de colonizar essas regiões. Em 1737, devido ao povoamento expressivo da região, foi fundada a cidade de São Pedro do Rio Grande.

As condições geográficas e climáticas do Rio Grande do Sul eram ideais para a criação de animais, não só de bovinos, mas também de cavalos e mulas. Os animais eram levados para São Paulo e, em seguida, iam para Minas Gerais. Estradas ligavam o Rio Grande e a capitania de São Paulo integrando, assim, a nova fronteira do Sudeste do Brasil. O clima temperado do Rio Grande era também propício à cultura do trigo, em grande parte importado de Portugal até então, onde era cultivado em uma quantidade que praticamente atendia a quase toda a demanda brasileira. Em 1780, a capitania começou a fabricar o charque, a carne bovina salgada e seca, para vendê-la nas cidades do Brasil.

Essa iniciativa não se restringiu aos grandes fazendeiros, e os pequenos proprietários também participaram dessa nova atividade econômica. O ponto comum entre todos os setores econômicos do Brasil foi a generalização do uso do trabalho escravo. De 1780 a 1830, só os pobres não tinham escravos.

O Brasil na monarquia portuguesa

No início do século XVIII, o Brasil passou a ser a pérola da Coroa portuguesa. A partir de 1720, o título de vice-rei foi sistematicamente concedido ao principal representante do rei na colônia. Antes, era uma honra excepcional dada àqueles que serviam o rei em Goa. Em 1745, o suposto herdeiro da Coroa portuguesa recebeu o título de "príncipe do Brasil", o que demonstrou o prestígio do novo vice-reinado.

Graças ao ouro do Brasil e suas inúmeras e lucrativas consequências, D. João V (1706-1750) foi considerado o monarca mais rico da Europa e responsável pela renovação da dinastia dos Bragança; segundo ele "o meu avô (D. João IV) temia e devia; meu pai (D. Pedro II) devia; eu não temo nem devo".[20] Além das construções suntuosas como o palácio-convento de Mafra, o ouro do Brasil fortaleceu consideravelmente o poder real em detrimento das instituições intermediárias. Quando os cofres do Tesouro estavam cheios, era inútil pedir aos três estados novas contribuições e, portanto, de reunir as Cortes.

O ouro do Brasil foi usado para comprar todos os tipos de produtos no estrangeiro, em especial artigos de luxo. A súbita riqueza de Portugal levou o país a comprar mercadorias na Europa e desestimulou as iniciativas de criação de indústrias manufatureiras locais. Além disso, ele permitiu estreitar os vínculos comerciais de Portugal e de seu aliado inglês. Em 1703, as duas Coroas assinaram um tratado de aliança política e, alguns meses depois, um acordo econômico. Pelo tratado Methuen (o sobrenome de John e Paul Methuen, os dois negociadores ingleses), os dois países reduziram as taxas de importação que incidiam nos produtos em seus respectivos mercados. Os vinhos portugueses, sobretudo, os do vale do Douro na região do Porto beneficiaram-se com a redução do imposto e conquistaram o mercado inglês. Os produtos manufaturados ingleses, como tecidos, utensílios etc., foram comprados pelos portugueses para consumo interno, mas também a fim de exportá-los para suas colônias ultramarinas, em especial para o Brasil.

Segundo alguns políticos portugueses era evidente que o Brasil representava a salvação do reino. Em um texto escrito em torno de 1736 e que permaneceu por muito tempo manuscrito, dom Luís da Cunha, um diplomata que frequentara as grandes cortes da Europa, expôs um projeto "radical e visionário", segundo suas próprias palavras. Ele sugeriu que o rei se instalasse no Rio de Janeiro e adotasse o título de "imperador do Ocidente". A presença da corte protegeria mais essa parte do reino indispensável à sobrevivência da monarquia e exploraria com melhores recursos seu potencial. Além disso, o Brasil tinha uma posição central entre dois oceanos e diversas regiões do império. Essa opinião era muito peculiar, mas a preservação do Brasil a fim de evitar que suas riquezas fossem alvo de cobiça de potências estrangeiras, tornou-se uma obsessão dos dirigentes portugueses no contexto europeu turbulento do século XVIII.

Portugal e suas colônias sofreram as consequências de sua participação na guerra da Sucessão da Espanha (1701-1713) ao lado do aliado inglês e contra a França e a Espanha. Os piratas franceses fizeram ataques audaciosos aos navios e cidades portuguesas. Em 1710, Jean-François Duclerc fracassou em sua tentativa de conquistar o Rio de Janeiro e morreu assassinado. No ano seguinte, René Duguay-Trouin partiu de Saint-Malo com uma esquadra imponente, invadiu o Rio e ocupou a cidade. Os franceses por fim partiram mediante o pagamento de um resgate elevado em ouro, açúcar e gado. O episódio traumatizou profundamente os habitantes da cidade, que foram obrigados em grande parte a financiar sua liberdade e responsabilizaram o governador pelo desastre.

As cobiças dos estrangeiros em relação à região das minas de ouro levaram as autoridades a uma política do segredo. Em 1711, o conselho ultramarino censurou o livro escrito pelo diretor de um colégio jesuíta da Bahia sob o pseudônimo de Antonil, *Cultura e Opulência do Brasil por suas Drogas e Minas*.[21] Ao afirmar que a verdadeira riqueza do Brasil residia na agricultura, Antonil descreveu com detalhes minuciosos os caminhos de acesso à região de mineração e os meios para explorar as jazidas. Em Lisboa, os dirigentes e políticos julgaram perigoso divulgar essas informações e retiraram o livro de circulação.

No sul do Brasil a guerra retomou a disputa territorial em torno da Colônia do Sacramento e da margem esquerda do rio da Prata. Um dos tratados assinados em Utrecht em 1715 para encerrar a guerra da Sucessão da Espanha atribuiu a Portugal a posse da Colônia e a Coroa portuguesa enviou mais uma vez centenas de casais de imigrantes e de degredados para o local.

Para os espanhóis, a soberania portuguesa limitava-se a essa fortaleza isolada em um lugar ermo e abastecida por mar pelo Rio de Janeiro ou pela ilha de Santa Catarina. Porém, os portugueses achavam que seus domínios estendiam-se por toda a região entre o estuário e o Rio Grande, onde se situava essa frente pioneira de colonização portuguesa. A fim de consolidar mais as pretensões portuguesas, o governo instalou em 1723 uma guarnição em Montevidéu. A reação de Buenos Aires foi rápida. Os portugueses foram expulsos do local e a cidade de San Felipe y Santiago de Montevideo foi fundada em 1725. Apesar desse revés, as atividades em Colônia do Sacramento, chamada também de "Nova Colônia", de certa forma prosperaram. A cidade, refúgio de contrabandistas e frequentada por *porteños*,[22] atraiu a prata do Peru para Portugal. A criação de animais desenvolveu-se nos arredores da cidade e os habitantes começaram a exportar couro de boa qualidade. No entanto, a posição da Colônia do Sacramento era frágil e qualquer tensão entre as duas Coroas, a cidade seria sitiada.

A disputa das fronteiras ao sul e ao norte entre a América portuguesa e sua vizinha espanhola foi a grande questão diplomática de Portugal durante o século XVIII, antes de ser a do Brasil independente no século seguinte. A Coroa portuguesa insistia, com um esforço metódico e contínuo, a materializar uma visão geopolítica de suas fronteiras delimitando-as ao norte com o rio Amazonas e ao sul com o rio da Prata.

A iniciativa pioneira a partir do Rio Grande não solucionou o problema das fronteiras com os territórios espanhóis e exigiu uma solução diplomática. Em Madri e em Lisboa, cartógrafos, astrônomos e eruditos aprimoraram seus argumentos para decidir a disputa e delimitar a fronteira em função do princípio de ocupação efetiva (*Uti possidetis*). Em janeiro de 1749 começaram as discussões e um ano mais tarde foi assinado o tratado de Madri. Alexandre de Gusmão (1695-1753), de origem portuguesa, mas nascido no Brasil, em Santos, e secretário particular de D. João V, foi o principal negociador do tratado pelo lado português. Gusmão optou por uma solução audaciosa e, em troca da Colônia do Sacramento que os portugueses estavam dispostos a ceder aos espanhóis, ele exigiu o controle de toda a margem do rio Uruguai e de seus pastos excelentes. Mas essa proposta deparou-se com um grande obstáculo, porque a região dos Sete Povos das Missões era uma espécie de república autônoma fundada por jesuítas espanhóis, onde 30 mil índios guaranis resistiam às incursões de caçadores de escravos. Como as missões recusaram-se a se submeter ao domínio português, o tratado de Madri foi suspenso e eclodiu a Guerra Guaranítica (1753-1756), na qual soldados portugueses e espanhóis uniram-se para destruir as missões.

Nas 54 aldeias de índios no Amazonas, os jesuítas também criaram obstáculos aos trabalhos da comissão de demarcação de fronteiras. Os jesuítas e os índios contribuíram para o fracasso do tratado de Madri, mas a recusa de alguns membros do governo português, a começar por

Sebastião de Carvalho e Melo (1699-1782), futuro marquês de Pombal[23] e principal ministro de D. José I, de renunciar à posse da Colônia do Sacramento ainda predominava.

Reorganização administrativa e diversificação econômica

A administração do marquês de Pombal (1755-1777) fundamentou-se na concepção global da monarquia portuguesa e de sua dimensão imperial. Em todos os lugares, inclusive na América, a autoridade do rei deveria ser exercida sem nada que lhe pudesse fazer sombra. Assim, em 1759 as últimas capitanias hereditárias, as quais muitas existiam desde 1532, como a de Ilhéus e de Porto Seguro, foram revogadas. No mesmo ano, a Companhia de Jesus pagou um preço alto por sua resistência ao cumprimento do tratado de Madri e pela tutela ciumenta sobre os índios e, por esses e outros motivos, foi expulsa do reino e de suas possessões ultramarinas e confiscados seus bens.

A expulsão dos jesuítas ocorreu no contexto de uma reorganização da América portuguesa. Em 1751, o Estado do Maranhão e do Grão Pará mudou de nome e de capital. O novo Estado do Grão Pará, Maranhão e Rio Negro, onde o governo instalou-se em Belém do Pará (e não mais em São Luís) revelou as orientações da política do reino em relação à região amazônica. O irmão do marquês de Pombal, Francisco Xavier de Mendonça Furtado, foi nomeado governador do Estado do Grão Pará, que por fim uniu-se ao Estado do Brasil em 1774.

Furtado teve a incumbência de mostrar a soberania efetiva de Portugal na região. Para aumentar o povoamento, as uniões entre portugueses e índios foram extremamente incentivadas. Os portugueses construíram alguns fortes em lugares isolados entre Mato Grosso e Maranhão, ao longo da fronteira teórica com os territórios espanhóis. Outros fortes situados no rio Orenoco, rio Negro e rio Napo vigiavam os caminhos de invasão estrangeira. Entre 1755 e 1770, 46 cidades e vilarejos foram fundados, em geral nos locais das antigas missões. Temia-se na Amazônia uma possível guerra com a Espanha, mas ela realizou-se no Sul do país.

Em 1763 o tratado de Paris, que encerrou a guerra dos Sete Anos entre a França e a Inglaterra, confirmou a posse de Portugal da Colônia do Sacramento, mas não a de Rio Grande de São Pedro, que os espanhóis haviam invadido e ocupado em parte. O conflito que se caracterizou por uma violenta guerrilha prolongou-se até 1776. Nesse ano, os espanhóis recuaram para o rio Chuí[24] ao sul do país, porém conseguiram ocupar a ilha de Santa Catarina e a Colônia do Sacramento. As negociações de diplomatas portugueses e espanhóis resultaram no tratado de San Ildefonso assinado em 1º de outubro de 1777. Os espanhóis renunciaram à posse de Rio Grande de São Pedro e de Santa Catarina. Os portugueses desfizeram-se da Colônia do Sacramento, isolada e decadente, e dos Sete Povos das Missões.

A política de governo do marquês de Pombal no Brasil não se limitou a questões militares e de fronteiras. Quando a produção de ouro começou a diminuir de forma acentuada na década de 1760, as medidas adotadas pelo ministro tiveram por objetivo desenvolver a economia e o comércio imperial, a fim de reequilibrar as trocas entre Portugal e a Grã--Bretanha e reduzir o déficit comercial do reino.

As novas instituições administrativas foram criadas para regulamentar o comércio (Junta Comercial em 1755) e organizar o Tesouro real (Erário Régio em 1761). A política econômica do marquês de Pombal caracterizou-se por uma mistura de ordem e flexibilidade. As grandes empresas comerciais monopolistas foram fundadas, sobretudo, para desenvolver o Estado do Grão Pará, cuja colonização era ainda embrionária. A Companhia Geral do Comércio do Grão Pará e Maranhão (1755) controlava as importações e exportações na região. A Companhia Geral do Comércio de Pernambuco e da Paraíba (1759-1777) tinha a mesma finalidade para as capitanias. Na Bahia e no Rio de Janeiro, onde existia um comércio próspero, não houve necessidade de criar essas companhias comerciais. Os comerciantes das cidades eram apoiados por um "consulado" do marquês de Pombal, que aboliu o sistema de frotas em 1756 e favoreceu o grande comércio em detrimento do pequeno.

No Sudeste, entre 1769 e 1776 o vice-rei do Brasil, marquês de Lavradio, fiel executor da política pombalina, foi o patrono de experiências agronômicas que visavam à diversificação da agricultura como o cultivo da anileira, do cânhamo e do linho.

Em Minas Gerais, o declínio da mineração foi logo compensado pela rápida expansão das atividades agrícolas destinadas, em especial, ao abastecimento da cidade do Rio de Janeiro. Em 1810, menos de 10% dos escravos da capitania trabalhavam na mineração. O centro de gravidade de Minas Gerais deslocou-se de Vila Rica, o cerne da região histórica da mineração, para São João del Rei, à margem do rio das Mortes, que se tornou a região mais populosa e dinâmica de Minas na segunda metade do século XVIII. A prosperidade da capitania traduziu-se pelo surgimento de pequenas manufaturas vinculadas ao setor agrícola, mas que provocaram protestos de fabricantes e comerciantes portugueses. Em 1785, um decreto real proibiu esse tipo de atividade no Brasil e só autorizou a fabricação de tecidos grosseiros de algodão usados pelos escravos.

No Norte, a Companhia Geral de Comércio do Grão Pará e Maranhão retomou a produção de cacau no Pará. No Maranhão ela introduziu novas culturas, como o arroz e o algodão. O rápido sucesso das plantações deveu-se aos escravos africanos fornecidos pela Companhia e que em torno de 1800 constituíam quase a metade da população do Maranhão.

As reformas do marquês de Pombal surtiram efeito no reino, onde surgiram manufaturas capazes de limitar as importações da Inglaterra e de abastecer em parte o mercado brasileiro. No final do governo de Pombal em 1777, as exportações do Brasil continuaram, embora com menos intensidade, devido ao declínio da produção de ouro. Nesse ano, o valor das exportações atingiu com dificuldade o montante das exportações de 1760. As reformas só teriam efeito no Brasil na década seguinte.

As grandes diretrizes do marquês de Pombal foram seguidas com algumas nuanças por seus sucessores, que se esforçaram em especial para manter Portugal afastado das turbulências internacionais. O Brasil beneficiou-se com a neutralidade de Portugal nos conflitos do final do século XVIII. A guerra da independência dos Estados Unidos (1775-1776) favoreceu a produção de algodão do Maranhão e também do novo produtor, a capitania de Pernambuco. De 1776 a 1783, a exportação de algodão se multiplicou por sete. Na década de 1790, o Brasil forneceu um terço do algodão tecido às fábricas inglesas. Em 1792 a revolta de Santo Domingo seguida em 1804 pela independência do Haiti, excluiu do mercado o maior produtor de açúcar do Caribe e estimulou de novo a produção brasileira. Entre 1759 e 1798, o número de usinas de açúcar na Bahia aumentou de 122 para 260. O cultivo da cana desenvolveu-se na capitania de São Paulo e no litoral fluminense (Campos dos Goytacazes). O açúcar e o algodão constituíam 85% dos produtos brasileiros reexportados por Portugal. O couro, o tabaco e o cacau representavam, por ordem de importância, os 15% restantes. Em Portugal, a economia também estava em plena efervescência. As manufaturas multiplicavam-se e o Brasil foi o principal mercado dos produtos portugueses. Do ponto de vista econômico, as relações entre Portugal e o Brasil estavam em pleno vigor na virada do século XVIII para o século XIX.

Apesar de sua diversidade, as capitanias brasileiras tinham pelo menos três traços em comum: a disseminação da escravidão, a extraordinária concentração de riqueza entre poucas pessoas e a extrema pobreza da população livre. No Rio de Janeiro, por exemplo, as principais fortunas no final do século XVIII eram as dos grandes comerciantes que faziam o tráfico negreiro e investiam também nas fazendas. De acordo com os inventários de óbitos, 6% dos habitantes do Rio de Janeiro detinham 60% das fortunas em 1810.

Iluminismo, revoluções, conspirações

O governo do marquês de Pombal é um dos melhores exemplos do "despotismo esclarecido" exercido por diversas monarquias europeias durante o século XVIII. A modernização autoritária e conservadora do Estado real, a eficiência da economia e da administração, o pragmatismo e a crença na ciência foram os principais ingredientes do pombalismo e do Iluminismo português. A maioria das elites do Brasil, sobretudo as que se formaram em Portugal, compartilhava esses princípios e contribuía para difundi-los.

Uma das grandes reformas do ministro foi realizada na antiga Universidade de Coimbra em 1772, que preservava os ensinamentos jurídicos e teológicos que conquistaram sua reputação, mas que a partir de então passou a ter uma faculdade de filosofia com cursos no campo das ciências: história natural, química, botânica, mineralogia, entre outras áreas. Dom Francisco de Lemos Pereira Coutinho, o primeiro reitor da Universidade de Coimbra após sua reforma, era um português do Brasil.

Reservada a uma pequena elite social vinda do império inteiro, Coimbra acolhia todos os anos estudantes do Brasil. Em 1786, havia 27 alunos, sendo que 12 eram de Minas Gerais. De 1772 até a década de 1820, oitocentos portugueses do Brasil estudaram em Coimbra. Após terminarem os estudos, muitos voltavam para o Brasil. Outros serviam ao rei na Europa ou em outras regiões do império. Um jovem de uma das melhores famílias de Santos, José Bonifácio de Andrada e Silva (1763-1830), distinguiu-se em Coimbra e fez uma carreira brilhante em Portugal, antes de exercer um papel importante no momento da independência do Brasil.

José Bonifácio de Andrada e Silva chegou em Coimbra em 1783 e revelou logo uma atração enciclopédica pelas ciências. Ele tornou-se um naturalista, um especialista renomado em mineralogia e redigiu uma dissertação sobre a pesca da baleia, uma atividade importante no litoral brasileiro, que o levou a ingressar na Academia Real das Ciências de Lisboa.

Assim que se diplomou, José Bonifácio, como o chamavam no Brasil, não voltou ao país. Por sua atuação excepcional na Academia das Ciências, ele ganhou uma bolsa de viagem acompanhada de um programa muito preciso que o levou a conhecer os cursos de química e mineralogia mais reputados do continente, assim como diversos tipos de minas da Itália à Escócia, da França à Prússia. Esse foi o início de dez anos de viagem científica pela Europa culta. De 1790 a 1791, ele foi aluno de Jussieu e Lavoisier em Paris, e testemunhou o começo da monarquia constitucional que não o convenceu. No ano seguinte, ele ouviu uma palestra de Alexandre de Humboldt em Freiberg, iniciou uma correspondência com ele, e assistiu às aulas de Kant.

Ao voltar para Lisboa em 1800, José Bonifácio serviu 19 anos à Coroa portuguesa, ocupando funções importantes, como intendente geral das minas do reino, a cátedra de metalurgia na Universidade de Coimbra e, de 1812 a 1819, a secretaria da Academia das Ciências. Neste último ano, ele voltou para o Brasil onde começou uma carreira política.

José Bonifácio de Andrada e Silva, que seguia a tradição do marquês de Pombal, foi a encarnação perfeita do Iluminismo português atento às experiências de outros países. Partidário de uma monarquia autoritária, José Bonifácio acreditava no progresso econômico e na reforma social, mas temia acima de tudo as experimentações políticas e as discussões democráticas que conduziam, segundo ele, à anarquia.

A carreira científica de José Bonifácio ilustrou os esforços do governo português no final do século XVIII de estimular a pesquisa e as explorações científicas e tirar o melhor partido possível dos recursos oferecidos pelo império, Portugal inclusive. Administradores e pessoas eruditas originárias do Brasil participaram amplamente desse movimento. Em 1783, o naturalista Alexandre Rodrigues Ferreira, nascido na Bahia, realizou uma viagem notável pelo Norte. Em Lisboa, a livraria *Casa Literária do Arco do Cego* especializou-se na publicação de obras científicas com fins práticos, como manuais de agronomia adaptados aos trópicos. Mas a ciência reservava-se a Portugal. A Coroa não permitiu a entrada de Alexandre von Humboldt que fazia uma grande viagem pela América (1799-1804) ao Brasil.

A tendência conservadora do Iluminismo português, que visava fortalecer o Estado real, predominava entre as elites portuguesas da Europa e das províncias ultramarinas, porém os escritos dos filósofos, a independência dos Estados Unidos em 1776 e o turbilhão revolucionário desencadeado na França em 1789 influenciaram os círculos intelectuais no Brasil, que passaram a questionar a monarquia e a dominação portuguesa.

A atividade de impressão era proibida no Brasil. Todos os textos impressos eram importados, com frequência escondidos, para evitar a censura. As pessoas tinham suas bibliotecas, nas quais os enciclopedistas eram bem representados. Um autor francês, o abade Raynal, que havia escrito o livro *Histoire philosophique et politique des établissements et du commerce des Européens dans les deux Indes* (1770) era particularmente apreciado pelos espíritos contestadores. Raynal, muito hostil às monarquias ibéricas, que significavam para o Iluminismo francês o exemplo perfeito do obscurantismo, denunciava em seu livro a opressão estéril imposta pelos espanhóis e portugueses nos maravilhosos lugares, cheios de promessas, que dominavam.

A independência dos Estados Unidos também fascinava as pessoas. Em 1786, um jovem originário de Minas Gerais, que estudava medicina em Montpellier, entrou em contato com Thomas Jefferson, embaixador em Paris da jovem república norte-americana. Alguns anos mais tarde, Minas Gerais foi palco de uma conspiração ambiciosa e complexa, que provoca desde então uma grande polêmica.

A conjuração mineira (1788-1789) teve tantas repercussões na memória nacional a partir da segunda metade do século XIX, além de ter criado a identidade do Estado de Minas Gerais atual, que é difícil avaliar com imparcialidade seu alcance. No entanto, a revolta planejada não se realizou. O movimento foi traído por um de seus conspiradores e denunciado às autoridades. Os acontecimentos são relatados em fontes muito restritas provenientes do processo judiciário realizado pela Coroa contra os inconfidentes "rebeldes". Ainda hoje, discute-se se a conspiração tinha o objetivo de satisfazer os interesses materiais imediatos de alguns oligarcas corruptos, ou se ela expressou um projeto político mais nobre e mais ambicioso.

Em 1788, as pessoas proeminentes da capitania fomentaram o projeto de realizar uma revolta, assassinar o governador e proclamar a independência de Minas Gerais. Como sempre, a origem do descontentamento que inspirou a conjuração era fiscal. As autoridades, ao perceberem a diminuição constante do quinto que não atingia cem arrobas há uns vinte anos, persuadiram-se que a fraude fiscal era a principal causa desse declínio. O visconde de Barbacena, novo governador de Minas Gerais, recebeu instruções para afastar os cidadãos descontentes de suas funções lucrativas, aumentar os impostos e recuperar, se possível, os impostos atrasados devidos à Coroa, ou seja, 538 arrobas de ouro (mais de 8 toneladas)! O governo planejou fazer uma derrama, uma arrecadação de um tributo excepcional a ser pago por todos os habitantes da capitania. Além disso, era preciso anular e renegociar os contratos de arrecadação de impostos firmados com os mineiros importantes da capitania. Para algumas pessoas que detinham o monopólio da coleta dos impostos da Coroa e, portanto, que podiam ser acusadas de malversação, esse plano do governo espalhou o pânico entre elas. A decadência da atividade mineradora e o declínio econômico da década de 1760 não lhes permitiram fornecer ao Tesouro as somas combinadas. Ao longo dos anos, suas dívidas com o rei acumularam-se. As medidas a serem tomadas pelo visconde de Barbacena seriam sinônimos de ruína e desonra.

No final de 1788, diversas pessoas descontentes com a situação aliaram-se e planejaram assassinar ou expulsar o governador no momento do tumulto que o anúncio da derrama sem dúvida iria provocar. Entre os conjurados, três grupos se distinguiam (e também se dividiam): os "ideólogos" que se encarregaram de atribuir uma doutrina ao movimento e de delinear o que seria a futura república; os "militantes revolucionários", que iriam mobilizar a população e conduzir as operações militares do golpe de Estado; e os "financiadores", dispostos a garantir a logística do movimento para escapar do castigo do fisco.

Os "ideólogos", Cláudio Manuel da Costa (1729-1789), advogado suspeito de enriquecimento ilícito, mas também um poeta renomado, Tomás Antônio Gonzaga (1744-1810), magistrado e autor dos poemas satíricos *Cartas Chilenas* e eróticos como *Marília de Dirceu*, e o cônego Luís Vieira da Silva, tinham bibliotecas cheias de obras políticas, em especial sobre a independência americana e sua legislação. Antigo aluno de Coimbra, Cláudio Manuel da Costa traduzira para o português *A Riqueza das Nações*, de Adam Smith. Ele tinha propriedades agrícolas, minas e era também agiota. A questão fiscal, presente na eclosão da guerra de independência americana facilitou a comparação entre a situação de Minas Gerais e a dos "ingleses americanos".

Segundo os conjurados, São João del Rei seria a capital da república de Minas e sede do Congresso. Os escravos crioulos e os mulatos seriam alforriados, mas não se cogitava em abolir a escravidão em geral. Os padres receberiam o dízimo com a condição de garantirem a educação, cuidados e ajuda à população. Não haveria mais um exército permanente e sim uma milícia de cidadãos.

Entre os "militantes revolucionários" destacava-se o alferes Joaquim José da Silva Xavier (1746-1782), mais conhecido como Tiradentes "o arrancador de dentes" devido ao seu talento como dentista. Filho de mãe paulista e de pai português, Tiradentes foi tropeiro antes de alistar-se no exército. Mais próximo do Antigo Regime que do liberalismo, ele dedicou-se a fazer uma propaganda ostensiva a favor da conjuração, o que provocou as suspeitas das autoridades.

As autoridades, conscientes que uma derrama teria consequências sérias para a ordem pública, desistiram da ideia e, assim, frustraram os planos da conspiração. Em maio de 1789, em seguida à denúncia do complô por um dos seus "financiadores", os principais conjurados foram presos. Começaram os longos meses de investigação e interrogatório. Cláudio Manuel da Costa morreu na prisão, oficialmente por suicídio. Em abril de 1792 foi dado o veredicto: 24 pessoas foram acusadas de crime de lesa-majestade, das quais dez condenadas à morte. A rainha Maria I demonstrou clemência e comutou as penas capitais em deportações para lugares insalubres em Angola e Moçambique. Apenas um conjurado não se beneficiou da magnanimidade real, o alferes Tiradentes, que foi executado em praça pública no Rio de Janeiro, em 21 de abril de 1793. Seu castigo foi exemplar. Tiradentes foi enforcado, decapitado e esquartejado. Sua cabeça e membros foram expostos na praça de Vila Rica e nos caminhos de acesso a Minas. Sua casa foi destruída e jogaram sal em suas ruínas.

A revolução, à qual os próprios conjurados haviam renunciado, foi eliminada antes de se materializar. Nunca saberemos se as referências aos Estados Unidos e o esboço de um projeto político de alguns dos conjurados de Minas Gerais nada mais eram que uma nova configuração de um movimento antigo, de revolta fiscal das elites locais, ou se exprimiam novas reivindicações e o questionamento sobre a dominação de Portugal em algumas capitanias. Mas o destino reservado a Tiradentes converteu um modesto alferes em herói e transformou uma conspiração fracassada e ambígua em um martírio pela liberdade.

O envolvimento dos personagens mais proeminentes de Minas Gerais em uma conspiração tão grave, sem dúvida amedrontou a Coroa e contribuiu para um controle político mais rígido, sobretudo, nos círculos intelectuais. Em 1794, a Sociedade Literária do Rio de Janeiro criada em 1786 sob a égide do vice-rei foi dissolvida. Porém, foi na Bahia que as "ideias francesas perniciosas" manifestaram-se de maneira inquietante por ocasião da Conspiração dos Alfaiates.

Em 12 de outubro de 1798, 11 cartazes manuscritos conclamando os baianos à revolta, foram afixados em diversos lugares da cidade. Esses "cartazes rebeldes" faziam alusão à Revolução Francesa, à tirania do reino e à exigência de melhores soldos para as tropas. Após uma investigação rápida, 33 pessoas foram presas e acusadas: dez brancos, um negro e 22 mulatos, com a pele mais clara ou mais escura.

A palavra mulato designava uma cor de pele entre o branco e o negro, como a dos mestiços, e foi cada vez mais usada a partir do final do século para referir-se aos negros e mestiços livres. Os adjetivos preto, negro e crioulo tinham uma conotação tão próxima à condição de um escravo, que se passou a recorrer à palavra mulato para falar de uma pessoa com a pele negra ou escura, mas livre. A Conspiração dos Alfaiates revelou a politização importante dos mulatos nas cidades do Brasil e suas reivindicações de igualdade social. Eles foram um dos elementos centrais dos conflitos urbanos que abalaram diversas vezes o Brasil na primeira metade do século XIX.

Entre os acusados de 1798 havia 12 escravos, nove militares, cinco alfaiates, dois ourives, um bordador, um maçom, um comerciante, um cirurgião e um professor. Quatro foram condenados à morte, executados e seus corpos supliciados ficaram expostos ao público durante cinco dias. A investigação resultou na apreensão de duas bibliotecas, a do tenente Hermógenes Pantoja com 22 volumes e a do cirurgião Cipriano Barata com trinta livros.

Cipriano Barata (1762-1838) era um antigo estudante de Coimbra que voltara ao país com um diploma de cirurgião, mas que continuara a exercer atividades agrícolas. Ele possuía 11 escravos e cultivava cana-de-açúcar e mandioca, além de ter a péssima reputação de ser herege. Em seguida à Conspiração dos Alfaiates ele ficou preso durante mais de um ano. Esse primeiro período na prisão repetiu-se várias vezes. Barata começou uma carreira política marcada pela rejeição ao absolutismo e pela defesa de princípios progressistas, que o conduziam com frequência à prisão. A biblioteca apreendida em sua casa com o predomínio de títulos científicos, principalmente franceses, não traiu suas convicções às autoridades, mas talvez ele tenha conseguido esconder as obras mais heréticas.

As autoridades enfatizaram o caráter plebeu, até mesmo servil da Conspiração dos Alfaiates, como uma espécie de advertência àqueles atraídos pelos princípios de liberdade e igualdade. O espectro da revolta de Santo Domingo de 1791 deveria arrefecer as simpatias das classes mais abastadas baianas pela França revolucionária. No entanto, essas ideias contestatórias circulavam entre as elites da Bahia. Em 1797, um francês, o comandante Larcher, enviou ao Diretório um relatório sobre sua visita a Salvador, no ano anterior. Larcher disse ao governo francês que um número significativo de simpatizantes estava prestes a proclamar a república com a ajuda da França. A Conspiração dos Alfaiates não se limitara às classes inferiores da cidade de Salvador, mas também envolvera pessoas proeminentes que haviam sido poupadas da investigação.

A crise de 1807 em Portugal e a transferência da corte

Na década de 1790 não se percebeu qualquer indício de uma "crise do Antigo Regime colonial português". O Brasil estava em plena expansão econômica e demográfica. Poucas vezes a situação econômica de Portugal em relação à Inglaterra foi tão favorável. Politicamente, o edifício só revelava pequenas rachaduras. Havia pessoas no Brasil imbuídas do espírito contestatório ao absolutismo ou pelo discurso anticolonialista dos Estados Unidos, porém eram uma minoria. As queixas à Coroa eram as mesmas de sempre e referiam-se essencialmente à arrecadação de impostos. Quase ninguém tinha dúvidas quanto à unidade da nação portuguesa e temia-se como se fosse uma peste, uma revolta generalizada dos escravos, que representavam um terço da população do Brasil em torno de 1800, com ou sem o apoio da população pobre livre, um "populacho" capaz das piores violências e cuja Conspiração dos Alfaiates demonstrara o potencial revolucionário.

Em Lisboa, o governo tinha consciência dos perigos da conjuntura internacional e procurava os meios de evitar as armadilhas. Por ocasião da independência dos Estados Unidos, o marquês de Pombal julgou que os revoltosos seriam vitoriosos e sugeriu lhes conceder uma assembleia representativa em troca da manutenção da soberania britânica. Em 1797, seu afilhado e discípulo, dom Rodrigo de Sousa Coutinho (1755-1812), secretário de Estado da Marinha e dos domínios ultramarinos, propôs uma "dissertação sobre a melhoria dos domínios de Sua Majestade na América", cujas principais ideias foram expostas no ano seguinte ao conselho de ministros.[25]

Para o futuro conde de Linhares, Portugal era irrelevante sem suas possessões ultramarinas e, sobretudo, sem o Brasil. A fim de evitar qualquer tipo de secessão que mergulharia Portugal na infelicidade, era conveniente fundar um "novo império", uma espécie de monarquia federativa, uma federação de províncias com o mesmo status e ligadas por laços de obediência ao rei e por interesses recíprocos. O Brasil poderia se dividir em dois governos, um sediado no Rio de Janeiro e outro ao redor do Pará.

Do ponto de vista econômico, Coutinho sem dúvida era leitor do abade Raynal e de Adam Smith e encerrou as atividades dos monopólios reais obsoletos, como o sal e a pesca de baleias, mas não cogitou eliminar o mercantilismo que regia as relações comerciais entre Portugal e o Brasil. Era preciso apenas torná-lo eficaz e aceitável para as duas partes. Qualquer iniciativa com o objetivo de expandir o desenvolvimento do Brasil, como a exploração do minério de ferro, era bem-vinda aos seus olhos. Cercado por muitos conselheiros originários do Brasil que compartilhavam essa ideia de um novo império luso-brasileiro, ele defendia a transferência da monarquia para essas províncias em caso de invasão de Portugal.

Mais do que as rebeliões ou as inconfidências no Brasil, a preocupação maior dos dirigentes era a vulnerabilidade de Portugal no cenário internacional e as opiniões oscilavam entre o "partido inglês" e o "partido francês". As duas facções tinham em comum o projeto de preservar a neutralidade de Portugal e de suas possessões, neutralidade que fora possível manter desde 1777, porém que era cada vez mais difícil preservá-la entre o martelo e a bigorna da França e da Inglaterra. O "partido francês" era realista: Napoleão era irresistível e seria melhor aliar-se à sua pessoa que ser vencido por ele. O "partido inglês" do qual dom Rodrigo era o principal defensor também tinha uma visão realista: os ingleses se aproveitariam de uma aliança com a França para dominar o império e o Brasil. Se Portugal rompesse sua antiga aliança com a Inglaterra, todo o sistema econômico desmoronaria. O "partido francês" venceu a discussão em 1803 e dom Rodrigo retirou-se do poder público. Em 1806, Napoleão decretou em Berlim o bloqueio continental e o fortaleceu no ano seguinte e, a partir dessa data, todas as nações neutras com relações comerciais com a Grã-Bretanha foram consideradas inimigas da França e passíveis de serem invadidas pelas tropas francesas. Em novembro de 1807, o exército comandado pelo marechal Junot chegou às portas de Lisboa e demonstrou o fracasso do "partido francês". Dom Rodrigo de Sousa Coutinho retomou suas funções públicas e organizou a partida para o Brasil da rainha dona Maria I, demente e incapaz de governar desde 1792, do príncipe herdeiro e regente D. João, da família real, do governo e de seus principais órgãos. Uma "corte" reduzida ao essencial partiu do porto de Lisboa em 29 de novembro de 1807. Cerca de quinhentos viajantes acompanharam a rainha.[26]

Essa transferência da família tivera um precedente recente. Em 1779, diante do avanço dos franceses, os Bourbon fugiram de Nápoles para a Sicília onde começaram a guerra de reconquista. Mas em 1807, o projeto de Portugal era muito mais ambicioso. A extensão da travessia do Atlântico era muito maior que o estreito de Messina. O projeto de fundar um "novo e poderoso império" exigia mais fôlego que o castigo dos jacobinos napolitanos.

CAPÍTULO V

A nova corte imperial (1808-1820)

EM 7 DE MARÇO DE 1808, o regente, a família real e uma parte da corte chegou ao Rio de Janeiro que se tornou a capital da monarquia portuguesa. Essa transferência da corte não criou no Brasil uma "sociedade da corte" como a que o sociólogo Norbert Elias identificou em Versalhes à época de Luís XIV. Não devemos ver a palavra "corte" como um sistema destinado a domesticar a nobreza com um jogo de favores, e sim em sua acepção tradicional: a casa real e o governo. A presença da corte também não provocou um "processo de civilização", isto é, o alinhamento do conjunto de costumes das classes dirigentes, mesmo se a transformação do Rio de Janeiro em capital tenha introduzido novos hábitos culturais.

A instalação da corte no Rio teve consequências significativas no Brasil como um todo e na monarquia. Pela primeira vez, a América portuguesa teve um centro político que pertencia ao império de dona Maria I. Longe de ser um refúgio circunstancial, o Rio de Janeiro era a capital de um novo império luso-brasileiro, como proposto por dom Rodrigo de Sousa Coutinho em 1797.

A corte na América: a emancipação do Brasil

Escoltada pela *Royal Navy*, a família real e o governo ancoraram em Salvador da Bahia em janeiro de 1808 antes de retomar a viagem e entrar na baía de Guanabara. Apesar de ter sido o primeiro porto do Brasil e a residência do vice-rei, a cidade do Rio de Janeiro com 60 mil habitantes oferecia pouco conforto para acolher os recém-chegados tão numerosos e ilustres. A casa dos vice-reis converteu-se em palácio real, mas o príncipe regente preferiu morar afastado da cidade na residência mais luxuosa de toda a América portuguesa, a Quinta da Boa Vista, notável por sua fachada com as janelas envidraçadas. Um rico comerciante fluminense, Elias Antônio Lopes, que enriquecera com o tráfico de escravos, acabara de construí-la e a ofereceu à família real que o retribuiu com honrarias e contratos lucrativos. Outros comerciantes de escravos, que constituíam a elite das fortunas fluminenses, colocaram seu dinheiro à disposição da rainha e receberam em troca títulos de nobreza e cargos bastante rentáveis. A instalação da corte aproximou as grandes famílias do Rio de Janeiro, cuja prosperidade resultava do comércio, da rápida expansão das usinas de açúcar na região de Campos, do Estado e cargos reais. Essas famílias tinham grande interesse na permanência do soberano na cidade e estavam dispostos a tudo para mantê-la.

Menos de vinte membros da nobreza portuguesa vieram para o Brasil: um duque, sete marqueses, duas marquesas, cinco condes e um visconde. Não era um número suficiente para animar a vida na corte, embora ao longo do tempo outros nobres se reuniram a eles, além dos diplomatas estrangeiros que seguiram o governo português.

O primeiro decreto importante do príncipe regente em território americano foi datado da Bahia, em 28 de janeiro de 1808. O decreto da abertura dos portos dizia: "Primo: Que seja admissíveis nas Alfândegas do Brasil todos e quaisquer Gêneros, Fazendas e Mercadorias transportados por Navios Estrangeiros das Potências, que se conservam em Paz e Harmonia com Minha Real Coroa, ou em Navios dos Meus Vassalos, pagando por entrada de vinte e quatro por cento[...] Segundo: Que não só Meus Vassalos, mas também os sobreditos Estrangeiros possam exportar para os Portos, que bem lhes parecer a benefício do Comércio e Agricultura, que tanto desejo promover, todos e quaisquer Gêneros, Produções Coloniais, com exceção do Pau-brasil ou outros notoriamente estancados [...]." A medida foi apresentada como provisória e determinada pela interrupção das ligações marítimas em razão da guerra, mas ela encerrou em definitivo a exclusividade luso-brasileira. Portugal, agora ocupado pelos franceses, perdeu seu papel histórico de entreposto comercial, onde transitavam as mercadorias europeias destinadas ao Brasil e o açúcar e o algodão brasileiros reexportados para a Europa.

A Inglaterra, beneficiando-se com a abertura dos portos no Brasil, assinou em 1810 um tratado de aliança e amizade e um tratado de comércio e navegação por um prazo de 15 anos, muito vantajoso para os ingleses. Devido a este último tratado, os direitos de entrada das mercadorias inglesas não excediam 15%, ao passo que os produtos portugueses foram taxados em 16%. Santa Catarina, localizada perto do rio da Prata, tornou-se um porto livre para os ingleses.

No início, essas disposições permitiram contornar o bloqueio continental e a ocupação de Portugal pelos franceses que, por fim, foram expulsos do reino em 1811. Porém, no longo prazo, a concorrência inglesa, favorecida pelo decreto de 1808 e o tratado de 1810, revelou-se verdadeira catástrofe para os comerciantes do Porto e de Lisboa. Ela causou também a falência das manufaturas de algodão portuguesas, incapazes de competir com os tecidos produzidos nas fábricas de Manchester.

A Grã-Bretanha obrigou também o governo português a abolir aos poucos o comércio de escravos que ela proibira aos seus comerciantes em 1807. A monarquia luso-brasileira e a coroa britânica começaram a divergir seriamente em relação ao tratado.

Após a abertura dos portos, uma medida de urgência, D. João organizou a transferência dos poderes de uma monarquia em guerra. Em abril de 1808, instalaram-se no Rio de Janeiro um Conselho Militar e as mais altas jurisdições do reino, diretamente ligadas ao poder do rei e inseparáveis da pessoa real, como a Mesa do Desembargo do Paço (o tribunal de justiça do palácio) e a Mesa da Consciência e Ordens, órgão no qual o soberano exerce seu direito de proteção aos assuntos eclesiásticos e religiosos.

Nas bagagens do regente havia uma gráfica indispensável à difusão da legislação. Em 13 de maio de 1808, um decreto fundou a Gráfica Real, que além de publicar uma espécie de jornal oficial, a *Gazeta do Rio de Janeiro*, editava outras publicações submetidas à censura. Isso significou o início da imprensa no Brasil.

A biblioteca real também viera com a corte. Em 1810 o acesso às 60 mil obras transferidas de Portugal foi aberto ao público. A Coroa preocupou-se também com a formação de profissionais e criou em 1808 duas escolas de cirurgia, uma em Salvador e a outra no Rio de Janeiro, mais tarde transformadas em faculdades de medicina. Uma academia da Marinha e uma academia militar foram fundadas no Rio em 1810. O teatro São João, réplica do teatro São Carlos em Lisboa, abriu suas portas em 1813, e foi palco de festas e divertimentos da elite da sociedade fluminense, assim como celebrações políticas da monarquia.

Em março de 1816, chegou ao Brasil uma missão de artistas e artesãos recrutados na França para criar no país uma escola real de ciências, artes e profissões. Diante das inúmeras dificuldades, a missão logo se dispersou, mas alguns artistas que passaram muito tempo no Brasil ou que se instalaram no país, foram os responsáveis pela criação em 1820 da Academia Real de Belas Artes. Pintores como Nicolas Taunay e Jean-Baptiste Debret, primo de David, o célebre pintor francês, e o arquiteto Grandjean de Montigny, introduziram o neoclassicismo no Brasil e formaram uma geração de artistas brasileiros. Ocupavam-se também com a organização das cerimônias reais sob o reinado de D. João VI, que sucedeu à mãe em 1816. Debret e Grandjean de Montigny participaram da organização da aclamação de D. João VI em 1818, cerimônia que marcou a entronização do novo soberano da monarquia portuguesa.

No plano econômico, o regente revogou todas as proibições anteriores, como a de 1785 que proibiu a atividade manufatureira no Brasil (1º de abril de 1808). Uma fundição foi construída, sob os auspícios do governo, em Sorocaba, São Paulo. Uma fábrica de pólvora foi aberta no Rio de Janeiro. O Banco do Brasil foi criado em 12 de outubro de 1808 pela iniciativa de dom Rodrigo de Sousa Coutinho.

D. João organizou também o planejamento da colonização do Brasil, recorrendo à imigração europeia católica, para não despovoar mais o reino. A implantação de colônias de pequenos agricultores favoreceu a expansão da civilização no país. Em 1819, umas cem famílias suíças do cantão de Fribourg fundaram a cidade de Nova Friburgo na região montanhosa da província do Rio de Janeiro. Em 1824 chegaram os primeiros alemães em São Leopoldo, no Sul do país.

A política de colonização do governo levou o regente a declarar "guerras justas" contra as populações indígenas que viviam nas terras cobiçadas. Assim, os kaingangs da província de São Paulo e, sobretudo, os botocudos que tinham o mau hábito de bloquear o acesso ao vale do rio Doce, entre Minas Gerais e o Espírito Santo, foram rechaçados ou exterminados sem piedade na década de 1810.

Em 1808, a preocupação principal do governo era as relações internacionais e a guerra. No ano seguinte, a Guiana francesa foi invadida e ocupada até o tratado de Paris firmado em maio de 1814. Na região platina, a Coroa portuguesa retomou sua política expansionista aproveitando-se da situação caótica em que se encontrava o vice-reinado do rio da Prata desde 1810. A invasão francesa, a prisão de Ferdinando VII e sua substituição por José Bonaparte, eliminaram a pedra angular do edifício imperial espanhol que começou a ruir. Cidades e províncias proclamaram sua soberania.

A esposa de D. João, a princesa Carlota Joaquina de Bourbon, irmã de Ferdinando VII, acalentava a esperança de se declarar regente do vice-reinado do rio da Prata em nome do irmão. D. João e, por trás dele os ingleses, preferiram por fim fragmentá-lo. Para o Rio de Janeiro, chegara o momento de reocupar a margem norte do estuário. Em 1811, as tropas portuguesas ajudaram os cidadãos de Montevidéu, que haviam decidido se separar de Buenos Aires, a repelir os ataques dos *porteños*. As tropas portuguesas invadiram em 1816 o "lado oriental do Prata" que passou a ser chamado de Província Cisplatina.

O Reino Unido de Portugal, Algarves e Brasil

A fim de fortalecer o poderio e o prestígio de Portugal no Congresso de Viena, D. João elevou o Brasil à posição de reino com o nome oficial de Reino Unido de Portugal, Algarves[27] e Brasil.

Em Viena, os portugueses quiseram recuperar o território de Olivença que fora ocupado pelos espanhóis durante a guerra e renegociar o tratado comercial de 1810 com a Inglaterra. No Rio de Janeiro, D. João queria manter a Guiana e, sobretudo, de eximir-se de qualquer compromisso de restringir ou abolir o tráfico negreiro. Mas nenhuma das reivindicações dos interesses do Reino Unido de Portugal e Brasil na Europa ou na América foi atendida, o que demonstrou a pouca influência de Portugal sobre as grandes potências e a ingratidão da Inglaterra em relação ao amigo português. Olivença não foi reconquistada, a Guiana foi devolvida, o tratado manteve-se em vigor e o tráfico negreiro só foi proibido ao norte do equador.

No Brasil, a elevação à posição de reino anunciada em dezembro de 1815, transformou as capitanias em províncias.[28] Porém, essa medida não originou um corpo político e teve uma conotação sobretudo simbólica. A organização dos poderes nascida da transferência da corte para o Rio de Janeiro causou tensões na monarquia. Os pernambucanos foram os primeiros a se rebelarem contra a nova organização política em fevereiro de 1817, e proclamaram sua independência e a constituição da república de Pernambuco.

Nenhuma província do Brasil tinha tanta consciência de suas peculiaridades e de seus direitos históricos como Pernambuco. Depois da expulsão dos holandeses, o prefeito de Olinda e o de Recife presumiram que um pacto tácito os vinculava à Coroa. Para assegurar a obediência dos pernambucanos, o rei não podia lhes impor novos impostos e deveria nomear prioritariamente homens originários da capitania para administrá-la. Mas o tratado de 1810, ao privar a Coroa de uma parte dos direitos de importação de mercadorias, obrigou o fisco a cobrar mais impostos para o açúcar e o algodão, que eram as principais produções da província. Os pernambucanos consideraram essa imposição como um ato tirânico tendo em vista que os investimentos da monarquia beneficiavam essencialmente o Rio de Janeiro. Essa cidade, onde Pernambuco se abastecia com a compra de charque do Rio Grande do Sul e dos escravos de Angola, era detestada no Nordeste, que nunca lhe fora subordinada antes de 1808. O governo real instalado no Rio de Janeiro era visto como despótico. À tradição de autonomia das elites pernambucanas acrescentou-se em torno de 1800 ideias republicanas de diversas naturezas. As lojas maçônicas que surgiram no Recife no início do século XIX eram muito ativas.

Em 1817, o ressentimento contra os portugueses do reino e contra o Rio de Janeiro atingiu o auge e serviu de pano de fundo para uma conspiração que eclodiu em uma caserna do Recife em 6 de fevereiro. Um general português foi assassinado por oficiais nascidos no Brasil. A revolta expandiu-se pela cidade e pelas províncias "anexas" — Ceará, Rio Grande do Norte, Paraíba — que sempre seguiram Pernambuco. No Recife foi criado um diretório composto por cinco representantes da sociedade pernambucana: um senhor de engenho, um advogado, um comerciante, um padre e um militar. As grandes famílias de usineiros como os Holanda e os Cavalcanti armaram seus escravos e aderiram a esse movimento tão híbrido. Os usineiros protestaram contra o despotismo fiscal. A população urbana, em especial, a população livre de pele escura, os mulatos, era mais radical e queria abolir a escravidão. Muitos desses mulatos eram soldados do Exército português ou das milícias locais.

A cidade do Rio de Janeiro manifestou sua desaprovação diante da rebelião pernambucana e jurou fidelidade a D. João VI. As tropas do rei bloquearam e bombardearam Recife. Após um mês e meio de cerco e centenas de mortos, a república de Pernambuco foi esmagada em 20 de maio de 1817. Depois da vitória, os principais líderes que não morreram durante o conflito, foram julgados e jogados na prisão em condições deploráveis.

A revolução de Pernambuco em 1817 revelou as contradições da monarquia e da sociedade na América. Nela havia movimentos imbricados de inspirações muito distintas. Em princípio foi uma revolta contra os impostos dirigida pelas elites em nome de um bom governo, em um estilo que remontava a 1640. Para essas elites, o movimento foi mais uma "restauração" (como a de 1640), além de uma maneira de lembrar a D. João das suas obrigações perante seus vassalos pernambucanos, do que uma revolução.

O surgimento de novos modelos políticos vinculados à francomaçonaria e o papel exercido pelos mulatos no movimento confirmaram, como a conspiração de Salvador em 1798, a existência de uma contestação ao absolutismo, o crescente sentimento de opressão e o potencial assustador da explosão social.

A rebelião de Pernambuco e a manifestação do patriotismo local mostraram também que os súditos de D. João VI, em especial na metade ao norte da América portuguesa, não percebiam uma identidade política no reino do Brasil instituído há pouco tempo. De acordo com a concepção solidamente arraigada e muito difundida entre as pessoas, se a soberania do rei era contestada, então as municipalidades e as províncias eram as depositárias desse sentimento de contestação.

Por fim, a revolução de 1817 enfatizou uma peculiaridade no Brasil em relação a Portugal, que influenciou nos mínimos detalhes todas as escolhas políticas feitas no século XIX: a escravidão condenada verbalmente pelo diretório de Pernambuco, mas que não se propunha a aboli-la de fato, em razão da aceitação profunda da instituição da escravatura e que abrangia quase todos os segmentos da população, tanto os mestiços quanto os alforriados.

Assim que a rebelião pernambucana foi debelada, a revolta da cidade do Porto em 24 de agosto de 1820 demonstrou de forma ainda mais radical o questionamento do Reino Unido de Portugal e do Brasil.

SEGUNDA PARTE

A construção do Brasil e a formação dos brasileiros (as décadas de 1820 a 1930)

CAPÍTULO VI

Independências (1820-1840)

A REVOLUÇÃO LIBERAL QUE ECLODIU NO Porto em 1820 abalou profundamente a monarquia portuguesa e desencadeou um processo que resultou na separação política entre Portugal e as províncias brasileiras, assim como no surgimento de um Estado-nação no Brasil. Apesar de a independência do Brasil ter sido consequência de um sentimento nacionalista exacerbado, paradoxalmente esse sentimento desenvolveu-se em Portugal e não no Brasil. Abalados pela ocupação estrangeira e pela guerra, os portugueses do reino sentiam-se injustiçados em seus esforços e seus sofrimentos. A "Restauração" à qual aspiravam contradizia a lógica do novo império luso-brasileiro.

A revolução portuguesa

Em 24 de agosto de 1820, uma insurreição militar eclodiu no Porto em nome "da Constituição, da nação, do rei e da religião católica".[29] Em 15 de setembro o movimento estendeu-se a Lisboa. No dia 27 de setembro, foi constituída uma junta provisional de governo que convocou uma assembleia com vocação constituinte denominada Cortes Constituintes. Nascida do marasmo econômico de Portugal desde o bloqueio continental e da invasão francesa, resultado dos sofrimentos da guerra e da posição subalterna do país após a vitória, o vintismo ("anos 1820"), nome pelo qual essa corrente política passou para a posteridade queria "restaurar" a nação portuguesa. Para os revolucionários esse movimento pretendia reconstruir Portugal, abandonado por seu rei em 1807, tirá-lo da tutela sufocante dos ingleses e recuperar sua prosperidade com a reforma das instituições consideradas culpadas da triste situação em que se encontrava o reino. A instalação da corte no Brasil, que relegara Portugal a uma posição inferior, nutria uma amargura profunda e um ressentimento contra o absolutismo entre os portugueses. No final da década de 1820, D. João VI foi objeto de opiniões opostas de ambos os lados do Atlântico. No Rio de Janeiro era o soberano bonachão que emancipara o Brasil; em Lisboa ele era um glutão, um avarento e, sobretudo, um poltrão que fugira diante do invasor.

Em dezembro, a corte percebeu a gravidade dos acontecimentos em Portugal. O rei e o governo ficaram consternados com a eclosão da revolução liberal que contestava a soberania do rei e que propunha redigir uma Constituição com os representantes do povo. A alternativa do monarca seria voltar para Portugal e tentar controlar as Cortes, sob o preço de grandes concessões, ou ficar no Rio de Janeiro como um bastião do absolutismo, correndo o risco de uma ruptura com o reino.

A princípio, D. João optou pela segunda solução, mas suas margens de manobra revelaram-se extremamente limitadas, porque a revolução liberal fora bem acolhida no Brasil. Em 1º de janeiro de 1821, o Pará, muito ligado a Portugal, seguido em 10 de fevereiro pela Bahia, declarou sua adesão ao movimento constitucionalista e sua fidelidade às Cortes Constituintes. Por sua vez, as tropas vindas de Portugal demonstraram um apoio entusiasta e incondicional ao movimento restaurador e às Cortes. Em diversas cidades ocorreram manifestações, nas quais as forças sociais, o clero, o povo, os soldados e as municipalidades, afirmaram sua fidelidade à casa de Bragança, às Cortes Constituintes, à Constituição por elas elaborada e à santa Igreja.

No Rio de Janeiro, os acontecimentos obrigaram D. João VI a se pronunciar. Em 26 de fevereiro de 1821, a Divisão auxiliar — soldados vindos de Portugal que se instalaram no Rio de Janeiro — amotinou-se seguida por revoltosos das classes populares da cidade. A multidão exigiu que o rei prestasse juramento antecipado aos princípios constitucionais adotados pelas Cortes, promulgasse enquanto esperava a Constituição portuguesa o texto final bastante liberal e progressista da Constituição espanhola de

Independências

1812 e expulsasse do seu governo os elementos mais reacionários. O príncipe herdeiro D. Pedro solucionou a crise ao aceitar certas reivindicações dos amotinados. Na presença da municipalidade da cidade reunida no teatro São João, o príncipe e, em seguida, D. João VI, prestaram juramento à futura Constituição das Cortes. A monarquia concordou em se tornar uma monarquia constitucional e, portanto, renunciou ao absolutismo, porém com a condição de manter sua preeminência. A paz parecia ter sido restaurada, mas a febre política que dominou as cidades portuguesas de ambos os lados do Atlântico lutava pela liberdade de imprensa, concedida ao Brasil em agosto de 1821. Com o fim da censura surgiram diversos jornais em todas as grandes cidades do país. As lojas maçônicas e os clubes, espaços de debate público, multiplicaram-se. Em resumo, havia nascido a opinião pública no Brasil.[30]

Em 7 de março, D. João VI anunciou por decreto que voltaria para Portugal deixando o filho D. Pedro como regente do Brasil. Ele organizou também a eleição de deputados das províncias do Brasil, segundo um sistema complexo de quatro níveis, a fim de participar nos debates das Cortes Constituintes em Lisboa.

Os decretos provocaram mais uma vez agitação revolucionária no Rio de Janeiro, cuja população via com desagrado a partida do rei e todas as implicações que isso acarretaria. Em 20 de abril terminou a última etapa da eleição dos deputados da província do Rio de Janeiro. Os grandes eleitores reuniram-se na Bolsa de Comércio construída por Grandjean de Montigny, no momento em que corriam os rumores do embarque iminente de D. João VI. Os protestos cresceram em torno do prédio e os revoltosos retomaram as reivindicações dessa vez mais amplas que as de 26 de fevereiro: a promulgação da Constituição espanhola de 1812 e a formação de uma junta governamental vinculada ao príncipe regente. Mas a reação de D. Pedro foi inclemente e as tropas reais atacaram os rebeldes e deixaram muitas dezenas de mortos e feridos nas pedras que pavimentavam as ruas do centro do Rio de Janeiro. Em 26 de abril de 1821, a esquadra que levava D. João VI e o Tesouro real partiu da baía de Guanabara com destino a Portugal.

A presença de uma autoridade do reino no Rio de Janeiro representada pelo regente e seu conselho preservou a estrutura do Reino Unido de Portugal, Algarves e Brasil. O regente possuía poderes quase reais, porém o reino estava falido. Os cofres ficaram vazios depois da partida da corte e as finanças reais não haviam sido reorganizadas de modo a dar ao regente uma autonomia. No plano político, a situação também era complicada. As províncias do Norte repeliam qualquer subordinação ao Rio de Janeiro e só recebiam ordens de Lisboa. Em sua capital, o príncipe encontrava-se sob a ameaça das tropas portuguesas fiéis às Cortes e das revoltas populares. Assim, em 5 de junho de 1821 nova rebelião obrigou D. Pedro a prestar juramento aos princípios da Constituição portuguesa e a demitir alguns de seus ministros. Com lucidez, D. Pedro escreveu em carta a D. João VI que suas funções limitavam-se a de capitão-geral do Rio de Janeiro, porque sua autoridade sobre as outras províncias era inexistente.

Nessa época, a vida política não era compartilhada entre os "brasileiros" e os "portugueses" e, sim, entre os partidários das Cortes, isto é, uma monarquia constitucional dominada pelo Poder Legislativo e pelos corcundas,[31] que defendiam a soberania do reino. Os trabalhos das Cortes Constituintes traçaram nova linha de cisão, dessa vez geográfica, entre as províncias do Sul do Brasil e do resto do Reino Unido.

O nacionalismo vintista no Brasil

As províncias do Brasil, cuja população em torno de 1808 era estimada em 3 milhões de habitantes, tiveram direito a 67 delegados para representá-las em Lisboa. Apenas 46 permaneceram efetivamente na cidade e se misturaram aos cem deputados originários do reino. A chegada dos deputados provenientes do Brasil começou em agosto de 1821 com os pernambucanos até as primeiras semanas de 1822, em meio aos debates das Cortes Constituintes iniciados há meses.

Em princípio, as Cortes não hostilizaram o Brasil, porém defendiam, no contexto da inspiração do vintismo, a unidade e indivisibilidade da nação portuguesa. A ideia de dois reinos associados, como proposto desde 1815 com a unificação do Reino Unido, opunha-se a esse princípio. Para os "restauradores", o Brasil nada mais era que um aglomerado

Independências

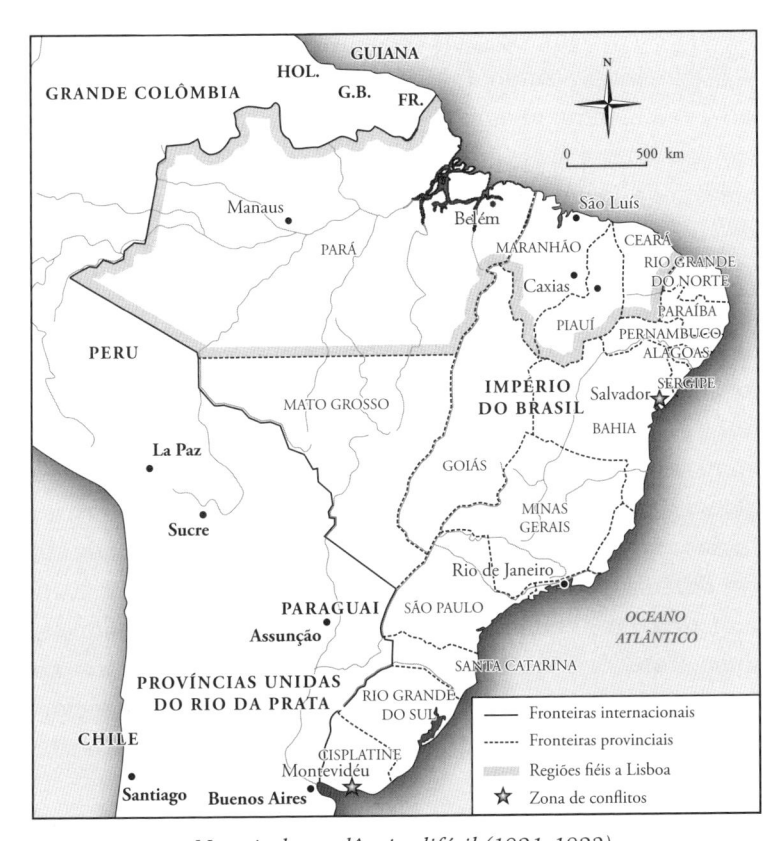

Uma independência difícil (1821-1823)

de províncias cuja capital era Lisboa e não seria jamais um "reino". Só deveria existir um único centro de poder, as Cortes, depositárias da soberania nacional, uma Constituição válida para todos, e uma única capital, Lisboa. A nova Constituição eliminaria uma situação que predominava desde 1808 — a opinião pública portuguesa tinha o sentimento que Portugal estava em desvantagem política e econômica em relação ao Brasil. O que fora aceitável durante a guerra tornara-se intolerável quando a paz foi restaurada. Alguns jornais declararam que o reino reduzira-se a uma província subordinada, ou, na verdade, a uma colônia do Brasil.

No início o projeto restaurador foi bem acolhido nas províncias do Brasil, sobretudo nas províncias do Norte, que queriam depender de Lisboa, mas não do Rio de Janeiro. Além disso, as Cortes reconheceram as províncias como órgãos políticos com autonomia para gerir seus assuntos. Algumas delas haviam até mesmo demonstrado um zelo revolucionário. Em fevereiro de 1821, as elites da Bahia depuseram o governador nomeado pelo rei e o substituíram por uma junta de cidadãos proeminentes da província. Em abril, as Cortes não só aprovaram essa iniciativa como estimularam outras províncias do Brasil a seguirem o exemplo das províncias do Norte, revelando assim poderes concorrentes aos do regente. A criação dessas juntas provinciais de governo foi aplaudida em todas as províncias do Brasil, onde as classes dominantes reivindicavam há muito tempo maior autonomia administrativa. O constitucionalismo parecia então a melhor defesa da autonomia local. Um decreto das Cortes Constituintes datado de setembro de 1821 organizou as juntas provinciais autônomas no Brasil, diretamente subordinadas a Lisboa e não ao Rio de Janeiro. Como consequência lógica dessa medida que anulou o poder da regência, as Cortes intimaram D. Pedro, suspeito de obscuras maquinações restauradoras, de retornar imediatamente para Portugal. Elas suprimiram também os tribunais de justiça mais importantes da Coroa no Rio de Janeiro.

A revelação dessas decisões das Cortes no início de dezembro de 1821 causou comoção no Rio de Janeiro. Em oposição às elites das províncias que viam nessas juntas um instrumento para satisfazer suas ambições políticas, as elites do Rio de Janeiro e, de certa forma as de São Paulo e de Minas Gerais, só tinham a perder com essa diminuição da posição hierárquica da antiga capital da monarquia. A extinção dos tribunais e das instituições vinculadas à soberania as privava de encargos prestigiosos e lucrativos. A redução do poder do Rio de Janeiro afetaria sem dúvida o dinamismo do Sudeste. Nas províncias dessa região do país, as elites que haviam perdido suas prerrogativas com essa nova ordem política, organizaram uma resistência às Cortes com forte conotação legitimista. Esquecendo suas divergências, os liberais que haviam surgido depois da revolução portuguesa, dos corcundas aos francomações mais radicais, uniram-se a D. Pedro promovido a líder da "Causa do Brasil".

Petição redigida por um dos chefes do Grande Oriente do Brasil e presidente da municipalidade do Rio de Janeiro, José Clemente Pereira, e apoiada por 8 mil assinaturas, pediu ao príncipe regente que permanecesse no Brasil, o que implicava desobedecer às Cortes. Em 9 de janeiro de 1822, D. Pedro proferiu sua célebre frase "Se é para o bem de todos e felicidade geral da nação, estou pronto! Digam ao povo que fico". Esse dia passou a ser chamado nos anais da história como o Dia do Fico e marcou o início de um processo ambíguo de dissidência. O príncipe regente não queria fazer uma ruptura entre o Brasil e Portugal, mas começou a questionar a soberania atribuída às Cortes portuguesas. Em 16 de janeiro, D. Pedro constituiu um governo chefiado por José Bonifácio de Andrada e Silva (1763-1838), no qual participaram também seus dois irmãos, Antônio Carlos Ribeiro de Andrada Machado e Silva (1773-1845) e Martim Francisco Ribeiro de Andrada (1776-1844).

Aos poucos, as ideias separatistas apareceram nas lojas maçônicas e nos jornais políticos do Rio de Janeiro como o *Revérbero Constitucional Fluminense* dirigido pelo cônego Januário da Cunha e Joaquim Gonçalves Ledo, dois influentes chefes da francomaçonaria.

A notícia da desobediência do príncipe chegou às Cortes quase no mesmo momento em que os deputados de São Paulo desembarcaram em Lisboa. Eles tinham instruções elaboradas por José Bonifácio quando ainda era vice-presidente da junta provincial e que se opunham ao espírito unificador do vintismo. José Bonifácio retomara o projeto do império luso-brasileiro e defendia a igualdade e a indivisibilidade das regiões que compunham o Reino Unido e a instauração de um verdadeiro federalismo imperial.[32] Um governo geral ou uma regência seria criado no Brasil sob o comando do rei, no caso da sede da monarquia permanecer na América, ou ao herdeiro da Coroa, se a corte retornasse a Portugal. Os deputados do Brasil, inclusive os de São Paulo, não compartilhavam essas opiniões, porém concordavam que as províncias do Brasil deveriam ficar unidas a Portugal por um vínculo federal.

Essas propostas exasperaram a corrente restauradora liderada pelo deputado português Fernandes Tomás, que rejeitava a ideia de um "reino do Brasil" e mais ainda a noção de federalismo. Em 22 de março de 1822, Fernandes Tomás resumiu rispidamente seu pensamento e evocou pela primeira vez, da parte portuguesa, a possibilidade de ruptura: "Se o Brasil não se unir a Portugal como antes, encerraremos as discussões. Que faça o que bem entenda o senhor Brasil e, de nosso lado, nos ocuparemos com nossos assuntos. [...] Ou o Brasil quer permanecer unido a Portugal ou não. Caso queira ele precisará se submeter às leis das Cortes; se não quiser então que se separe."[33] Para os deputados restauradores apoiados pelos comerciantes do Porto e de Lisboa em uma situação econômica difícil desde a abertura dos portos e, sobretudo, em razão do tratado comercial anglo-português de 1810, não se tratava de "recolonizar" o Brasil como denunciavam os jornais políticos do Rio de Janeiro, mas sim de proibir o retorno da situação que prevalecera de 1808 a 1820, quando os interesses do Brasil predominavam em detrimento dos de Portugal. Em Lisboa não se pensava que a América portuguesa, com um terço da população composta por escravos, arriscaria a se privar da proteção do reino. As províncias do Sul talvez se separassem, mas as do Norte permaneceriam ligadas às Cortes. De qualquer modo, na febre vintista de 1822, a perda do Brasil era um mal menor comparado à situação anterior ao retorno de D. João VI. Contra a opressão britânica e a do Brasil, pensava-se até em se unir à Espanha.

De ambos os lados do Atlântico, onde as informações tardavam dois meses para circular, os ânimos inflamaram-se e começaram as acusações mútuas de "despotismo". Em Lisboa, D. Pedro era visto como o incitador da contrarrevolução. No Rio de Janeiro denunciava-se a tirania crescente das Cortes e a vontade de "recolonizar" o Brasil. Criticou-se o envio de novas tropas portuguesas ao Brasil, em especial à Bahia. A lusofobia cresceu cada vez mais. As medidas adotadas pelo regente aumentaram as divergências entre os dois polos da monarquia e instalaram pouco a pouco o clima de ruptura.

Rio de Janeiro e São Paulo contra Lisboa

Em 3 de junho de 1822 uma etapa fundamental foi concluída. A pedido de José Clemente Pereira e contrariando o princípio unitário da restauração portuguesa, o príncipe convocou uma Assembleia Constituinte para elaborar a legislação do Brasil. Essa medida foi bem acolhida por diversas cidades e províncias cuja fidelidade dividia-se entre o príncipe, as Cortes, ou a proclamação de sua independência. A rejeição do federalismo pelas Cortes e a nomeação de governadores militares nas províncias por Lisboa, diminuiu o entusiasmo dos partidários das Cortes. Em Pernambuco, por exemplo, a população de Recife expulsou os últimos representantes da administração portuguesa no início de 1822 e passou a se autogovernar.

Em agosto, D. Pedro lançou dois manifestos. Um deles, redigido por Joaquim Gonçalves Ledo, "esclarecia à população do Brasil as causas da guerra contra o governo de Portugal" (1º de agosto de 1822), atribuía às Cortes todos os males e prometia "a união do Amazonas ao rio da Prata", além da "independência". O segundo, de autoria de José Bonifácio, dirigia-se "aos governos e às nações amigas" (6 de agosto de 1822), ou seja, à Santa Aliança, exaltava D. João VI, prisioneiro das Cortes infames, e afirmava a defesa dos direitos do Brasil e de salvar a nação portuguesa. Em todo o território brasileiro as cidades manifestaram, umas após outras, seu apoio ao príncipe, por meio do envio de representações ao Rio de Janeiro e de comemorações públicas. Nesse momento, em agosto de 1822, D. Pedro enviou emissários à França e à Inglaterra, a fim de obter o reconhecimento da "independência política de seu reino" e da regência "pois Sua Majestade permanecia em um humilhante cativeiro ao qual o partido faccioso das Cortes o reduzira".[34] Em 7 de setembro de 1822, D. Pedro revoltado com as novas medidas das Cortes, proclamou a independência do Brasil às margens do rio Ipiranga, perto da cidade de São Paulo.

O "grito do Ipiranga", "Independência ou Morte" é a data oficial da independência do Brasil e de sua festa nacional. Em setembro de 1822, a proclamação da Independência não teve muita repercussão porque só algumas províncias prestaram obediência ao príncipe e ao Rio de Janeiro. Por um decreto promulgado em 18 de setembro, D. Pedro que ainda possuía o título de "Regente e Perpétuo Defensor", deu ao "reino do Brasil" seu Brasão de Armas e a bandeira nacional. A bandeira foi desenhada pelo pintor francês Jean-Baptiste Debret e lembrava, por seu retângulo central, as bandeiras das tropas de Napoleão I. As cores da bandeira brasileira associavam a cor verde da dinastia dos Bragança, a de D. Pedro, e a amarela de sua jovem esposa, a arquiduquesa Leopoldina de Habsburgo. No dia de seu aniversário, 12 de outubro, D. Pedro foi aclamado "imperador constitucional e perpétuo defensor do Brasil" em cerimônia organizada pelo Grande Oriente do Brasil e durante a qual José Clemente Pereira enfatizou o caráter contratual da nova monarquia criada pela "vontade do povo". Em 1º de dezembro realizaram-se a sagração e a coroação organizadas dessa vez por José Bonifácio que destacou a legitimidade divina.

A aclamação e a sagração refletiram as ambiguidades e tensões do novo regime. O título de D. Pedro I, "imperador constitucional e perpétuo defensor do Brasil pela graça de Deus e a aclamação unânime do povo" tentou conciliar a modernidade com a tradição, o Grande Oriente e o simbolismo da casa de Bragança. A palavra "império" teve conotações diversas no início do século XIX e convinha a quase todas as forças políticas da independência. Os francomações, que haviam decidido em outubro conceder o título de imperador a D. Pedro I, viam nele lembranças da história romana, do príncipe investido do poder soberano pelo povo e o exército, do casamento bem-sucedido entre a república e a monarquia. Para D. Pedro, fiel a D. João VI, não havia hipótese de usurpar o título de "rei do Brasil". O de imperador convinha à imensidão do país e preservava a possibilidade de renascer um dia a ideia imperial luso-brasileira. Além disso, o imperador do Brasil inspirava-se mais no imperador da Áustria, seu sogro, do que no imperador dos franceses.

Com a criação do novo regime, o governo confrontou-se com inúmeras dificuldades. No momento em que D. Pedro I declarou a separação entre o Brasil e Portugal, o império brasileiro só reunia as províncias do Sul de Minas Gerais. As datas de adesão das outras províncias foram posteriores à proclamação da Independência e ao coroamento de D. Pedro I; Pernambuco aderiu solenemente em 8 de dezembro de 1822, Goiás e Mato Grosso em janeiro de 1823. As quatro províncias do Norte e a Província Cisplatina permaneceram mais tempo fiéis a Lisboa. Na Bahia eclodiu uma guerra entre o Exército português e as cidades em torno da baía de Todos os Santos no Recôncavo baiano ligadas a D. Pedro I. As tropas portuguesas só saíram da região em 2 de julho de 1823. Foi preciso enviar uma frota e forte intimidação militar para obter, por fim, a adesão do Maranhão e do Pará em agosto de 1823. A Província Cisplatina ocupada pelo Exército português, só integrou o novo império em fevereiro de 1824, um ano e meio depois do "grito do Ipiranga".

O fracasso de D. Pedro I

Por ocasião da independência do Brasil, diversas tendências compartilhavam opiniões, em particular na capital, e incentivavam com algumas nuanças as iniciativas regionais e as recomposições da vida política sob o império. Os "partidos" eram correntes políticas pouco estruturadas, que congregavam seus membros em associações ou em jornais de existência efêmera.

Os "democratas" (termo muito pejorativo e sinônimo de anarquista na década de 1820), como Cipriano Barata e seu jornal *A Sentinela da Liberdade*, eram os mais ardentes defensores da soberania nacional contra o absolutismo. Muitos apoiavam a abolição da escravatura e participavam de movimentos populares que eram uma ameaça permanente desde a revolução portuguesa de 1820. Esses radicais ou "exaltados" eram uma unanimidade contra as forças políticas que não cessavam de marginalizá-los e reprimi-los. Eleito para a Constituinte de 1823, Cipriano Barata foi preso e permaneceu na prisão por sete anos. Algumas pessoas eram republicanas, outras preferiam se intitular de "federalistas" e uniam-se, na questão da autonomia das províncias, às forças mais conservadoras.

Outra tendência pode ser qualificada de "liberal" à medida que rejeitava o radicalismo dos "exaltados" e o absolutismo dos corcundas. Ela era liderada no momento da independência pelo "grupo de Joaquim Gonçalves Ledo", muito influente dentro do Grande Oriente do Brasil, e reivindicava uma monarquia não apenas constitucional, mas também parlamentar. A Constituição do Brasil deveria, segundo seus adeptos, promover uma espécie de governo oligárquico que defenderia a propriedade e a ordem social, uma democracia de cidadãos proeminentes.

A maioria das elites nas províncias defendia o princípio de autogoverno e desejava uma organização federativa ou confederativa do império. A questão prolongou-se ao longo do século XIX, até a queda da monarquia em 1889. Tanto a aspiração federalista quanto a tradição centralizadora eram forças poderosas.

A corrente centralizadora correspondia mais a um grupo sociocultural específico, que não possuía uma ideologia monolítica e não formava um bloco homogêneo como se pensava na época. O grupo compunha-se por antigos estudantes de direito da Universidade de Coimbra, a geração de 1790 influenciada por dom Rodrigo de Sousa Coutinho e ligada à ideia do império luso-brasileiro e da unidade política do Brasil, em detrimento, se fosse preciso, das "pequenas pátrias" provinciais. Herdeiros da administração real portuguesa e adeptos de um neopombalismo moderado, isto é, desprovidos de audácias reformadoras, eles não formavam um "partido" *stricto sensu* e pertenciam a diferentes facções.

José Bonifácio e seus irmãos constituíam uma variante *sui generis* desse pombalismo brasileiro, dessa vez com concepções audaciosas que colocaram os irmãos Andrada na contracorrente da sociedade dominante. O "patriarca da independência", como seus seguidores o chamavam, era detestado por todos por seu autoritarismo. No plano constitucional, os irmãos Andrada queriam que o monarca permanecesse soberano, o que provocou protestos dos deputados da Constituinte alegando "despotismo". Os projetos de reforma de José Bonifácio não foram bem recebidos por uma sociedade profundamente escravagista. Apesar de reacionários do ponto de vista das instituições, os irmãos Andrada eram revolucionários no tocante ao plano social.

Assim, em suas instruções aos deputados de São Paulo nas Cortes, José Bonifácio sugerira que as sesmarias improdutivas voltassem para o Estado e fossem distribuídas aos índios, à população livre de pele escura e aos alforriados. Depois da independência ele persuadiu-se de que era preciso formar a nação brasileira, com o amálgama de seus diversos componentes e com a criação de uma classe de pequenos camponeses, a base dos povos modernos. A civilização esclarecida e o cristianismo exigiam, segundo ele, que aos poucos fosse abolido o tráfico negreiro e, em seguida, a escravatura (memorando de maio de 1823). Eles impunham também que o Estado reconhecesse as "usurpações" em relação aos índios, "senhores legítimos das terras que ainda possuem, porque Deus as dera a eles". Era preciso educar os índios e transformá-los pouco a pouco, pela persuasão, em agricultores cristãos. Embora extremamente elogiadas, as diretrizes desse memorando não foram seguidas e só tiveram aplicação parcial em 1845, quando o Estado imperial promulgou o "Regulamento das missões de catequese e da civilização dos índios", que previa o assentamento dos índios nômades. A iniciativa de José Bonifácio inseria-se na tradição pombalina de "catequese laica" dos índios confiados à tutela do Estado. O regulamento de 1845 reafirmou esse princípio, mas, na verdade, delegou a catequese dos índios às ordens religiosas vindas para o Brasil com essa finalidade.

Para os irmãos Andrada, o Brasil independente necessitava de um despotismo esclarecido, de uma monarquia centralizada dirigida por uma elite culta, que pudesse, sem impedimento, realizar a difícil tarefa de civilizar o país.

D. Pedro I e sua corte portuguesa constituíram o último "partido" da década de 1820. Apesar de abertamente partidário da monarquia constitucional, D. Pedro I não queria perder suas prerrogativas soberanas. A seus olhos, a Constituição era a expressão racional e moderna dos poderes monárquicos, e não a de um "pacto", de um "contrato", de qualquer compromisso entre o monarca e o povo. Seus esforços tinham o objetivo de eliminar os efeitos da revolução de 1820 e de restaurar a autoridade da monarquia e, se possível, unir os dois reinos. Por ocasião da ruptura com Portugal, D. Pedro reuniu ao seu redor as forças políticas as mais divergentes. Assim que foi aclamado imperador, ele se afastou de todas elas.

Duas semanas depois de sua coroação em 12 de outubro de 1822, o governo dos irmãos Andrada, com a aquiescência imperial, fechou as lojas maçônicas, das quais D. Pedro se tornara o Grande Mestre, e perseguiu seus líderes cujo papel fora crucial na fundação de um império independente. Januário da Cunha Barbosa foi preso e Joaquim Gonçalves Ledo fugiu para Buenos Aires, a fim de escapar da acusação de traição.

Em julho de 1823, depois do fim da guerra de independência na Bahia, D. Pedro desvencilhou-se dos irmãos Andrada e formou um governo de acordo com sua conveniência composto por aristocratas portugueses. Os irmãos Andrada passaram para a oposição e criticaram verbalmente o governo na Assembleia Constituinte e no jornal *O Tamoio* que haviam fundado.[35] No geral, as relações ficaram tensas entre o imperador e a Assembleia Constituinte.

Em 12 de novembro de 1823, os soldados de D. Pedro dissolveram a Assembleia, aprisionaram os deputados recalcitrantes e exilaram as personalidades mais marcantes, como José Bonifácio, que viveu durante nove anos em Talence, na França. Uma comissão de juristas redigiu uma Carta Constitucional outorgada em 25 de março de 1824. Assim como os Bourbon restaurados, D. Pedro I era um monarca constitucional coagido pelas circunstâncias, que preferia um vocabulário medieval ("carta outorgada") do que os termos constitucionais modernos, mas que, assim mesmo, conseguira tranquilizar a Santa Aliança na Europa e D. João VI, que recuperara em maio de 1823 seus plenos poderes.

A Carta Constitucional brasileira era menos arcaica do que parecia e exalava um perfume napoleônico. Os juristas que a redigiram inspiraram-se no conceito de poder moderador do filósofo liberal franco-suíço, Benjamin Constant, usado por Napoleão I durante os Cem Dias. A Carta conciliava a teoria moderna da separação dos poderes e o cesarismo imperial. O poder moderador, sob a responsabilidade exclusiva do imperador que detinha o Poder Executivo, tinha a missão de harmonizar os prováveis conflitos entre os poderes. A Carta previa uma Assembleia Geral composta por um Senado cujos membros ocupariam cargos vitalícios nomeados pelo imperador e uma Câmara de Deputados eleitos para um mandato de quatro anos por um sufrágio censitário indireto, e independente do governo. A Carta não dava autonomia às províncias governadas pelos "presidentes" — uma espécie de prefeitos — designados temporariamente pelo imperador, a fim de evitar os conluios com os interesses locais. Cada província ficava sob tutela de um "comandante de armas", um governador militar subordinado ao governo central. Cabia ao imperador conceder títulos de nobreza e condecorações como a ordem do Cruzeiro do Sul criada no dia de sua coroação.

A Carta rompeu com a tradição da época portuguesa em uma questão essencial: suprimiu qualquer menção à "pureza do sangue" e concedeu cidadania à população livre, independente da cor da pele, com uma única restrição: os alforriados não podiam, mesmo se preenchessem as condições censitárias, serem eleitos para cargos públicos.

Nem o poder moderador nem a criação de uma nobreza, apesar de vitalícia, agradou à maioria das forças políticas brasileiras. A dissolução da Constituinte e a Carta de 1824 foram consideradas traições graves por grande parte da população que nas capitais e nas províncias havia se mobilizado junto a D. Pedro no movimento de independência do Brasil. O "pérfido Pedro", como o chamou José Bonifácio em seus papéis pessoais, rompera brutalmente o pacto implícito entre ele e seus súditos e assumira uma posição difícil.

A primeira reação partiu de Pernambuco consternada com a dissolução da Constituinte e em desacordo profundo com a Carta, e a substituição da junta provincial por um presidente enviado pelo Rio de Janeiro. Em 2 de julho de 1824, o primeiro aniversário da derrota dos portugueses na Bahia, Manuel Paes de Carvalho, que depôs o presidente, proclamou a "confederação do Equador" inspirada no modelo dos Estados Unidos.[36] A nova república que se estendeu até o Ceará aboliu o tráfico de escravos, mas não a escravidão. A confederação foi imediatamente confrontada por forças expedicionárias provenientes do Rio de Janeiro. A Marinha e o Exército imperial comandados por Francisco de Lima e Silva dominaram os separatistas em seis meses. Carvalho exilou-se, ao passo que os principais líderes do movimento, como o frade carmelita Caneca, foram executados.

Apesar do restabelecimento rápido da ordem em Pernambuco, as dificuldades aumentaram para D. Pedro I. A Província Cisplatina, mais hispânica que lusófona, rebelou-se em abril de 1825. As tropas imperiais sofreram derrotas sucessivas durante o conflito. Em 1828, sob mediação dos ingleses, o império do Brasil aceitou a independência da província, que passou a se denominar República Oriental do Uruguai. Os fabricantes de charque do Rio Grande do Sul, que importavam carne e sal, enfrentaram a concorrência de seus antigos compatriotas e acumularam queixas contra o governo do Rio de Janeiro.

O tratado de paz e amizade entre Brasil e Portugal assinado em 25 de agosto de 1825 também não teve boa acolhida na opinião pública. Portugal reconheceu a independência do Brasil em troca de uma série de concessões importantes: D. João VI recebeu o título de "imperador honorário do Brasil", o Brasil desistiu de anexar outros territórios portugueses como Angola e comprometeu-se a pagar uma indenização de 2 milhões de libras esterlinas a Portugal. O império pediu um empréstimo ao Banco Rothschild para saldar o compromisso. Para os brasileiros, o tratado não só era oneroso, como também não representava garantia suficiente contra a união eventual das duas Coroas.

Da monarquia portuguesa, o Brasil independente herdou o incômodo amigo inglês, que obteve em 1826 a promessa do término do tráfico negreiro em um prazo de cinco anos. O governo imperial fechou os mercados de escravos em 1831, mas os negociantes continuaram suas atividades em paz mesmo após essa data. Esses comerciantes de escravos, convencidos que o tráfico negreiro iria terminar em breve, redobraram seus esforços para lucrar mais nos últimos anos de tolerância. Entre os anos 1820 e 1830 a importação de africanos para o Brasil atingiu o auge, em razão das ameaças que pesavam contra o tráfico e o aumento da demanda da província do Rio de Janeiro, onde a cultura de café estava em plena expansão. Embora a promessa de abolir o tráfico negreiro transatlântico não passasse de um embuste, os ingleses por sua vez obtiveram em 1827 a renovação do tratado comercial de 1810. O Tesouro imperial cujas principais receitas eram os impostos sobre as importações, perdeu a oportunidade de aumentar as receitas em um contexto especialmente difícil.

O ressentimento contra os portugueses cresceu no Brasil a partir de 1822. No Norte havia o trauma da guerra. No Sul esse trauma mesclava-se ao "despotismo" do imperador e de seus amigos. Os liberais manifestaram-se nos jornais como o *Aurora Fluminense*, no qual escrevia na capital o influente Evaristo da Veiga.

D. Pedro I era impopular, tanto por sua conduta privada quanto por sua atividade pública. Célebre por suas inúmeras amantes, ele exibia sem pudor sua favorita, Domitila, marquesa de Santos, cuja filha ele reconheceu e a quem deu ao nascer o título de duquesa de Goiás. A opinião pública defendia a infeliz imperatriz Leopoldina, maltratada pelo marido, mas amada pelo povo por sua atuação vigorosa em favor da independência em 1822. Sua morte em 1826 aumentou o rancor contra D. Pedro I.

A primeira legislatura em 1826 não cauterizou as feridas. Ao contrário, os deputados constataram a incompatibilidade de seu projeto político com o do governo. No entanto, uma medida importante foi adotada em 1827 com a criação de duas faculdades de direito, uma no Recife e outra em São Paulo não mais havendo, assim, a necessidade de estudar na Universidade de Coimbra. Quase toda a burocracia imperial e a maioria dos políticos e dos altos funcionários do Brasil cursaram essas faculdades até a década de 1930.

As pessoas recriminavam D. Pedro I por se comportar mais como um príncipe português do que como imperador do Brasil, além de acompanhar com bastante interesse os assuntos da antiga metrópole. Em 1826 com a morte de D. João VI, D. Pedro I reinou por algum tempo em Portugal, a fim de organizar a sucessão. Ele promulgou no reino uma versão adaptada da Carta elaborada no Brasil e, em seguida, abdicou em favor de sua filha mais velha, dona Maria da Glória. O irmão de D. Pedro, o infante D. Miguel, contestou a sucessão e a Carta. Ele apossou-se do trono e revogou a monarquia constitucional. A guerra civil explodiu e muitos opositores do "miguelismo" refugiaram-se no Brasil.

A notícia da revolução de julho de 1830 na França foi acolhida com entusiasmo no Brasil. Logo, surgiram comparações entre Carlos X e D. Pedro I. Suas visitas às províncias eram feitas sob um clima glacial. Só os comerciantes portugueses, muito numerosos no Rio de Janeiro, festejavam o monarca. Conflitos violentos entre brasileiros e portugueses ocorreram na cidade na noite de 13 para 14 de março de 1831. O episódio ficou conhecido como a "noite das garrafas". Os portugueses queriam comemorar com ostentação o retorno do imperador à capital, depois de uma viagem a Minas Gerais e sofreram represálias. Nesse clima agitado D. Pedro I nomeou, em 5 de abril, um novo ministério composto por diversos nobres. O "ministério dos marqueses" foi o estopim do conflito.

Em 6 de abril, uma multidão que reuniu pessoas de todas as classes sociais e de opositores do imperador aglomerou-se no Campo de Santana, grande praça arborizada situada no centro do Rio de Janeiro, para exigir a demissão do governo. O exército estava dividido e D. Pedro I desistiu de dispersar os manifestantes à força. Logo cedo na manhã de 7 de abril, o imperador abdicou a favor do filho, D. Pedro, nascido no Rio de Janeiro em 2 de dezembro de 1825 e, portanto, com 5 anos de idade, e nomeou José Bonifácio seu tutor. Com o título de duque de Bragança, o antigo imperador do Brasil acusado de "despotismo" nos trópicos reconquistou a Coroa de Portugal, como o paladino do liberalismo contra as pretensões absolutistas do irmão D. Miguel. Ao assumir o trono como D. Pedro IV, ele restaurou a Constituição de Portugal que permaneceu em vigor até a proclamação da República em 1910.

Regências e experiências (1831-1840)

A "revolução de abril" foi comemorada com entusiasmo como a verdadeira independência do Brasil. O músico Francisco Manuel da Silva compôs na ocasião uma bela melodia, que se tornou com outras palavras o hino nacional brasileiro atual. Em abril de 1831, as rimas pobres francamente lusofóbicas exaltavam a nova era: "Da pátria explodiu o grito do Amazonas ao rio da Prata/Chamaremos de rio de Abril o que é hoje o Rio de Janeiro/Eliminaremos de nossos filhos os nomes, as ideias lusitanas [...] Nossas virtudes foram seu alimento cotidiano/Homens bárbaros de sangue judeu e mouro/ Tenham consciência, a pátria não é mais o tesouro de vocês."[37]

Uma frente ampla depôs o imperador, mas só os "liberais moderados" que assumiram o poder acreditavam que a "revolução" terminara. Um triunvirato, primeiro provisório e depois permanente, foi escolhido por deputados e senadores para assegurar a regência. Houve a votação de leis para limitar as prerrogativas dos regentes e organizar a predominância da Assembleia Geral (o Senado e a Câmara de Deputados) nas instituições. A menoridade de D. Pedro que terminaria aos 18 anos, em 2 de dezembro de 1843, possibilitou que os parlamentares redesenhassem o império de acordo com suas aspirações.

Os deputados decidiram reformular a Carta Constitucional, cujo primeiro artigo dizia que "o governo imperial do Brasil seria uma monarquia federativa". Previu-se também suprimir o poder moderador, a abolição do Conselho de Estado — símbolo execrado do "absolutismo", pois a nomeação para o Conselho de Estado dependia da vontade do imperador —, a criação de assembleias legislativas provinciais, a eleição de senadores com mandato de duração limitada, a restrição do direito de veto do Executivo e a substituição dos três regentes por um só regente eleito pelas províncias. Os senadores vitalícios que haviam sido nomeados por D. Pedro I bloquearam esse projeto e ele só foi parcialmente adotado, após longos debates nas duas assembleias, a partir de uma série de emendas que constaram do Ato Adicional votado em 1834. O Ato Adicional dissolveu o Conselho de Estado, criou as assembleias legislativas provinciais e elegeu por quatro anos um regente único. Por outro lado, a ideia de "monarquia federativa" foi abandonada.

O primeiro regente eleito pelas assembleias provinciais em 1835 foi o padre Diogo Feijó (1784-1843), um dos "moderados" mais destacados e defensor do federalismo e da autonomia provincial. Padre, senhor de engenho em Itu (São Paulo), hostil aos irmãos Andrada, Feijó representara sua província nas Cortes Constituintes em Lisboa. Eleito deputado na primeira legislatura brasileira, ele distinguiu-se por ter proposto em vão a anulação do celibato do clero, porque muitos padres brasileiros no século XIX tinham família e filhos. Feijó queria eliminar essa situação hipócrita e, segundo ele, imoral. Ele expressava também o desejo de emancipação da Igreja brasileira em relação a Roma.

Feijó teve atuação marcante por sua ação enérgica como ministro da Justiça durante seus primeiros anos de regência, quando motins, conflitos e revoltas ocorriam quase todos os dias, inclusive na capital. Ele criou em 1831 a Guarda Nacional, inspirada no modelo francês, para enfrentar essas rebeliões. As tropas do Exército imperial recrutadas entre a população livre e pobre amotinavam-se constantemente e juntavam-se aos "exaltados". A Guarda Nacional era uma milícia burguesa sob controle das municipalidades e das províncias, nas quais todos os eleitores deveriam se registrar (o que implicava ter um censo eleitoral bem elevado e excluía a maioria da população) com 21 a 60 anos de idade. Logo, a Guarda Nacional tornou-se mais importante do que o exército regular e mais eficaz na manutenção da ordem pública. Na verdade, a ordem pública foi um dos principais problemas do Brasil na década de 1830, quando os conflitos e revoltas de todos os tipos tornaram-se crônicos.

O Brasil de todas as revoltas

A primeira causa de problemas era de ordem política e originava-se dos descontentes de 7 de abril, porém os conflitos entre as elites mobilizavam regiões inteiras. A oposição provinha dos caramurus, que defendiam a volta de D. Pedro I ao trono, dos quais os mais ativos eram os irmãos Andrada. Por esse motivo, José Bonifácio rapidamente perdeu suas funções de tutor de D. Pedro e foi afastado da cena política em 1833. Os caramurus não se limitavam a um grupo de aristocratas e às intrigas do palácio, e promoveram diversas revoltas populares em 1832, no Rio de Janeiro, Ceará e, sobretudo, em Pernambuco e Alagoas. Estas duas últimas províncias foram cenário da Cabanada, uma revolta rural liderada por algumas pessoas importantes e padres em nome da restauração e do catolicismo, e contra o liberalismo e a franco-maçonaria. Milhares de pobres, índios e caboclos[38] armaram-se e realizaram uma guerrilha na região de Palmares, de 1832 a 1835. A Cabanada e sua repressão custaram a vida de 15 mil pessoas. Com a morte do antigo imperador em 1834, os caramurus perderam a causa que defendiam. Alguns se uniram aos "moderados" com os quais formaram a ala conservadora.

Outras revoltas importantes foram provocadas pelos "exaltados" que julgavam que a "revolução de abril" fora traída. Em 1835, em Belém do Pará, o presidente da província e o governador militar foram assassinados durante uma rebelião e seus corpos arrastados pelas ruas da cidade. Os principais protagonistas da Cabanagem foram as classes sociais pobres da cidade de Belém e dos arredores, de pequenos agricultores, soldados, índios e caboclos. Um poder revolucionário declarou sua independência do Rio de Janeiro e resistiu durante um ano às tentativas de reconquista, até ceder em 1836.

No ano seguinte, Salvador da Bahia foi palco de novo episódio revolucionário. Em 7 de novembro de 1837, os "exaltados" proclamaram a independência da Bahia e mantiveram o poder por quatro meses. A Sabinada, assim chamada devido ao nome de Francisco Sabino, um de seus líderes, foi realizada por médicos (como Sabino), advogados, militares, além de ampla participação popular. A repressão, como no caso da Cabanada e da Cabanagem, foi violenta e muitas pessoas morreram ou encheram as prisões.

Alguns meses depois, a Balaiada (1838-1842), revolta multifacetada da qual participaram intelectuais "exaltados", camponeses e vaqueiros, quilombolas e índios, eclodiu no Maranhão e no Piauí. Uma das principais reivindicações dos balaios era a igualdade de direitos para os "homens de cor". Os rebeldes conseguiram dominar a cidade de Caxias, a segunda mais importante do Maranhão depois de São Luís. O coronel Luís Alves de Lima e Silva (1803-1880) pacificou a região a golpes de sabre e baioneta, ao preço de 15 mil mortos, quase um terço da população da região. O coronel Lima e Silva era filho do general Francisco de Lima e Silva, que reprimira a Confederação do Equador em 1824 e que fora um dos três regentes de 1831 a 1835. Como recompensa, recebeu o título de barão de Caxias e, depois, o de duque de Caxias, o título mais elevado concedido no reinado de D. Pedro II. A carreira do duque de Caxias começou exterminando os mendigos da Balaiada até ser escolhido como patrono oficial do Exército brasileiro em 1962.

No Sul, os gaúchos[39], revoltados com os impostos que incidiam no charque, depuseram o presidente de sua província em setembro de 1835. Imbuídos de ideias de autonomia e influenciados pelos ventos republicanos que sopravam do rio da Prata, os gaúchos proclamaram a república em Piratini, em 11 de setembro de 1836, convocaram uma Assembleia Constituinte, adotaram legislação própria e uma bandeira. A república de Piratini conquistou a simpatia internacional de militantes de causas dos povos e atraiu voluntários, como o jovem Giuseppe Garibaldi que se uniu aos gaúchos, deu um nó no lenço vermelho no pescoço e com sua mulher, Anita, lutou junto com os gaúchos. A Revolução Farroupilha terminou de forma menos trágica do que as revoltas populares do Norte, devido a uma relação de forças bem equilibradas entre o governo imperial e a república secessionista. Após dez anos de independência e negociações, os gaúchos reintegraram-se ao império em 1845.

As diversas revoltas, o patriotismo local, e até mesmo o separatismo, continuaram a demonstrar sua força durante as décadas de 1830 e 1840 e deram argumentos aos que defendiam a centralização do poder como meio de garantir a unidade do império e aos que viam na monarquia federativa a única fórmula possível de desencorajar as tentações centrífugas. A característica popular das revoltas, a participação maciça de homens mestiços, de índios e de escravos nas gigantescas rebeliões, foram também elementos perturbadores, aos quais se acrescentaram na década de 1830 os problemas complexos da escravatura.

Diversas rebeliões de escravos causaram problemas e incentivaram as discussões sobre os perigos de uma instituição tão generalizada. A mais célebre e assustadora foi a Revolta dos Malês na cidade de Salvador. Em um domingo de janeiro de 1835, meio milhão de escravos rebelaram-se nas ruas da cidade. Após um dia de lutas violentas, foram subjugados. A investigação sobre a revolta revelou ramificações ameaçadoras lideradas por escravos mulçumanos da "nação" nagô, que sabiam ler e escrever em árabe.

O povo nagô provinha do país onde se falava a língua iorubá, localizado entre as repúblicas atuais de Benin e Nigéria. A palavra "malê" originava-se de *imalé*, "mulçumanos" em iorubá. Ao norte da bacia do rio Níger, os estados mulçumanos estavam em pleno processo de reforma e guerra desde o final do século XVIII, o que forneceu contingentes de escravos africanos aprisionados na costa, sobretudo, pelos negociantes baianos. Por esse motivo, antigos guerreiros e homens alfabetizados e com instrução religiosa, capazes de planejar uma rebelião de grande amplitude, foram levados para a Bahia. A repressão da revolta resultou em centenas de condenados à morte, ao chicoteamento ou à prisão. Essa revolta levou os baianos a reenviar os líderes revoltosos à África e a preferir os portos do golfo de Guiné na costa de Angola ou de outros portos onde os cativos não provinham de regiões mulçumanas. Em junho de 1835, a legislação repressora referente a insurreições de escravos foi reforçada. Qualquer insurreição de escravos, a partir da revolta de vinte escravos, era passível de pena de morte.

Essa medida não impediu que, em 1838, os escravos de uma fazenda de café em Vassouras, na província do Rio de Janeiro, se rebelassem e duzentos escravos sob a liderança de Manuel Congo semearam o terror perto de Vassouras e resistiram durante cinco dias à Guarda Nacional e ao Exército sob o comando de Luís Alves de Lima e Silva, barão de Caxias.

Conservadores e liberais

As explosões de violência na década de 1830 serviram de pano de fundo para os debates da Assembleia Geral e alimentaram as controvérsias entre as facções. No partido moderado surgiu uma corrente que desejava reformar o trabalho da regência e opôs-se a Feijó, que renunciou ao cargo de regente em 1837. O novo regente eleito pelas províncias, Pedro de Araújo Lima (1793-1870), futuro marquês de Olinda, adotou a tendência do regresso conservador, que não visava à restauração de uma monarquia no estilo bonapartista como a de D. Pedro I e, sim, procurava evitar que as instituições se inclinassem em direção a uma república fechada e a reafirmar o princípio unitário. Em 1837, os antigos caramurus, os moderados hostis a Feijó, aprovaram a ideia regressista e juntaram-se a Araújo Lima no "partido conservador". A ascensão de uma nova geração de políticos acompanhou a dos conservadores. Nessa nova geração surgiram nomes como Miguel Calmon du Pin e Almeida, antigo estudante de Coimbra, senhor de engenho na Bahia, futuro marquês de Abrantes, além dos fluminenses José Joaquim Rodrigues Torres e Paulino Soares de Sousa, visconde de Uruguai (1807-1866).

O novo regente rompeu com a tendência republicana adotada pelo regime depois do Ato Adicional e fez questão de se revelar um simples servidor do jovem imperador. Em 1838, Araújo Lima restabeleceu a cerimônia portuguesa do beija-mão e foi o primeiro a inclinar-se e a beijar a mão de D. Pedro II, com 12 anos de idade. Além dos símbolos representativos de um determinado contexto político, a maioria conservadora da Assembleia Geral votou em 1840 e em 1841 diversos textos que corrigiram as medidas tomadas em 1832-1834 em relação à justiça, à polícia e à administração. A Lei de Interpretação do Ato Adicional de 1840 revogou as atribuições legislativas das assembleias provinciais, mas não as extinguiu. Criou-se uma determinada divisão de tarefas entre o governo central, que não tinha meios de exercer sua autoridade sem o apoio das autoridades provinciais.[40] Em 1841, o Conselho de Estado foi restaurado, porém apenas com função consultiva para o Executivo. No mesmo ano a reforma do Código de Procedimento Criminal que fora alterado em 1832 com um sentido descentralizador, restabeleceu o poder do Ministério da Justiça. A Câmara dos Deputados continuou a ser porta-voz das províncias junto ao governo e era dominada pelas províncias da Bahia, Rio de Janeiro, Pernambuco e Minas Gerais que forneceram a maioria dos ministros sob o reinado de D. Pedro II.

O regresso conservador não terminou milagrosamente com as revoltas. Os opositores às medidas centralizadoras esforçaram-se para reconquistar o poder perdido em benefício dos conservadores. Em 23 de julho de 1840, eles conseguiram antecipar a maioridade de D. Pedro II para extinguir a regência. No entanto, esse "golpe" não lhes deu nenhuma vantagem. Em 1842, os liberais de São Paulo, liderados por Feijó, aliaram-se aos liberais de Minas Gerais, e se rebelaram contra o governo. Eles ameaçaram realizar um movimento de secessão se as alterações institucionais de 1840 e 1841 não fossem revogadas. Foram derrotados, o que não impediu que os liberais de Pernambuco retomassem pela última vez a flâmula da rebelião, entre novembro de 1848 e março de 1849, e exigissem uma Constituição, no episódio conhecido como Revolução Praieira.

Luzia, inspirado em Santa Luzia, local onde os liberais mineiros renderam-se em 1842, converteu-se no nome pejorativo do partido liberal. Por sua vez, Saquarema, comuna da província do Rio de Janeiro e berço de três personagens proeminentes do partido conservador, passou a ser sinônimo desse partido. Luzias e Saquaremas alternaram-se no poder até a queda do império em 1889 e foram eles que fixaram em torno de 1840-1841 as regras principais dos 49 anos do reinado pessoal de D. Pedro II.

CAPÍTULO VII

Escravidão e civilização. Império "coerente" ou império de contradições? (1840-1889)

O LONGO REINADO DE D. PEDRO II contrastou com os movimentos centrífugos e os graves problemas que marcaram o reinado do seu pai e o período das regências. A unidade do território nacional, da qual a monarquia responsabilizava-se, triunfara e tornara-se uma espécie de bastião da fé na nacionalidade. No círculo do imperador, artistas e intelectuais dedicavam-se a definir e demonstrar os traços psíquicos e fisiológicos que caracterizavam o povo brasileiro e a introduzir o Brasil no contexto internacional.

A ideia de civilização, tão vital no Ocidente no século XIX, era incompatível com a manutenção do tráfico negreiro e da escravidão e, portanto, a abolição da escravatura era uma questão muito problemática para o Brasil e concentrava o foco das discussões.

D. Pedro II ou a monarquia burguesa

O sentimento monarquista, que beneficiou D. Pedro I e a unidade da América portuguesa em 1822, continuou a favorecer D. Pedro II, mesmo durante sua menoridade. Por esse motivo, o regente Araújo Lima tirava o pequeno monarca da Quinta da Boa Vista para mostrá-lo ao povo sempre que possível. Retratos do imperador eram enviados às províncias e às cidades onde eram recebidos com grandes comemorações. Em 1848, D. Pedro II e a imperatriz Teresa Cristina percorreram o Rio Grande do Sul, onde as últimas resistências à monarquia haviam cessado. A presença do casal imperial consolidou os laços entre a província pródiga e o resto da família brasileira.

Enquanto a educação de seu pai fora tosca, o que justificava em parte as excentricidades do primeiro imperador, a de D. Pedro II foi esmerada e lhe transmitiu com sucesso os deveres de seu cargo. A leitura e os estudos foram os únicos consolos de uma infância lúgubre e acompanharam o monarca culto e filósofo até a morte. D. Pedro II era um filósofo, não só pela grande barba prematuramente grisalha, mas, sobretudo, por seu interesse enciclopédico pela literatura e humanidades clássicas, como também pelas ciências. Em 1852, a biblioteca pessoal do imperador tinha 20 mil livros. Na Quinta da Boa Vista, D. Pedro II dispunha de um laboratório de química, de um observatório e de um laboratório de fotografia. Na década de 1860, ele começou a estudar hebraico, depois árabe, sânscrito e a "língua geral" (tupi-guarani).

D. Pedro II manifestou ainda bem jovem sua concepção da "função do imperador constitucional" a qual jamais renunciou, ao ponto sem dúvida, de ter sido uma das razões da perda da coroa. A Carta Constitucional outorgada por seu pai era para ele um texto sagrado que recusou a modificar: "Eu prestei juramento à Constituição, mas mesmo que não o tivesse feito, ela seria para mim uma segunda religião", escreveu ele em seu diário pessoal em 31 de dezembro de 1861.[41] No entanto, ele tinha uma interpretação liberal das instituições.

D. Pedro II respeitou, com raras exceções, a opinião pública e o veredicto das urnas antes de formar um ministério, assim como usou várias vezes seu direito de dissolução da Câmara dos Deputados. As eleições, sob o império, não brilharam pela honestidade e sofreram a influência do poder moderador.

De acordo com a Carta, o imperador governava e seguia com atenção todos os projetos dos ministros, que ele lia e anotava com sua "pena fatídica", mas a política do governo foi com frequência resultado de compromissos implícitos entre o imperador e o presidente do conselho de ministros. Em relação à questão da escravidão, em especial, D. Pedro II conteve sua pena e suas ideias reformistas diante das ideias muito impositivas referentes aos bens dos governos. Sob seu reinado, a imprensa usufruiu de uma grande liberdade, embora ao final de seu reinado, ela tenha ironizado suas escapadas noturnas, suas relações com a antiga preceptora de suas filhas, a condessa de Barral, ou as caricaturas de um monarca idoso e sonolento.

De acordo com a Constituição, o imperador do Brasil reivindicou o direito de patronagem ao clero secular, que pertencia ao rei de Portugal. D. Pedro II, cioso de sua posição real, considerava-se o chefe da Igreja no Brasil, o que causou sérios conflitos com Roma, ao tentar disciplinar o clero brasileiro e combater a francomaçonaria muito incentivada pelas elites. Em 1872, dom Vital, o jovem bispo ultramontano de Olinda, expulsou os francomações das confrarias do Recife. O Conselho de Estado, responsável pelo julgamento do assunto, criticou o bispo que se manteve inflexível em sua posição. D. Pedro II mandou prender dom Vital e o bispo do Pará, que se solidarizara com o bispo de Olinda. O imperador do Brasil quase foi excomungado e o problema solucionou-se amigavelmente, porém com dificuldade.

Os "moderados" e os conservadores brasileiros identificavam-se com a Monarquia de Julho quase contemporânea à Revolução de Abril e, sobretudo, com o pensamento e ação de François Guizot. A casa dos Orleans e dos Bragança do Brasil foram duas famílias de certa forma marginalizadas pelas dinastias europeias, que sentiam nas duas Coroas eflúvios de pedras e barricadas, um odor desagradável de compromisso com as ideias revolucionárias. Além das afinidades ideológicas, os Orleans e os Bragança do Brasil uniram-se pelo matrimônio. A irmã do imperador, dona Francisca, casou-se em 1843 com o príncipe de Joinville, um dos filhos de Luís Felipe. Suas filhas, dona Isabel e dona Leopoldina, casaram-se, respectivamente, em 1864, com o conde d'Eu e com Augusto de Saxe-Coburgo, sobrinho do príncipe de Joinville e neto do rei da França.

D. Pedro II compartilhava a visão orleanista da monarquia, sem o fausto do Antigo Regime e imprimiu sua imagem como a de um "rei burguês". Quando discursava por ocasião da abertura da sessão parlamentar, ele vestia a roupa da coroação, a capa de veludo verde, a coroa de ouro incrustada de brilhantes, e o cetro de ouro com 2 metros de comprimento encimado com o dragão da casa dos Bragança. Nos dias de festa nacional vestia-se como um marechal, mas no resto do tempo, mesmo quando encontrou em 1876 sua prima, a rainha Vitória, o imperador do Brasil usava um velho traje preto.

Depois das festas suntuosas da coroação em julho de 1841, o estilo de vida da família imperial surpreendeu os visitantes estrangeiros por sua condição modesta. A mesa da Quinta da Boa Vista tinha uma triste reputação. Nunca havia bailes. A concessão de títulos de nobreza não foi um instrumento político sob o reinado de D. Pedro II, e sim significou uma forma mais elevada de recompensa honorífica. Duas vezes por ano, por ocasião de seu aniversário e o da imperatriz, D. Pedro II distribuía uns vinte títulos de nobreza, principalmente de barões, títulos não hereditários que não conferiam nenhum privilégio especial além de prestígio social.

Por outro lado, o imperador empenhava-se em desenvolver a arte e a literatura no Brasil e defendia a educação, sem a qual não haveria civilização. Em 1838, ele fundou na capital imperial o colégio D. Pedro II, elitista do ponto de vista social e escolar. O monarca raramente não comparecia a cerimônias de entrega de prêmios e visitava com regularidade as instituições educacionais da capital. Além disso, financiava bolsas de viagem ao estrangeiro para formar artistas e eruditos.

D. Pedro tinha uma preferência especial por uma instituição criada "sob seus auspícios" também em 1838: o Instituto Histórico e Geográfico Brasileiro (IHGB), a principal entidade erudita e a única academia do Brasil até 1897, quando foi fundada a Academia Brasileira de Letras.

O Instituto Histórico moldou pouco a pouco a ideologia e a identidade do Brasil imperial: o culto à unidade territorial cujo poder moderador era a garantia e a ideia que o povo brasileiro compunha-se de "três raças". Essas "três raças", o português branco, o índio e o negro não tinham a mesma posição social e não participavam na mesma proporção na formação da nacionalidade. O negro, ou "raça etíope", não interessava a quase ninguém do ponto de vista científico ou cultural no Brasil do século XIX. Por outro lado, os brancos detinham a primazia na formação do povo brasileiro, além de serem a força motriz da civilização do país. Os índios do passado suscitavam um enorme interesse, mas os atuais eram considerados primitivos, ou degenerados.

O IHGB organizava missões arqueológicas para tentar descobrir as ruínas fabulosas de civilizações de indígenas antigas e nobres que haviam desaparecido. As iniciativas foram inúteis, mas o índio ganhou nessas pesquisas arqueológicas uma aura romântica e tornou-se o pai espiritual da nação. A figura mítica do índio era necessária para construir uma identidade nacional americana, sem vínculo com os portugueses. O romantismo brasileiro, que nasceu em Paris, em 1836, com a revista *Niterói*, enfatizava a influência indianista no Brasil. Em 1856 foi publicada uma epopeia em versos, *A Confederação dos Tamoios*, uma obra de Gonçalves Magalhães, que se tornou um livro de cabeceira de D. Pedro II e pelo qual seu autor recebeu o título de visconde de Araguaia. No cântico VI de *A Confederação dos Tamoios*, no momento do confronto final entre os portugueses e os tamoios, o índio Jagoanharo teve um sonho em que sua tribo desaparecia e no qual anteviu o brilho futuro de uma grande cidade, capital de um vasto império brasileiro. O "sacrifício" histórico dos índios foi necessário à expansão do império do Cruzeiro do Sul.[42]

Mas de acordo com o historiador mais importante do reinado de D. Pedro II, Francisco Adolfo de Varnhagen, os índios não eram ancestrais adequados aos portugueses nem selvagens dóceis a quem se deveria demonstrar ternura. Varnhagen é autor do livro *História Geral do Brasil* publicado em dois volumes em 1854 e 1856, mas sua visão muito centrada no Antigo Regime da nação brasileira e da monarquia — uma nação branca dominada pelo imperador, uma organização social "feudal" pelo fato de manter os negros e os índios sob servidão — o isolou da maioria de seus colegas acadêmicos.

O café do vale do Paraíba do Sul: apogeu e declínio da agricultura escravagista

O desenvolvimento extraordinário do café na província do Rio de Janeiro ocorreu paralelo à consolidação da cidade do Rio de Janeiro como capital e, como resultado, transferiu o centro de gravidade econômica e demográfica do Nordeste do Brasil dos engenhos de açúcar, menos ativos no século XIX, para as províncias do Sudeste em pleno dinamismo. O açúcar brasileiro foi superado pelo açúcar de beterraba no mercado europeu e sofreu concorrência do açúcar cubano nos Estados Unidos. As refinarias mais modernas foram criadas em substituição aos antigos engenhos para tornar a produção brasileira mais competitiva.

No século XVIII, o café era cultivado no Pará e em fazendas nos arredores do Rio de Janeiro. O café foi plantado no maciço da Tijuca, que hoje se transformou em um imenso parque situado no centro do Rio, dominado pelo morro do Corcovado e a estátua do Cristo Redentor inaugurada em 1931. Depois o café começou a ser cultivado no vale do Paraíba do Sul, um rio que nasce na província de São Paulo e deságua no mar perto de Campos, ao norte da província do Rio de Janeiro, após ter percorrido 800 quilômetros pelas montanhas. No início do século XIX, o vale do Paraíba ainda era um sertão povoado por índios. Inteiramente coberto pela Mata Atlântica, às vezes era cortado por antigas estradas dos caminhos do ouro e pela estrada que ligava o Rio a São Paulo. Os vilarejos eram raros nessa região.

D. João VI distribuíra com prodigalidade as sesmarias aos comerciantes e aos almocreves. O café, que tinha uma grande demanda na Europa e nos Estados Unidos, floresceu nesse clima tropical e de altitude elevada. Em poucos anos, as fazendas multiplicaram-se ao redor de Barra Mansa, Vassouras, Barra do Piraí, São João Marcos, entre outros lugares. Alguns fazendeiros acumularam imensas fortunas. Suas casas eram pequenos palácios cujos móveis, louças e tapetes caros eram importados da Europa. As plantações de café estenderam-se do vale do Paraíba em direção a São Paulo e também ao sul de Minas Gerais, que se tornou a terceira província produtora. Na década de 1838, o café representava 44% das exportações brasileiras e suplantou o açúcar (24%) como o primeiro produto de exportação do Brasil.

No vale do Paraíba tanto na parte fluminense quanto na paulista, a cultura era feita de maneira predatória, em detrimento da fertilidade do solo e os desmatamentos sem critério o tornou vulnerável às chuvas. No final de 25 anos, as fazendas foram abandonadas em busca de novas terras. Na década de 1870, o vale do Paraíba entrou definitivamente em declínio e a região oeste de São Paulo assumiu o primeiro lugar como produtor de café. Nessa região de São Paulo, o café começou a substituir a cana-de-açúcar, antes de expandir-se para as colinas cobertas pela terra roxa extremamente fértil. O café impôs-se como um produto hegemônico de exportação do Brasil (61,5% nos anos 1880), mas a partir de então foi cultivado no "mar verde" do oeste paulista (Campinas, Rio Claro, Ribeirão Preto) onde os cafezais continuaram a se multiplicar com usos de técnicas mais modernas. Na década de 1880, as três províncias cafeeiras do Brasil produziam 56% da produção mundial de café.

O dinamismo da produção do café fluminense na primeira metade do século XIX demonstrou como, em escala mundial, a revolução industrial era perfeitamente compatível com a escravidão, que se revigorou nessa época. De 1800 a 1850 o Brasil importou 1.500.000 escravos africanos, a maior entrada de escravos no país em toda a história do tráfico negreiro. O governo da regência proibira formalmente o tráfico em 1831, em obediência aos acordos firmados com os ingleses em 1826, mas fechava os olhos para o tráfico ilegal. Entre 1840 e 1851, quase 400 mil africanos foram introduzidos ilegalmente no país destinados, sobretudo, aos cafezais do vale do Paraíba.

A cafeicultura usou mais a escravidão como mão de obra do que as atividades agrícolas tradicionais. Um grande engenho de açúcar da Bahia do período colonial reunia no máximo centenas de escravos. Nos cafezais do vale do Paraíba o número de escravos era mais do dobro. Cerca de 6 mil escravos trabalhavam nas trinta fazendas de Joaquim José de Sousa Breves, o maior cafeicultor do Brasil em torno de 1850 no vale do Paraíba, em Barra do Piraí e Passa Três. Durante o tráfico ilícito, mas tolerado, Breves tinha um porto privado em Mangaratiba, onde os deportados recuperavam suas forças antes de irem para as fazendas. A proibição definitiva do tráfico de escravos em 1850 mudou radicalmente o cenário econômico e social, não só para Breves e os outros fazendeiros, mas também para a sociedade brasileira.

1850: uma revolução na história do Brasil

Apesar de não se cogitar em abolir a escravidão, considerada indispensável para a prosperidade do país e amplamente aceita pela sociedade, o tráfico de escravos começou a ser discutido. A maioria dos líderes do

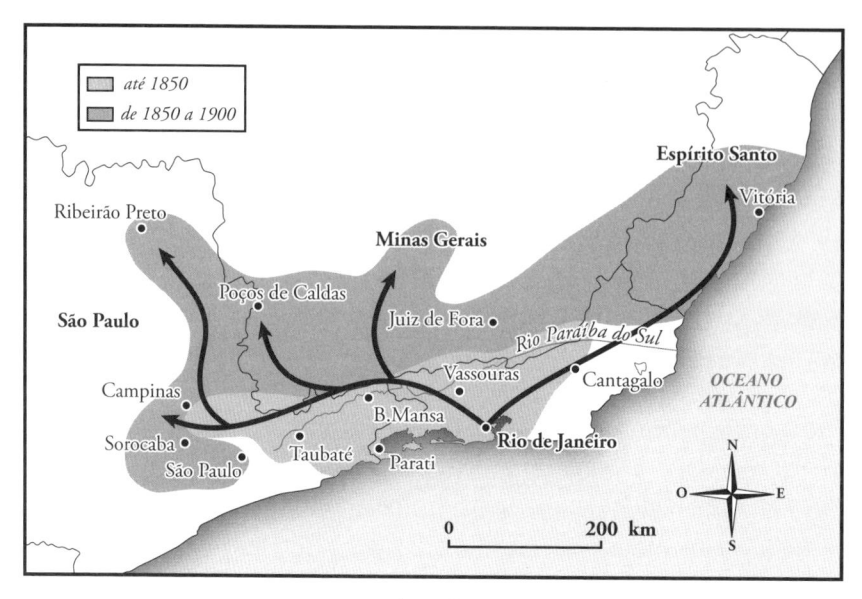

A expansão do café no século XIX.

partido dos moderados da regência com Feijó à frente, defendia o tráfico até que se encontrassem meios eficazes para remediar a falta de mão de obra na agricultura.

A imigração de trabalhadores livres era a única solução viável. Ela foi discutida e experimentada, mas deparou-se com obstáculos inerentes às contradições da sociedade imperial. A introdução no Brasil de trabalhadores estrangeiros defrontava-se com dois imperativos sociais dificilmente conciliáveis: formar um povo e fornecer mão de obra agrícola. Na primeira metade do século XIX, a colonização alemã e italiana no Rio Grande do Sul tinha o objetivo de colonizar, por exemplo, as regiões de clima temperado pouco povoadas pelos brancos e ignoradas pelo "complexo agrícola". Era o ideal de uma "pequena Europa" constituída por agricultores católicos independentes, expressa nessa imigração colonizadora e que poderia atrair candidatos europeus a virem para o Brasil. Entre 1824 e 1889, 350 mil alemães imigraram para o Brasil e formaram em 1872 a terceira comunidade estrangeira no país depois dos "africanos" e dos portugueses.

Escravidão e civilização. Império "coerente" ou império de contradições?

Os fazendeiros que precisavam de mão de obra preferiam recrutar trabalhadores europeus. Em 1847, um fazendeiro de São Paulo, Nicolau Vergueiro, trouxe 64 famílias alemãs para trabalhar em suas terras. Mas o contrato de trabalho era leonino e os colonos[43] tornavam-se dependentes do fazendeiro. Em 1850, a Lei de Terras promulgada para substituir o sistema de sesmarias abolido em 1822, estabeleceu a compra como a única forma de acesso à terra e, assim, eliminou a possibilidade da posse de terras dos imigrantes pobres. As condições do acolhimento, o destino reservado aos imigrantes, a reputação horrível dos países tropicais para os europeus, tornaram o Brasil muito menos atraente que outros lugares na América, como os Estados Unidos e a Argentina.

Nas décadas de 1830 e 1840, mais pessoas exigiram a abolição definitiva do tráfico negreiro, porém os argumentos nem sempre eram filantrópicos. Os motivos subjacentes dos abolicionistas eram o medo de epidemias, de uma revolta generalizada e do crescimento da população livre de pele escura. O historiador Varnhagen, que representava a opinião mais radical entre os intelectuais do império, incitou seus compatriotas: "Vocês querem ver o Brasil daqui a um século igual ao continente africano vizinho? E talvez seus netos reduzidos à condição de servos dos netos dos africanos? Devemos encarar a questão dos escravos não com sentimentalismo, mas com patriotismo. Não com a ideia que a escravidão é um fato desprezível e, sim, porque tememos o futuro do Brasil, se continuarmos a importar africanos."[44]

A essas posições internas somaram-se, de maneira decisiva, o rigor da pressão e das ações da Grã-Bretanha para a abolição da escravatura. Já irritada com a falta de renovação do tratado de 1827 e com a adoção no Brasil em 1844 de impostos mais elevados sobre as importações (Tarifa Alves Branco), o Parlamento em Westminster promulgou no ano seguinte a Lei Aberdeen, que igualou os traficantes de escravos a piratas e autorizou a Marinha inglesa a persegui-los por toda parte, até nos portos de países soberanos. Os navios ingleses cumpriam a lei e percorriam o litoral brasileiro. O governo brasileiro decidiu preservar sua soberania nacional diante das humilhações constantes infligidas pela Grã-Bretanha, sem arriscar uma guerra. Em 4 de setembro de 1850, o governo aprovou a Lei Eusébio de Queirós, ministro da Justiça e do Interior, que equiparou o tráfico negreiro à pirataria e ameaçou perseguir os contraventores, traficantes e compradores. Os africanos presos pelas autoridades converteram-se em "escravos da nação" e ficaram sob tutela do Estado.

Três séculos de relações intensas entre o Brasil e a África interromperam-se e abalaram insidiosamente a sociedade brasileira. A cafeicultura queria ter escravos à disposição no mercado brasileiro e acentuou o ruralismo da mão de obra servil. O tráfico entre as províncias prosperou até sua proibição em 1884. Durante 35 anos, 200 mil escravos circularam entre as regiões Norte e Nordeste até o Sudeste do Brasil, sobretudo, pelas províncias do Rio de Janeiro, Minas Gerais e São Paulo, que concentraram em 1877 mais da metade dos escravos do país. Nas décadas de 1870 e 1880, as províncias do Rio de Janeiro e de Minas Gerais tinham cerca de 20% de escravos em sua população. Em São Paulo, 15% dos habitantes da província eram escravos, e na Bahia, a província do Norte com o maior número de escravos, 11% dos habitantes eram escravos. Mas na metade da região ao norte do Brasil a escravidão diminuiu.

A proibição efetiva do tráfico negreiro elevou consideravelmente o preço do escravo e enraizou, assim, a semente da "democratização" da instituição, característica da escravidão no Brasil desde o final do século

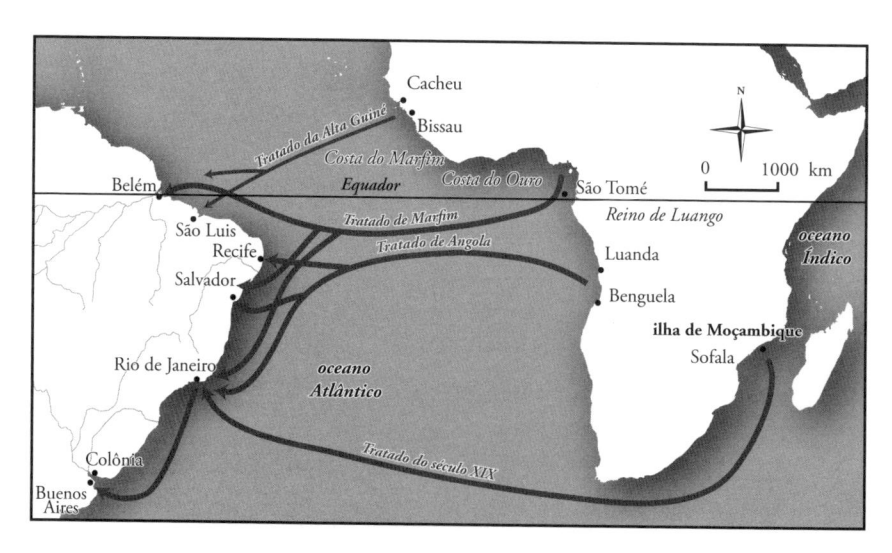

O tráfico negreiro para o Brasil do século XVI até 1850.

XVIII e de sua ampla aceitação. Com a posse de escravos reservada a uma elite de pessoas ricas, o fim do tráfico corroeu aos poucos o consenso social em torno da escravidão e causou o surgimento, em menos de uma geração, de um grande número de abolicionistas.

A proibição também alterou a composição da população servil, e o número de crioulos que tinha uma autonomia maior superou o dos africanos.

Os recursos empregados no comércio de escravos canalizaram-se para as fazendas de café, bancos e algumas atividades industriais. A década de 1850 marcou o início de uma tímida diversificação econômica no Brasil. Nos anos 1850, 62 fábricas foram fundadas, sendo cinquenta na província do Rio de Janeiro. Favorecidas pelas tarifas protecionistas de 1844, as fábricas produziam bens de consumo comuns, até então importados, como chapéus, tecidos de algodão, sabão e cerveja.

A década de 1850 também marcou o início das ferrovias no Brasil. Todo o material, trilhos e locomotivas eram importados da Europa, em especial da Grã-Bretanha, como, aliás, a maior parte do capital investido na formação das companhias. Em 1854, D. Pedro II inaugurou a estrada de ferro com 18 quilômetros entre o porto de Mauá, no fundo da baía de Guanabara e as montanhas. A estrada mais tarde se estendeu até Petrópolis, a capital de verão do imperador. A estrada inaugurada em 1854 deveu-se à obstinação de Irineu Evangelista de Sousa (1813-1889), o único "capitão da indústria" no Brasil e um *self-made man*. Ele recebeu o título de barão de Mauá, depois de visconde vinte anos mais tarde como recompensa por seu dinamismo incansável.

Mauá, fascinado pela Inglaterra vitoriana, começou a transformar uma fundição comprada em 1846 em um estaleiro e em uma fábrica de metalurgia, a mais importante da América do Sul, com mil operários (e grande número de escravos). Em Ponta da Areia, na baía de Guanabara, foram fabricados 72 navios, principalmente para a Marinha brasileira. Mauá foi também o banqueiro mais importante do Brasil e criou sucursais de seus estabelecimentos na Argentina e no Uruguai. Ele investiu em companhias de navegação a vapor, em ferrovias, como a de Santos a Jundiaí em 1867, que subiu pela primeira vez a Serra do Mar e ligou o planalto onde havia plantações de café ao porto. A expansão das estradas de ferro no Brasil acompanhou o progresso do café. A rede ferroviária do vale do Paraíba, que ligou São Paulo ao Rio de Janeiro, foi concluída em 1864. Na mesma época, os fazendeiros paulistas começaram a financiar a Companhia Paulista (1872), cujas linhas chegaram até a região oeste de São Paulo. Em 1874, 77% dos 1.300 quilômetros de estradas de ferro percorriam as regiões de café no Brasil.

Uma parte da fortuna de Mauá, que se reduziu com a falência do banco Mauá em 1875, provinha do estuário do Prata, onde o império do Brasil continuava a intervir na segunda metade do século XIX.

A guerra do Paraguai: uma reviravolta no império

O interesse pelo estuário do Prata e pelas fronteiras com o antigo império espanhol foram questões geopolíticas herdadas pelo império do Brasil e que continuaram a orientar a política exterior brasileira sob D. Pedro II. A Coroa tinha duas prioridades na região: manter a república do Uruguai sob sua influência ou, até mesmo, convertê-la em um semiprotetorado; e preservar o acesso aos grandes rios como o Paraná e o Paraguai. A liberdade de navegação no rio Paraguai foi fundamental para a integração nacional do Brasil. O caminho para Cuiabá, capital da província de Mato Grosso, passava por Assunção, capital do Paraguai situada às margens do rio de mesmo nome. Não existia uma via terrestre até o Prata, e a via marítima, depois fluvial, era segura e rápida.

Em meados do século XIX, o Brasil preocupava-se com o poder crescente da província de Buenos Aires, governada com tirania desde 1835 por Juan Manuel Rosas. Em 1851, para conter o expansionismo de Rosas, os brasileiros aliaram-se aos seus inimigos, o Partido Colorado em poder no Uruguai, e com as províncias argentinas de Corrientes e Entre Ríos. Em 3 de fevereiro de 1852, a coalizão derrotou Rosas na batalha de Monte Caseros e descartou as ameaças de controle de Buenos Aires sobre o Uruguai.

As tensões ressurgiram uns dez anos mais tarde e, dessa vez, envolveram a república do Paraguai e seu presidente Francisco Solano López. Ditador de um país pobre e cercado por outros países, López temia o expansionismo da Argentina, unificada em 1862, e o imperialismo brasileiro, os dois países fronteiriços com os quais Paraguai tinha litígios territoriais. Ele encontrou em Montevidéu, no governo do Partido Blanco, aliados que compartilhavam seu desejo de independência em relação ao Rio de Janeiro e a Buenos Aires. O Brasil e a Argentina não pouparam meios para ajudar o Partido Colorado a retomar o poder. Em 1863, com o apoio discreto de Buenos Aires, os colorados, liderados por Venancio Flores, enfrentaram os *blancos*. No Rio de Janeiro o governo imperial deu um ultimato contra o governo dos *blancos* e enviou tropas para invadir o Uruguai.

Para López a invasão brasileira ao Uruguai equivalia a uma declaração de guerra e o Paraguai decidiu apoiar seu aliado. O presidente do Paraguai pretendia atrair como aliados as províncias setentrionais da Argentina, Corrientes e Entre Ríos, zelosas de sua autonomia, mas elas permaneceram fiéis a Buenos Aires. López passou então à ofensiva sem aliados. Em 11 de novembro de 1864, o navio que transportava o presidente de Mato Grosso em direção à sua província foi preso em Assunção. Em dezembro as tropas do Paraguai invadiram Mato Grosso e saquearam Corumbá. López abriu uma nova frente e seus soldados atravessaram sem autorização o território argentino para atacar o Rio Grande do Sul. Diante da agressão do Paraguai, o Uruguai presidido por Venancio Flores do Partido Colorado, o Brasil e a Argentina assinaram em Montevidéu o tratado da Tríplice Aliança, em 1º de maio de 1865, que previa a continuação das hostilidades até a queda de López e as anexações territoriais em prejuízo do Paraguai. Começou então a guerra internacional mais longa e sangrenta da América.

O Exército brasileiro enviou 140 mil soldados para lutar no Paraguai, ao passo que o Exército argentino só alistou 18 mil soldados. Para aumentar o Exército regular, o Brasil recorreu aos Voluntários da Pátria (decreto de 7 de janeiro de 1865) e aos soldados voluntários que, além do soldo, receberiam gratificações e pensões no final da guerra. A perspectiva seduziu, sobretudo, a população pobre das províncias do Norte e Nordeste, principalmente a Bahia, de onde se originou muitos "voluntários".

Os "escravos da nação" e os que pertenciam às ordens religiosas não foram recrutados. Os alforriados representaram pouco menos de 10%

dos soldados brasileiros alistados para a guerra do Paraguai. Nos países da Tríplice Aliança, López foi descrito como um déspota sanguinário. A guerra foi retratada como o conflito entre a civilização simbolizada pelo Brasil e a barbárie dos índios guaranis que formavam a maioria da população paraguaia. Ironicamente, no Paraguai a cor escura da pele dos soldados brasileiros foi motivo de zombaria racista.

Em setembro de 1865, os aliados expulsaram os paraguaios do solo brasileiro com a libertação da cidade de Uruguaiana no Rio Grande do Sul. A Tríplice Aliança atacou o território paraguaio e os soldados começaram a longa subida pelo rio cercado de fortalezas. A guerra do Paraguai (ou da Tríplice Aliança), no centro do continente sul-americano, foi paradoxalmente um conflito no qual a Marinha exerceu um papel fundamental. Em 11 de junho de 1865, a esquadra brasileira derrotou os paraguaios na batalha de Riachuelo, no rio Paraná, e o Paraguai ficou isolado do resto do continente.

Apesar dessas vitórias, o avanço dos aliados foi lento e difícil, com muitos contratempos, epidemias e febres decorrentes de uma região insalubre. Em 25 de julho de 1868, a ocupação da fortaleza de Humaitá às margens do rio Paraguai, abriu um caminho para Assunção conquistada em janeiro de 1869. D. Pedro II ordenou que as tropas perseguissem López que fugira para o Norte. O Exército brasileiro, sob o comando do conde D'Eu, que substituíra o duque de Caxias, derrotou as últimas tropas do Paraguai. Quando López foi morto em 1º de março de 1870, o Rio de Janeiro exultou de alegria e rebatizou uma de suas ruas de rua Primeiro de Março. Mas a vitória teve um preço alto em relação aos ganhos modestos. Para os diplomatas franceses no Brasil, a guerra do Paraguai foi o "maior erro do reinado" de D. Pedro II.

Cinquenta mil soldados brasileiros morreram nos combates, porém com mais frequência devido a doenças. O Paraguai foi destruído e teve grande dificuldade de se recuperar da violência da guerra. A perda demográfica do Paraguai foi motivo de diversos debates, avaliações e reavaliações, mas é provável que tenha perdido dois, ou até mesmo, três quartos de sua população pelos efeitos diretos da guerra, como batalhas, pilhagens e represálias, assim como pelos efeitos indiretos de epidemias e escassez de víveres.

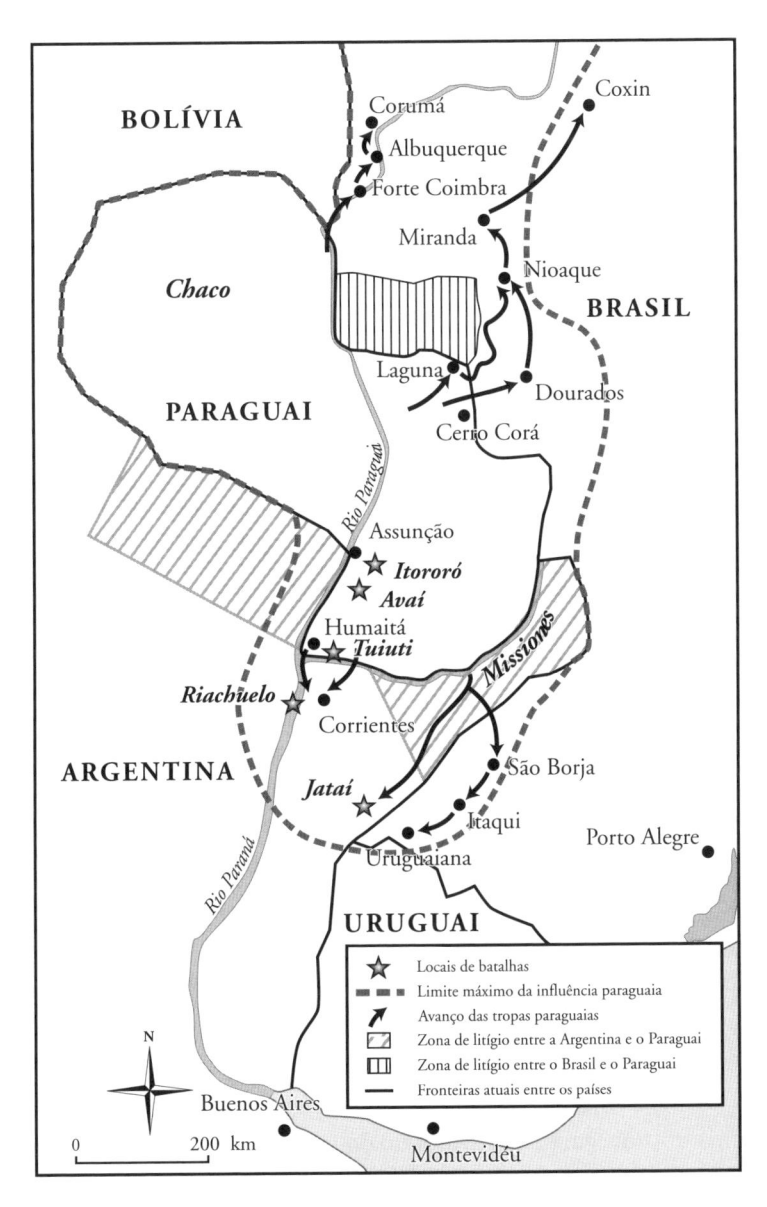

A guerra do Paraguai

Assim que a euforia patriótica desvaneceu-se, o regime imperial enfrentou novos protestos e teve dificuldade em promover uma mudança estrutural. O conflito transformou profundamente a sociedade brasileira. Nas cidades, a classe média mais independente rejeitou o estilo de vida e os valores dos fazendeiros escravagistas. O número de pessoas com formação universitária, como os bacharéis, cresceu mais rápido do que a oferta de empregos, o que causou descontentamento. A imprensa e o meio intelectual refletiram a atualidade política, filosófica e artística do país.

A guerra representou uma despesa excessiva do erário público, obrigando o império a contrair dívidas no exterior. As forças políticas brasileiras não tinham uma opinião unânime a respeito de apoiar a posição de D. Pedro II, que cometera faltas graves no tocante aos princípios do regime e tomara abertamente o partido dos conservadores. Em 1868, para manter Caxias, um bastião do partido saquarema, à frente do Exército brasileiro, D. Pedro II desconsiderou a opinião pública e formou um governo conservador. Os liberais perdoaram com relutância esse acesso de autoritarismo do imperador e seu desprezo pontual às urnas, sinal de que o poder moderador era uma ameaça constante às liberdades nacionais. Em 1869, os liberais reivindicaram reformas políticas profundas que transformariam o regime em uma monarquia parlamentar e federativa. Os liberais mais radicais saíram do partido e fundaram o Partido Republicano com um manifesto publicado em 3 de dezembro de 1870 — o dia seguinte ao aniversário de D. Pedro II e, portanto, uma festa nacional — no primeiro número do jornal *A República*.

Para o autor desse texto, Quintino Bocaiúva (1836-1912), a monarquia era um regime arcaico e europeu, enquanto a república era o regime ideal do continente americano. A ideia republicana envolvia concepções e correntes bem diversas. Ela encontrou adeptos no meio dos bacharéis da classe média da capital imperial, entre os quais os descendentes dos "exaltados" da primeira metade do século e que passaram a ser chamados de "jacobinos" no final dos anos 1880. Essa ideia repercutiu também entre os cafeicultores das novas regiões ao oeste da província de São Paulo, que fundaram em 1873 sua organização, o Partido Republicano Paulista (PRP). Por esse motivo o PRP, assim como o Partido Republicano, não se pronunciou explicitamente sobre a abolição da escravidão.

A ideia republicana ecoou também no Rio Grande do Sul, muito influenciado pelo positivismo e onde ainda pairava a lembrança da república de Piratini.

Os partidários do positivismo e dos princípios defendidos por Auguste Comte (1798-1857), que atraíram em primeiro lugar as elites técnicas, como médicos e engenheiros na segunda metade da década de 1870, eram em geral republicanos fervorosos que condenavam a monarquia como um regime obsoleto. Em 1881, a Sociedade Positivista do Rio de Janeiro deu origem à Igreja Positivista do Brasil apoiada pelos "apóstolos" Miguel Lemos e Raimundo Teixeira, que preservavam a ortodoxia e excomungavam os dissidentes. Os fiéis decidiram então a "consagrar toda sua dedicação *à incorporação do proletariado na sociedade moderna*, a síntese atual da ação positivista".[45] Os grandes princípios positivistas, que privilegiavam uma sociedade organizada cientificamente em direção ao progresso, e que desprezavam as instituições liberais e representativas em benefício de uma ditadura social, atraíram outras pessoas, além do círculo restrito dos fiéis da religião da humanidade. Nesse contexto, o regime imperial escravagista estava definitivamente condenado.

Na Escola Militar, onde os jovens de famílias modestas podiam seguir uma carreira de oficiais graças aos seus méritos, o positivismo teve um propagandista eficiente em Benjamin Constant Botelho de Magalhães, professor de matemática na escola.

Benjamin Constant, como o chamavam no Brasil, era um veterano da guerra do Paraguai e representante de uma geração desiludida com o funcionamento do regime imperial, cuja guerra revelou de maneira trágica seus mecanismos. A desorganização, o nepotismo, a primazia do nascimento sobre o mérito, a escravidão, a verborreia dos bacharéis, eram os males endêmicos da monarquia brasileira para Benjamin Constant e muitos jovens.

Além dessas questões fundamentais, havia os questionamentos corporativistas sobre o papel das Forças Armadas na sociedade. Desde a Independência, a sociedade fora marginalizada e a guerra do Paraguai abriu apenas um parêntese, logo fechado com o retorno da paz. O descontentamento difundiu-se e acentuou-se quando em 1884 os militares foram punidos por se recusarem a procurar escravos fugitivos. Em 1887, foi criado o Clube Militar dirigido por oficiais mais graduados do Exército. O Clube Militar, que ainda existe, foi o porta-voz da corporação em relação a diversos assuntos, em especial, de seu projeto de reforma.

A monarquia representada por um imperador idoso e doente, cada vez mais ausente, no sentido real e figurado, não era mais admirada por unanimidade. A herdeira presuntiva do trono, a princesa Isabel, além de ser mulher e casada com um estrangeiro deprimido e impopular, o conde d'Eu, era uma beata ultramontina. Apesar disso, ela envolveu-se de corpo e alma na luta pela abolição da escravidão.

A abolição da escratura

A guerra do Paraguai retomou a discussão sobre a escravidão. D. Pedro II estava convencido que era preciso encerrá-la por razões éticas, filosóficas e políticas. O número de países escravagistas reduzira-se drasticamente. O Brasil corria o risco de isolar-se e de ser eliminado do clube de países civilizados ao qual pretendia pertencer. Depois da Guerra de Secessão, só o Brasil e a Espanha, em suas colônias de Cuba e Porto Rico, mantinham a escravidão na América. O retorno dos "voluntários da pátria" e o sacrifício dos alforriados nos campos de batalha tornaram a instituição cada vez mais injustificável. O envolvimento do imperador e da opinião pública exerceram uma grande influência no movimento abolicionista. Em maio de 1870, os ministros pediram ao imperador que ele retirasse do discurso do trono qualquer referência à escravidão e ao trabalho livre. O governo seguinte foi confiado a um conservador brilhante, José Maria da Silva Paranhos, visconde de Rio Branco, com a missão de tomar medidas referentes à escravidão. Em 1871, foi promulgada uma lei que diversas repúblicas latino-americanas haviam adotado no momento de sua independência, algumas décadas antes do Brasil, a Lei do Ventre Livre, pela qual todos os filhos de escravos nasceriam livres. Mas esse dispositivo, que condenava a escravidão à extinção natural, tinha restrições favoráveis aos senhores de escravos, como a cláusula que previa que uma criança livre nascida de pais escravos poderia ser dada ao Estado como indenização ou serviria ao senhor de seus pais até a idade de 21 anos, solução em geral preferida.

A Lei do Ventre Livre não atenuou as reivindicações abolicionistas, mas os protestos contra a escravidão mais regulares e poderosos partiram das senzalas. Os quilombos, que continuaram a ser a forma principal de resistência à sociedade escravagista, multiplicaram-se nas décadas de 1870 e 1880 e foram difíceis de reprimir. Os escravos manifestavam uma solidariedade crescente entre eles e os revoltosos. Assim, um grupo a serviço dos fazendeiros foi atacado por umas cem pessoas, homens e mulheres, escravos de uma fazenda vizinha, no retorno de uma expedição contra um quilombo de Paraíba do Sul, no Rio de Janeiro, em 1882. As grandes cidades densamente habitadas como Rio de Janeiro e Santos, foram refúgios perfeitos para os fugitivos, que podiam se misturar com a multidão e conseguir o apoio dos abolicionistas.

Um número crescente de pessoas aderiu aos protestos contra a escravidão. Várias sociedades e jornais foram criados e houve diversas manifestações. Mas o ponto de partida do movimento abolicionista, como representação da opinião pública organizada, foi a iniciativa em 1880 do deputado pernambucano Joaquim Nabuco (1849-1910). Joaquim Nabuco apresentou um projeto de lei que previa a abolição da escravatura em um prazo de dez anos e a indenização dos proprietários. Além disso, ele reivindicou a adoção de medidas imediatas como o fim do tráfico entre as províncias, a proibição dos mercados de escravos, a emancipação imediata dos escravos velhos, doentes e cegos, o fim dos castigos corporais e a reunificação das famílias, entre outras medidas. A originalidade do projeto de Nabuco consistiu, sobretudo, em um programa de acompanhamento social com a concessão de lotes de terra aos antigos escravos e sua escolarização elementar. O projeto foi rejeitado, Joaquim Nabuco perdeu as eleições seguintes, porém as sociedades abolicionistas retomaram suas atividades, com o apoio do imperador e, em especial, da princesa Isabel, que exercia a regência durante as viagens cada vez mais frequentes do pai a lugares distantes.

Em 1880, a Sociedade Brasileira Contra a Escravidão reuniu monarquistas como Joaquim Nabuco, mas também republicanos como José do Patrocínio (1894-1905), filho de um padre com uma escrava.

Os militantes da causa escravagista liderados por Joaquim Nabuco exigiram a abolição imediata sem indenização. A febre abolicionista ganhou adeptos em alguns proprietários de escravos que emanciparam seus cativos. No final dos anos 1880, o conde de Nova Friburgo, grande cafeicultor fluminense, libertou 1.300 escravos. A questão da escravatura não constituía uma linha divisória entre os partidos políticos. Havia abolicionistas e partidários da manutenção da escravidão entre os conservadores, liberais e republicanos. Os opositores à abolição defendiam os argumentos, não só da perspectiva de falência econômica, como também o medo de "milhões de selvagens" soltos em meio à sociedade ou hordas de mendigos para cuidar.

Em 1884, os abolicionistas obtiveram o apoio do governo em relação à proibição do tráfico entre as províncias. Nesse mesmo ano, as províncias do Ceará e Amazonas, onde os escravos eram pouco numerosos, aboliram a escravidão. A Lei dos Sexagenários promulgada em 1885 libertou os escravos com mais de 60 anos.

A formação em 1886 de um governo antiabolicionista, dirigido pelo ultraconservador barão de Cotegipe, opunha-se à corrente abolicionista e demonstrou a determinação dos fazendeiros, principalmente, na Bahia e no Rio de Janeiro, onde a cafeicultura enfrentava grandes dificuldades. Em resposta à rigidez do governo Cotegipe, houve uma radicalização do movimento abolicionista. Os militantes apoiaram abertamente os quilombos e criaram quilombos refúgios para seus protegidos, como o de Jaquara, perto de Santos, um dos maiores da história do Brasil, e o do Leblon em uma colina às margens do oceano Atlântico, no Rio de Janeiro. Neste último, os quilombolas cultivavam camélias que enfeitavam a lapela dos abolicionistas e ornamentavam as festas organizadas pela princesa Isabel para promover a abolição.

Em 1º de abril de 1888, o governo Cotegipe, o último bastião político a favor da escravidão, renunciou e foi substituído pelo gabinete de João Alfredo, um conservador abolicionista. Apesar da oposição de representantes da província do Rio de Janeiro, a Assembleia Geral votou pela "abolição perpétua" da escravidão, sem indenização. Em 13 de maio de 1888, a princesa Isabel que exercia a regência, apareceu no balcão do palácio imperial e mostrou à multidão radiante a Lei Áurea que acabara de assinar. Os 700 mil escravos do Brasil foram libertados. Durante mais de uma semana, as missas de Ação de Graças e as comemorações profanas realizaram-se no país. Isabel, a Redentora, conquistou uma grande popularidade entre os negros e simpatizantes à causa monarquista, como o ex-republicano José do Patrocínio. Por outro lado, ela perdeu o apoio dos fazendeiros escravagistas do vale do Paraíba, que haviam sido os pilares históricos do Estado imperial.

Os opositores ao regime não atribuíram o mérito da abolição ao império e compartilharam a opinião do *Jornal do Commercio* publicado em 17 de outubro de 1888, segundo o qual a lei de 13 de maio "limitou-se a reconhecer e confirmar um fato preexistente, evitando com esse reconhecimento maiores perturbações e desordens, se não terríveis calamidades. A emancipação estava feita no dia em que os ex-escravos recusaram-se a marchar para o eito e começaram o êxodo das fazendas. A lei confirmou-a, deu-lhe sanção os poderes públicos, mas sem a lei não deixaria de ser um fato que se impunha contra todas as resistências".[46]

A abolição não deu um segundo alento a um reino que se esvaía. Em 11 de novembro de 1889, uma reunião realizada na casa de Benjamin Constant, na capital imperial, que reuniu representantes de diferentes tendências republicanas, decidiu com o consenso de civis e militares de dar um golpe de Estado marcado para o dia 15 de novembro. Nesse dia o chefe do Estado Maior, o marechal Manuel Deodoro da Fonseca, monarquista, mas hostil ao governo liberal do visconde de Ouro Preto, pôs seus galões e o busto coberto de condecorações à disposição dos conspiradores. Em algumas horas o governo foi deposto e, em seguida, a monarquia. Os republicanos proclamaram a República Federativa dos Estados Unidos do Brasil na Câmara Municipal do Rio de Janeiro e anunciaram a composição de um governo provisório. A família imperial, banida, embarcou para a Europa na noite de 16 de novembro. D. Pedro II morreu em Paris no dia 5 de dezembro de 1891 e recebeu exéquias solenes na igreja da Madeleine.

Sem ser impopular, a monarquia brasileira caiu como uma árvore seca. Na década de 1880 instalou-se aos poucos a convicção, na opinião pública, que o império e seu monarca idoso pertenciam ao passado. Bastou um grupo de homens decididos para que o edifício desmoronasse e impusesse uma República, à qual a maioria dos brasileiros se aliara ou se resignara com a existência.

CAPÍTULO VIII

Os Estados Unidos do Brasil. Federalismo, liberalismo e oligarquias (1889-1930)

O DIA 15 DE NOVEMBRO DE 1889 significou a primeira fase da história republicana do Brasil. Essa república, ainda sem número, foi abalada em 1930 por uma revolução que queria destruir o passado, denegrindo-o para se legitimar. A República Velha foi considerada culpada de todos os males. Os gaúchos, que conquistaram o poder, a acusava de ter sido um joguete nas mãos dos paulistas e dos mineiros. O ressentimento era tão forte em relação ao regime deposto que a expressão da "política do café (São Paulo) com leite (Minas Gerais)" posterior a 1930 fixou-se com uma conotação pejorativa à República Velha e tornou-se um sinônimo muito discutível. A "política do café com leite" polêmica, retrospectiva e errônea, não reconheceu o mérito dos quarenta anos da história republicana e da construção nacional. A República Velha foi um momento iniciador em muitos aspectos. O Brasil conquistou suas fronteiras atuais sob esse regime, graças ao talento do ministro das Relações Exteriores, o barão do Rio Branco (1845-1912), que aumentou significativamente o território nacional por meio de negociações com os países vizinhos. Pelo tratado de 1906 com a Bolívia, o Brasil anexou o território do Acre na Amazônia.

A república herdou os problemas políticos do império, como o da representação, nunca resolvido. No entanto, ao instaurar o federalismo, ela delineou uma cultura política ainda presente no início do século XXI. Com o apogeu e a extinção da monocultura de exportação e do reinado do café, a República Velha marcou também a transição para uma sociedade mais urbana, na qual surgiu a questão operária e coincidiu com uma grande efervescência intelectual e artística.

Uma primeira década crítica

Os "fundadores da República" lançaram as bases de um regime que refletiu a diversidade do movimento republicano. Manuel Deodoro da Fonseca (1827-1892), monarquista convicto e um republicano circunstancial, foi nomeado chefe do governo provisório. Ele representava, em especial, os interesses do Exército. Entre seus ministros, distinguia-se o jurista baiano Rui Barbosa (1849-1923) encarregado das finanças. Rui Barbosa foi um dos liberais que aderiram ao lado republicano em razão da descrença na capacidade de reforma da monarquia. Rui Barbosa, assim como seu colega de governo Manuel de Campos Sales, representante dos republicanos paulistas, defendeu o federalismo a exemplo dos Estados Unidos da América. Outros ministros, como Benjamin Constant, representavam a inspiração positivista e inclinavam-se em direção a uma república mais social, baseada no desenvolvimento da educação.

O governo provisório adotou, em 7 de janeiro de 1890, uma decisão importante de separar a Igreja do Estado sob a justificação da extinção da proteção imperial. Essa separação exigiu algumas medidas complementares, como a obrigação do casamento civil, secularização dos cemitérios, laicização do ensino público, proibição do clero secular e regular de se apresentar no Congresso, controle das congregações etc. A ruptura foi objeto de acordos entre a Igreja e o Estado, sem envolver os bens da Igreja, que ficou a partir de então proibida de intervir nos assuntos do Estado. A deposição de D. Pedro II, que mandara prender prelados, foi bem acolhida pelos meios eclesiásticos. Paradoxalmente, agora que os padres apoiavam a República, as medidas de secularização atraíram a hostilidade das pessoas mais pobres que viviam nas regiões distantes e periféricas dos sertões. Houve muitas revoltas populares durante a República Velha estimuladas por profetas autoproclamados que fomentavam o combate ao anticristo republicano.

Com o incentivo de Rui Barbosa, o governo provisório iniciou uma política econômica audaciosa, mas com resultados desastrosos. Convencido que o modelo norte-americano seria excelente para o Brasil e por ser grande admirador de Alexandre Hamilton, Rui Barbosa revolucionou o sistema financeiro, a fim de estimular a atividade econômica e a promover o desenvolvimento industrial. Sua política factícia de crescimento resultou após alguns meses em inflação e em uma série de falências. O encilhamento, um movimento incomum de especulação na Bolsa durante esse período tumultuado, deixou lembranças amargas. Depois de sair do governo em janeiro de 1891, Rui Barbosa continuou a exercer um papel importante na política nacional até sua morte em 1923, e continua a ser o "príncipe dos bacharéis", o ídolo dos estudantes de direito, uma referência intelectual e ética.

O governo provisório contou com o apoio dos "republicanos históricos", os que haviam abraçado a causa na década de 1870, e os aliados de 16 de novembro que se acomodaram ao novo regime desde que garantisse a ordem e suas posições adquiridas.

Mas os monarquistas não haviam desaparecido. Alguns que seguiram a família real no exílio, sonhavam com a restauração da monarquia e publicavam no estrangeiro panfletos acusadores, como o ensaísta Eduardo Prado. Outros expressavam suas reservas quanto ao regime. O herói (e arauto) da campanha abolicionista, o sempre monarquista Joaquim Nabuco, expressou suas dúvidas no *Jornal do Commercio* em setembro de 1890: "A República nos países latino-americanos é um governo no qual é essencial desistir da liberdade para obter a ordem."[47] Esse dilema dominou os primeiros anos da República no Brasil.

A República brasileira tem a reputação de ter se inspirado no positivismo de Auguste Comte. É importante definir a extensão e os limites da participação dos positivistas, opositores radicais do regime imperial na construção da República. Os positivistas ortodoxos, fiéis aos preceitos do apostolado e da Igreja Positivista do Brasil, eram marginalizados porque se recusavam a aceitar cargos públicos até que entrasse em vigor a ditadura social de seus sonhos. Eles também foram mantidos à parte da sociedade, visto que eram considerados extremistas perigosos. Seu projeto político era assustador. Segundo a Igreja Positivista, o país se dividiria, indiscutivelmente, em pequenas repúblicas. Ela propunha ainda compartilhar o território entre os "estados ocidentais brasileiros" reservados ao povoamento alógeno e os "estados americanos brasileiros", "empiricamente confederados" e "constituídos por hordas fetichistas espalhadas pelo território inteiro da República", ou seja, os índios.[48] No tocante aos acontecimentos políticos e à forma de governo, a seita positivista não tinha ascendência, porém o positivismo exerceu uma influência importante em algumas questões bem precisas.

Nesse sentido, o positivismo contribuiu para dotar a república de novos símbolos. Raimundo Teixeira Mendes, um pintor com simpatias positivistas, foi o autor da bandeira brasileira atual. Ele explicou seus diversos significados no jornal oficial. O lema de Auguste Comte, "o amor pela base sólida, a ordem como princípio e o progresso como meta", resumido na frase Ordem e Progresso, foi escrito no círculo estrelado no centro da nova bandeira. Teixeira Mendes foi também o principal autor do calendário republicano de feriados oficiais promulgado por um decreto de 14 de janeiro de 1890. Entre outras datas, a República instituiu as comemorações do dia 21 de abril (execução de Tiradentes), do 13 de maio (abolição da escravidão e dia da "fraternidade brasileira"), e do 12 de outubro (descoberta da América). O dia 14 de julho, uma data muito prestigiada pelos positivistas por ser o início da "grande crise ocidental" era também um feriado dedicado à "liberdade universal". Os positivistas e os republicanos decidiram transformar Tiradentes em um grande herói nacional, o "mártir" e "precursor" da liberdade no Brasil à altura de Cristo. Tiradentes, tirado do esquecimento nos anos 1860 pelos liberais mais radicais, foi reverenciado na nova república.

Além da intervenção na história e nos símbolos, a Igreja Positivista também impôs sua opinião na política indigenista do governo federal. Os positivistas, inspirados no pensamento de José Bonifácio de Andrada e Silva, queriam "civilizar" os índios pela ternura. Um discípulo de Benjamin Constant e adepto rigoroso da religião da humanidade, o coronel Cândido Rondon (1865-1958), que se tornou célebre por suas expedições ao interior de Mato Grosso para instalar o telégrafo, influenciou a criação em 1910 do Serviço de Proteção aos Índios e Localização de Trabalhadores Nacionais (SPILTN), um órgão federal. Os funcionários do SPILTN, militares positivistas, queriam colocar os índios em núcleos civilizadores, e transformar esses caçadores em agricultores e criadores de animais, mas, ao mesmo tempo, sem privá-los de certa liberdade cultural. A influência dos militares positivistas na política indigenista prolongou-se até a década de 1950.

Enfim, no Rio Grande do Sul, onde os positivistas eram numerosos e haviam assumido o poder a favor da proclamação da República, uma Constituição de inspiração comtista foi adotada na data simbólica de 14 de julho de 1891. Ao contrário dos outros estados onde reinava o princípio de não reeleição imediata dos governadores, o Rio Grande do Sul foi governado com rigor por Júlio de Castilhos e, muito tempo depois, por Borges de Medeiros. Esse positivismo regional prestava uma obediência estrita à Igreja Positivista do Rio de Janeiro. As duas regiões, o Rio Grande do Sul e a capital federal, enviavam deputados positivistas para participar da Assembleia Constituinte, porém eles não tinham influência nas discussões.

A eleição da Assembleia Constituinte realizou-se em setembro de 1890 por sufrágio universal masculino, com exceção dos analfabetos que representavam 80% da população. A situação eleitoral na república não foi melhor do que a sob o império. As votações realizaram-se com diversas irregularidades e em um ambiente de violência, o voto não foi secreto e a fraude predominou. Antes de 1930, menos de 6% da população brasileira, no máximo, participava das eleições (a média era de 3%).

Em setembro de 1890, a maioria dos eleitos compôs-se de bacharéis que haviam estudado nas faculdades de Direito de São Paulo e de Recife, e de algumas pessoas que tinham cursado as faculdades de medicina. Cerca de quarenta deputados pertenciam ao quadro político do império e muitos tinham ainda títulos de nobreza concedidos pelo imperador. A lista dos deputados baianos eleitos na primeira legislatura federal (1891-1893) revelou a continuidade das elites do período imperial e as da república, que haviam abolido os títulos de nobreza. A Assembleia Constituinte compunha-se de nomes como Antônio Joaquim de Carvalho Albuquerque, barão de Vila Viçosa, e de seu filho Garcia, visconde da Torre de Garcia de Ávila, de Francisco dos Santos Pereira, filho do barão de Alagoinhas, e de Joaquim Cardoso Pereira de Melo, barão de

São Marcos. De 1924 a 1930, José Wanderley de Araújo Pinho (1890-1967), bacharel em direito, prefeito de Salvador, neto pelo lado materno do barão de Cotegipe, descendente de quatro gerações de senhores de engenho, representou a Bahia na Câmara Federal de Deputados.

Por ocasião da Assembleia Constituinte de 1890-1891, a novidade foi a presença de uns cinquenta oficiais do exército, que apesar de não formarem um bloco homogêneo, demonstravam a politização do exército e a forte pressão que ele exercia nas instituições em gestação.

A Constituição dos Estados Unidos do Brasil, similar à Constituição dos Estados Unidos da América, foi promulgada em 24 de fevereiro de 1891. Elegeu-se um presidente com um mandato de quatro anos à frente da federação e os estados usufruíram de ampla autonomia.

Antes da divisão de poder, o Congresso elegeu um presidente e um vice-presidente, dois militares de alta patente, os marechais Deodoro da Fonseca, um antigo conservador, e Floriano Peixoto, um ex-liberal, eleitos com grande desagrado dos civis, sobretudo dos paulistas republicanos. Os deputados elegeram um presidente monarquista e um vice-presidente de uma corrente oposta a de Deodoro da Fonseca. As convicções políticas do vice-presidente Floriano Peixoto (1839-1895), apelidado de "esfinge", eram nebulosas. O marechal Floriano aderira no último momento ao golpe de estado de 15 de novembro, mas seu apoio aos republicanos foi decisivo para depor a monarquia. De qualquer modo, os republicanos civis temiam, acima de tudo, a imposição de uma ditadura militar e a emergência de caudilhos como na América espanhola após a independência. A crise não demorou a eclodir.

Deodoro da Fonseca nomeou dois governadores interinos de sua livre escolha para os novos estados, sem ouvir as forças políticas locais. Os conflitos surgiram esporadicamente entre os novos governadores e as facções contrárias às suas medidas. A situação deteriorou-se no plano nacional, em um contexto grave causado pela política econômica de Rui Barbosa que provocou um desastre financeiro e causou pânico entre a população. Deodoro da Fonseca formou um governo de monarquistas e impôs a força. Em 23 de novembro de 1891, ele decidiu fechar o Congresso, porém diante da resistência dos deputados, dos protestos dos estados, da greve que paralisou a capital e da Marinha brasileira que apontou seus canhões para a cidade, o primeiro presidente renunciou. O marechal Floriano Peixoto o substituiu e revelou imediatamente uma prática inquietante de poder. Ele apoiou-se nos republicanos radicais, em especial nos jacobinos, que apreciavam seu patriotismo ostensivo e os discursos belicosos em defesa da República contra todos os inimigos. Floriano Peixoto passou a ser chamado de "marechal de ferro", um paladino intratável da República e do Brasil, enquanto seus agentes importunavam eventuais adversários políticos e as prisões começaram a se encher de dissidentes. Os impulsos ditatoriais de Floriano Peixoto foram fortalecidos pelas circunstâncias do momento político delicado do Brasil.

Em fevereiro de 1893, eclodiu uma guerra civil de grande amplitude no Rio Grande do Sul, entre o partido de Júlio de Castilhos e a facção "federalista" de Silveira Martins, um liberal que defendera a manutenção da escravidão no império. O governo federal e Floriano Peixoto apoiaram Castilhos e seus partidários, que, segundo eles, representavam a legalidade republicana. Os opositores de Floriano Peixoto e os republicanos moderados escolheram apoiar os "federalistas". A guerra civil que se estendeu para Santa Catarina e Paraná ameaçou disseminar-se pelo resto país, pelo menos até a capital federal. A Marinha, que fora legalista por ocasião do golpe de estado de Deodoro da Fonseca, solidarizou-se com os "federalistas" contra Floriano Peixoto e bombardeou o Rio de Janeiro em setembro de 1893.

No Congresso, os republicanos "civis" não pouparam esforços para que Floriano Peixoto pudesse governar o país e reprimir a guerra civil. Em troca, ele sairia do governo no final do mandato legal e seria substituído por um presidente eleito por sufrágio universal direto. O republicano paulista, Prudente de Morais (1841-1902), foi o primeiro presidente a vestir a faixa verde e amarela que simbolizava o cargo presidencial em 15 de novembro de 1894. Ele incumbiu-se de restaurar a paz no sul do país. Os combates só cessaram em agosto de 1895 com a vitória de Castilhos e do exército federal, mas o governo enfrentou mais uma dificuldade.

Em novembro de 1896 e janeiro de 1897, a polícia do estado da Bahia foi derrotada duas vezes por moradores pobres dos vilarejos que haviam tomado posse de uma fazenda abandonada da comuna de Canudos, uma região isolada e árida do estado. A partir de 1893, aos poucos sertanejos e ex-escravos migraram para o local onde se estabeleceram sob a liderança de um pregador iluminado, Antônio Maciel, o "Conselheiro". Antônio Conselheiro repudiava com firmeza a República, um regime ímpio, o casamento civil e anunciava o fim do mundo, "então o sertão vai virar mar e o mar virar sertão". A comunidade, que chegou a reunir mais de 20 mil pessoas, acreditou fervorosamente nessas palavras alimentadas pelas secas recorrentes, pela miséria e reputação do Conselheiro.

O governo da Bahia, incapaz de dispersar os seguidores de Antônio Conselheiro, pediu uma intervenção federal. Em fevereiro de 1897, o coronel Moreira César, que demonstrara uma brutalidade feroz na guerra federalista, comandou uma força expedicionária de 1.300 homens que bombardearam o vilarejo rebelde, mas Moreira César foi morto e suas tropas partiram em debandada. No Rio de Janeiro, a derrota vergonhosa da terceira expedição contra Canudos causou um escândalo. O governo via nessa resistência inesperada e nas propostas monarquistas de Antônio Conselheiro os indícios de uma conspiração organizada no estrangeiro, possivelmente na Inglaterra. Os republicanos mais radicais, órfãos de Floriano Peixoto, queriam destruir essa "vendeta" em pleno sertão e taxaram o governo de Prudente de Morais de fraco. O governo enviou então uma quarta expedição com 10 mil soldados que entrou no povoado em 5 de outubro de 1897, onde encontrou o corpo do Conselheiro morto alguns dias antes, e exterminou os sertanejos.[49] A expedição foi impiedosa, todos os combatentes foram decapitados, e os soldados apoderaram-se das mulheres e das crianças.

Os jornalistas correspondentes da Guerra dos Canudos relataram nos jornais das grandes cidades o cotidiano da guerra. Entre eles, um ex-militar, Euclides da Cunha, escrevia sobre os acontecimentos para *O Estado de S. Paulo*. Ao voltar a São Paulo, para a cidade de São José do Rio Pardo, onde supervisionava a construção de uma ponte metálica, Euclides da Cunha, influenciado por todos os tipos de teorias científicas e raciais em voga, redigiu um livro que desde sua publicação, em 1902, tornou-se um clássico da literatura brasileira, *Os Sertões*.

Em *Os Sertões*, Euclides da Cunha descreve o mal entendido que deu origem à tragédia de Canudos. Não havia uma conspiração monarquista nos sertões da Bahia, e sim um povo miserável, com uma mentalidade primitiva. Para Euclides da Cunha, o sertanejo, resultado de uma mestiçagem (branco com índio) e de um meio ambiente extremamente hostil, vivia em condições de atraso de muitos séculos, em uma espécie de mundo fossilizado, dominado pelo irracional, pela violência e crenças messiânicas. O livro de Euclides da Cunha revelou esse mundo para a população urbana. Os sertões são o inverso do Brasil da "ordem e progresso", uma fronteira entre a civilização e a barbárie, uma divisão no cerne da nacionalidade.

A Guerra de Canudos teve, portanto, diversas consequências, que provocam até hoje estudos e reavaliações.[50] Graças a Euclides da Cunha, Canudos ofuscou outros grandes movimentos populares que ocorreram no início do século XX no Ceará como o do padre Cícero (1884-1934) e, sobretudo, em Santa Catarina onde a Guerra do Contestado (1911-1915) fez inúmeras vítimas em nome de profecias escatológicas, antirrepublicanas e sebastianistas[51] do monge José Maria.

Em 1897, a vitória sobre os sebastianistas consolidou a República no plano civil. Outro republicano paulista, Manuel Campos Sales (1841-1913), sucedeu Prudente de Morais em 1898. Os militares e monarquistas foram afastados do poder, e Prudente de Morais conseguiu também eliminar em novembro de 1897, os republicanos mais radicais, os ativistas jacobinos e seus aliados no Congresso, em seguida a um atentado que matou o ministro da Guerra, mas fracassou na tentativa de assassinar o presidente.

Bacharéis, coronéis e "política dos estados"

Com a transmissão do cargo entre Prudente de Morais e Manuel Campos Sales, surgiu a possibilidade de concretizar o principal projeto republicano, o da república federativa, liberal e elitista. O quadro político assemelhava-se ao do período imperial marcado pelo triunfo dos bacharéis. Ao permitir a criação de faculdades, o governo provisório aumentou o número de formações acadêmicas dispersas nos estados, porém os estabelecimentos de mais prestígio continuaram a ser a faculdade de direito de São Paulo e de Recife, e as faculdades de medicina do Rio de

Janeiro e de Salvador. As elites políticas dos estados, assim como os deputados, senadores e ministros compunham-se mais de profissionais liberais e de funcionários do que de comerciantes e fazendeiros, embora as elites econômicas fossem quase sempre constituídas por bacharéis. Essas faculdades proporcionaram novos contatos aos seus alunos e uma ascensão social que suas origens proibiria *a priori*, como no caso do sucessor de Campos Sales, o fluminense Nilo Peçanha (1867-1924), que fez uma carreira brilhante, além de ser um exemplo das possibilidades de ascensão social no início do século XX.

Filho de um comerciante de origem portuguesa de Campos, Nilo Peçanha foi um protegido do barão de Miracema. Ele cursou a faculdade de direito em Recife, aderiu à causa republicana, entrou com entusiasmo para a francomaçonaria e, sobretudo, fez um excelente casamento com uma jovem de uma das famílias mais nobres de fazendeiros fluminenses. Em 1895, ele casou com a prima irmã de Paulino Soares de Sousa, visconde de Uruguai, um dos homens políticos mais ilustres do reinado de D. Pedro II. Nilo Peçanha foi eleito sucessivamente deputado federal, senador, várias vezes presidente do Estado do Rio de Janeiro, vice-presidente da República em 1906, e presidente com a morte do titular do cargo (1909-1910). Nomeado ministro das Relações Exteriores em 1917, ele terminou sua carreira política como um candidato derrotado à presidência da República, por ocasião de uma campanha memorável. Assim, em vez de romper o perfil das elites políticas e administrativas do império, a república desenvolveu e expandiu o bacharelismo.

Manuel Campos Sales estabilizou a dívida externa do Brasil e organizou as finanças federais. Ele fez também um acordo com as elites no poder nos estados, a fim de equilibrar a situação política nos níveis governamentais e federais. A "política dos estados" era um pacto de apoio mútuo entre o governo federal e os situacionistas, uma palavra empregada no Brasil para designar o que na França se chama de "maioria", o partido no poder nos estados. O Congresso Federal, Câmara e Senado, representavam os estados da federação e não tendências políticas. Não havia um partido nacional organizado no Brasil da República Velha antes da fundação do Partido Comunista Brasileiro (PCB) em 1922, logo proibido de exercer atividades políticas e que permaneceu por muito tempo na ilegalidade. Não existia também uma divisão de opinião entre a direita e a esquerda, e sim facções rivais que competiam pelo poder nos estados e que encontravam no Congresso aliados circunstanciais, segundo o princípio de que "os amigos de meus amigos são meus amigos".

Os presidentes dos estados, cujos territórios eram com frequência maiores que a França, precisavam do apoio federal para impor sua autoridade perante as municipalidades e as pessoas poderosas locais que os controlavam. O federalismo também teve sua contrapartida municipal: os municípios queriam ter uma posição igual nos estados que estes tinham na União. Os coronéis impunham sua lei nos municípios, áreas predominantemente rurais do Brasil, onde até mesmo no território municipal das grandes metrópoles, como o Rio de Janeiro, havia regiões rurais.

Além do bacharel das cidades, a República Velha assistiu ao momento de glória de outro tipo social, o coronel, uma herança do período imperial. Esse nome genérico tinha um significado mais paramilitar do que o de um militar de carreira. Ele designava, na verdade, pessoas importantes no nível municipal, que podia ser um conceito bem abrangente no Brasil, comerciantes e proprietários de terras que precediam seus nomes com as patentes da Guarda Nacional (a de coronel era a mais alta), embora o título não tivesse um papel efetivo na criação das forças militares regulares dos estados. Os coronéis, com frequência analfabetos, tinham um grau de riqueza escalonado de modesto a rico, porém se caracterizavam pelo autoritarismo e ao recurso da violência verbal e física. O poder deles originava-se de sua "influência", da capacidade de mobilizar homens, seja para a luta armada, para votarem em seus candidatos ou encher as urnas. Assim, eram cortejados pelos "partidos" — simples máquinas eleitorais — e as clientelas dos homens políticos que disputavam o poder nos estados.[52] Quando o governador ousava favorecer um coronel rival ou atacar o que eles consideravam como suas prerrogativas, os coronéis podiam se unir e o depor, o que pressupõe a conivência passiva do governo federal, como aconteceu no Ceará em 1914. Em 1920, o presidente da Bahia não conseguiu enfrentar a "guerra" do coronel Horácio de Matos e foi forçado a assinar acordos que o beneficiou.

A "política dos estados" também implicava a cooptação de candidatos oficiais à presidência e à vice-presidência da República, cujos nomes eram então submetidos à aprovação do sufrágio universal masculino. Depois do interregno militar e da ditadura de Floriano Peixoto, o regime manifestou aversão à personalização do poder. A cada quatro anos, salvo raras exceções, um bacharel que se distinguira por seus méritos era substituído por um bacharel bem nascido.

Prudente de Morais e Campos Sales conseguiram designar seus sucessores, mas a partir de 1908 essa escolha foi discutida entre os representantes dos diferentes estados. Nem todos os estados tinham a mesma importância na federação. Só os grandes estados podiam opinar como as províncias do Rio de Janeiro, Pernambuco, Bahia e Minas Gerais no império. Na República, os estados de Minas Gerais, São Paulo e Rio Grande do Sul e dominavam as discussões.

Como os estados eram antes de tudo colégios eleitorais e sua importância era medida de acordo com a contribuição eventual à vitória presidencial, Minas Gerais e São Paulo lideravam o processo eleitoral. A partir de 1902, o estado de Minas Gerais detinha cerca de 20% dos eleitores seguido por São Paulo que o superou na década de 1920. O terceiro lugar da Bahia foi suplantado pelo Rio Grande do Sul com um maior grau de alfabetização do que o estado nordestino. De 1889 a 1930, oito dos 13 presidentes do Brasil originaram-se de Minas Gerais e de São Paulo, apesar de os dois estados não serem aliados e seus mandatos não se alternassem no palácio do Catete, como na coesão obstinada da "política do café com leite". Na verdade, São Paulo e Minas Gerais eram rivais. A eleição presidencial pressupunha, de qualquer modo, uma aliança entre os estados e resultava de um consenso pelo menos parcial. Mas embora Minas Gerais fosse, em termos de representação, o primeiro estado da federação e exercesse o papel de "fiel da balança" em qualquer coalizão, o estado de São Paulo era muito mais dinâmico.

São Paulo, "a locomotiva da federação"

Depois da década de 1870, quando a produção de café de São Paulo era superior à do Rio de Janeiro, que começara a diminuir, a província e sua capital tiveram uma expansão extraordinária. Em 1894, Santos era o principal porto do Brasil, ainda mais importante que o do Rio de Janeiro, posição que mantém até hoje. Em torno de 1900, metade do café consumido no mundo era cultivado na região oeste de São Paulo. As fazendas de café do estado de São Paulo na mesma época produziam de 60 a 80% do café do Brasil, que fornecia três quartos do café mundial. O café enriqueceu as grandes famílias, como a família Prado, proprietária de fazendas no oeste paulista, assim como grandes empresas exportadoras e diversos empreendimentos industriais. A família Prado ocupava também uma posição importante na vida política. Antônio Prado foi prefeito de São Paulo de 1899 a 1910.

A população do estado de São Paulo cresceu de 800 mil habitantes em 1872 para 2.300.000 em 1900. A rápida expansão da produção de café no oeste paulista ocorreu após a proibição do tráfico negreiro e o crescimento demográfico deveu-se ao fluxo de imigrantes e trabalhadores livres na região. Já no Império os fazendeiros paulistas eram partidários ardorosos de uma política de imigração e realizaram algumas iniciativas nesse sentido. De 1887 a 1930, quase 4 milhões de imigrantes entraram no Brasil e a metade instalou-se no estado de São Paulo. A outra metade dirigiu-se principalmente para o Rio de Janeiro e os estados do sul do país, apesar de as grandes cidades do norte como Salvador, Recife, Belém e Manaus acolherem também imigrantes. Os italianos representavam 35% dos recém-chegados, seguidos por 29% de portugueses.

Em São Paulo, onde os fazendeiros não acharam que os italianos fossem suficientemente dóceis, recorreu-se à imigração japonesa e, em 1908, desembarcaram os primeiros imigrantes vindos do Japão. Em 1930, havia 15 mil japoneses em São Paulo que deram origem a uma das mais importantes colônias nipônicas fora do Japão. Os imigrantes japoneses e seus descendentes conservaram alguns hábitos, sobretudo culinários, e contribuíram para difundi-los entre os brasileiros.

Assim que possível, os italianos rejeitavam a condição dependente de colonos, a fim de ter seu próprio negócio ou para instalarem-se nas cidades. No final do século XIX, os italianos criaram bairros pobres e de má fama como o Brás e a Bexiga, onde abriram pequenos empreendimentos, como fábricas de massa e lojas de sapateiro.

A cidade de São Paulo, graças ao dinheiro do café e do crescimento demográfico, iniciou um processo de industrialização promissor. Em

1885, a cidade tinha 13 indústrias têxteis de algodão, uma de lã, quatro fundições, uma fábrica de fósforos e algumas serrarias. Dez anos depois, havia 121 fábricas na cidade. Entre elas, 11 tinham mais de cem operários. Em 1907 o Distrito Federal e São Paulo concentravam cerca de 40% da mão de obra industrial do Brasil. As pequenas e médias empresas com menos de quarenta operários representavam mais de dois terços dos estabelecimentos industriais nesse período.

O papel da Primeira Guerra Mundial no desenvolvimento industrial do Brasil é um assunto controvertido. Isolado dos fornecedores habituais, o Brasil privou-se da importação de material necessário à implantação de fábricas e da fabricação de produtos industriais e, por esse motivo, entre 1914 e 1918 a produção industrial diminuiu.

Em 1920, um recenseamento demonstrou que a indústria paulista era maior (31% dos estabelecimentos no Brasil com 30% de operários) do que a do Distrito Federal (12% de estabelecimentos industriais com 20% de operários). A indústria brasileira detinha 85% dos bens de consumo como tecidos, que empregavam uma mão de obra feminina majoritária, e agroalimentar destinada ao mercado local. Francesco Matarazzo (1854-1937), um imigrante italiano, foi um dos mais importantes industriais do Brasil com fábricas de moagem e de conservas, indústrias têxteis e de tecelagem de algodão.

Apesar da repressão, um movimento operário organizou-se sob a forma de associações profissionais e de sindicatos, que provocaram várias greves de 1917 a 1918. No início da década de 1920, o Congresso promulgou uma legislação social embrionária referente aos acidentes de trabalho (1919) e às aposentadorias de algumas profissões (1923).

As crises periódicas, que atingiram o preço do café a partir de 1895, mergulharam o estado de São Paulo e outros estados produtores (Minas Gerais, Rio de Janeiro e Espírito Santo) no marasmo. Como as exportações dependiam das receitas públicas dos estados da federação, o governo federal eliminou os principais rendimentos dos impostos sobre as exportações. A queda do preço do café causou uma crise fiscal, além de outros problemas. A importância do café nas exportações brasileiras e a dependência em relação a esse único produto aumentaram na República Velha.

Evolução do café nas receitas das exportações

1891-1900	64,5%
1901-1910	52,7%
1911-1913	61,7%
1914-1918	47,4%
1919-1923	58%
1924-1928	72,5%

FONTE: José Miguel Arias Neto, "Primeira República: economia cafeeira, urbanização e industrialização", in Ferreira, Jorge & Delgado, Lucília de Almeida Neves (orgs.) *O Brasil republicano: 1. O tempo do liberalismo excludente*. Rio de Janeiro: Civilização Brasileira, 2003, p. 212.

Diante das oscilações internacionais do preço do café, o Brasil aproveitou sua posição de quase monopólio para influenciar a alta dos preços de mercado. Em 1906, os três principais estados cafeicultores fizeram em Taubaté, no vale do Paraíba paulista, um acordo audacioso. Eles decidiram limitar a produção de café, divulgar o hábito de beber café no mundo e, sobretudo, de retirar do mercado e estocar uma grande quantidade de sacos de café. Esses estoques seriam comercializados de acordo com a demanda. A estocagem custava caro e seria preciso pedir empréstimo no exterior, mas essa "valorização" do café surtiu efeito. Uma segunda, depois uma terceira "valorização", ocorridas respectivamente em 1917 e em 1921-1924, expandiram de novo o setor cafeeiro.

Algumas vozes, que encontraram pouco eco, criticaram a dependência excessiva da economia em relação ao café, a polarização regional dos interesses nacionais e as subvenções devoradas pela política de imigração. Em dois opúsculos publicados em 1914, um político fluminense, Alberto Torres, lamentou o abandono dos "trabalhadores nacionais", isto é, os descendentes de escravos e os caboclos do interior, pelos poderes públicos e condenados a uma vida miserável e subutilizados. Alberto Torres criticou também a obsessão pelo setor de exportação e reivindicou uma diversificação agrícola. Suas ideias inspiraram os nacionalistas dos anos 1930.

Apesar de bem abaixo do café, outros produtos fizeram sucesso na República Velha e enriqueceram novas regiões. O cacau expandiu-se, por exemplo, no litoral ao redor de Ilhéus, no sul do estado da Bahia, no final do século XIX e proporcionou fortunas meteóricas. No entanto, o cacau da Bahia enfrentou a concorrência da produção dos impérios coloniais e estagnou-se antes do declínio.

A rápida expansão da indústria automobilística e pneumática nos Estados Unidos e na Europa provocou uma forte demanda de látex, que beneficiou nas décadas de 1880 a 1910 os estados do Pará e do Amazonas. Nesses estados, os seringueiros extraíam o látex das seringueiras da floresta amazônica e com ele faziam a borracha. As cidades de Belém e Manaus ainda guardam traços desses anos de fausto nas casas luxuosas, nos grandes hotéis e, em especial, na suntuosidade do Teatro Amazonas localizado no centro de Manaus e inaugurado em 1896. Mas na década de 1910 começou o declínio do ciclo da borracha. As seringueiras plantadas pelos ingleses na Malásia com sementes contrabandeadas do Brasil começaram a produzir látex. Em todos os lugares, a borracha da Amazônia foi suplantada pela borracha extraída nas plantações do sudeste da Ásia, sob tutela colonial da Europa. Porém, no auge de sua produção, nem o cacau ou a borracha tiveram no país um papel tão relevante como o café que financiou as ferrovias, a modernização dos portos, a industrialização e que fez do estado de São Paulo e sua capital o centro nevrálgico do Brasil.

De 1886 a 1920, ou seja, em menos de quarenta anos, a população da cidade de São Paulo cresceu de 50 mil para 580 mil habitantes. A cidade era menos populosa que o Rio de Janeiro que tinha 2 milhões de habitantes em 1920, mas rivalizava com o Distrito Federal como capital intelectual. O enriquecimento de São Paulo revelou-se no planejamento urbanístico no início do século. A larga avenida Paulista com as casas luxuosas dos magnatas do café, da indústria e das finanças era o local onde residia a grande burguesia. A cidade construiu um Theatro Municipal comparável ao Theatro Municipal do Rio de Janeiro. Em 1894, foi fundado o Instituto Histórico e Geográfico de São Paulo (IHSP), sob os auspícios de Prudente de Morais, reunindo documentos sobre a cidade e o estado de São Paulo. O interesse principal dos eruditos paulistas era o estudo dos bandeirantes. Em 1926, Alfredo Ellis Junior dedicou um livro à história dos bandeirantes com um título sugestivo, *Raça de Gigantes - a Civilização no Planalto Paulista*, expressão inspirada no viajante francês Auguste de Sainte-Hilaire que assim denominara os bandeirantes um século antes. Afonso Taunay publicou sua obra monumental, *História Geral dos Bandeirantes Paulistas*, cujo primeiro volume foi lançado em 1924 e o 11º volume em 1950. Nesses estudos, o caráter escravagista das expedições do século XVII desaparece para destacar os perigos das expedições longínquas, responsáveis pela conquista do território nacional e de suas fronteiras. Os intrépidos bandeirantes do passado refletiram o dinamismo dos paulistas modernos sempre à frente de seu tempo.

O federalismo favoreceu a construção da identidade na maioria dos estados, mas em São Paulo essa identidade seguiu as pretensões do estado de liderança nacional.

As grandes revoltas da década de 1920

A diplomacia republicana tentou aproximar o Brasil dos Estados Unidos. A parceria privilegiada com Washington foi uma das razões que levaram o Brasil a declarar guerra à Alemanha e seus aliados em outubro de 1917. Embora a participação do país no conflito tenha sido modesta, o Brasil foi convidado a assistir a conferência em Paris na qual foi assinado o Tratado de Versalhes e de ser membro fundador da Liga das Nações. Ainda persiste a dúvida se a Primeira Guerra Mundial significou uma ruptura para o Brasil refletida nas crises, inovações e manifestações de todos os tipos que marcaram o início da década de 1920. De qualquer modo, ela não representou a passagem de uma influência europeia por um interesse mais acentuado pelos Estados Unidos. No Brasil, assim como na Europa, a década foi marcada por questionamentos existenciais sobre a identidade nacional. O mundo antigo ruíra.

Simbolicamente, o ano do centenário da Independência, 1922, marcou também o auge da grave crise financeira do Brasil a partir de 1920 com o colapso do preço do café e suas consequências, além de uma série de indagações e acontecimentos. Em fevereiro, as vanguardas artísticas revolucionaram o mundo das artes e da literatura com a realização em São Paulo da Semana de Arte Moderna. Durante os eventos, Anita Malfati e Di Cavalcanti expuseram seus quadros e Victor Brecheret expôs suas esculturas. O compositor Heitor Villa-Lobos executou suas obras. Os modernistas Mário de Andrade, Tarsila do Amaral e Oswald de Andrade foram alvo de desprezo público dos acadêmicos das gerações precedentes. Eles romperam o modelo do Brasil europeu, com os peitilhos engomados, a arquitetura e as fachadas de inspiração europeia, para destacar tudo que o Brasil não tinha de europeu — os índios, os negros, os mestiços, a exuberância tropical, as lendas do sertão ou da Amazônia — associando essas características à modernidade técnica e urbana das metrópoles, dos carros e aviões... Em 1924, Oswald de Andrade lançou o *Manifesto do Pau-brasil* e, em 1928, o *Manifesto Antropofágico*, no qual dizia que os brasileiros alimentavam-se com todas as influências e as "digeriam". Nesse mesmo ano, Mário de Andrade publicou *Macunaíma*, em que o protagonista é chamado de "o herói sem nenhum caráter", uma fábula brilhante sobre as "três raças" e sua mestiçagem. A autoderrisão e o gosto pela farsa foram também aspectos do movimento modernista que não devem ser negligenciados.

O modernismo não rompeu com a Europa. Os vínculos eram fortes com Paris e os futuristas italianos. No entanto, os artistas brasileiros queriam contribuir para a inovação e modernidade e não apenas receber influências do exterior. A família Prado, por intermédio de Paulo Prado, um escritor, foi o grande mecenas do modernismo paulista. O movimento repercutiu no resto do Brasil, na capital federal, mas também no nordeste onde surgiu uma geração de escritores como Gilberto Freyre, Graciliano Ramos e Jorge Amado. Ele provocou um novo interesse pelo folclore, pelos costumes populares e os resquícios africanos.

Em março de 1922, foi fundado em Niterói, capital do estado do Rio de Janeiro, o Partido Comunista do Brasil (PCdoB), proibido pelo governo três meses depois de exercer atividades políticas. Em seguida, em maio de 1922, Jackson Figueiredo fundou o *Centro Dom Vital*, em homenagem ao bispo de Olinda, preso por ordem de D. Pedro II, expressão do despertar intelectual católico.

Em 1º de março de 1922, realizou-se uma eleição presidencial tumultuada. Pela primeira vez, a "rotina" republicana foi violentamente contestada no interior. A "chapa oficial", com a vitória prevista do veredicto das urnas, enfrentou uma forte oposição da Reação Republicana representada por seus candidatos Nilo Peçanha (do Rio de Janeiro) e Joaquim Seabra (da Bahia), e apoiada por uma coalizão dos grandes estados. A candidatura de oposição surgira como um protesto dos estados secundários contra a arrogância dos grandes estados, e os candidatos usaram todos os recursos disponíveis. Peçanha e Seabra não pouparam esforços em sua campanha presidencial. Eles realizaram uma campanha intensa no norte e no sul do país para obter o apoio dos insatisfeitos com a conjuntura política. Os candidatos de oposição não se dirigiram apenas às elites dos estados visitados e fizeram comícios em praças públicas, com a intenção de mobilizar eleitores que até então o atual regime não dera importância. Seus discursos enfatizavam a questão social, a moral pública, a diversificação econômica, críticas ao "imperialismo dos grandes estados" e os problemas do federalismo... A Reação Republicana foi, como previsível, derrotada pelo candidato oficial, o mineiro Arthur Bernardes, mas, pela primeira vez, a oposição não se resignou facilmente com a derrota e denunciou a fraude e todos os recursos oferecidos pelo aparelho do Estado à candidatura oficial. Nilo Peçanha e Joaquim Seabra foram eliminados da cena política e seus partidários sofreram represálias, porém o Brasil mergulhou em uma grave crise política. Bernardes exerceu os quatro anos de mandato sob um estado de sítio quase permanente.

Em 5 de julho de 1922, alguns oficiais revolucionários rebelaram-se no Forte de Copacabana na capital federal. O motim foi encerrado com violência pelas tropas legalistas, mas originou o tenentismo, uma ideologia e um movimento político-militar que começou a conspirar contra o regime. A Revolta dos 18 do Forte de Copacabana, como os tenentes chamavam sua rebelião, foi seguida dois anos mais tarde por um movimento semelhante em São Paulo e a eclosão de diversos motins no país. No sul, soldados revoltosos formaram em 1924 uma coluna de 1 milhão de homens que, sob o comando de Miguel Costa e Luís Carlos Prestes, atravessaram Mato Grosso, Maranhão, Piauí, Bahia, antes de voltar para Mato Grosso e se refugiar na Bolívia em outubro de 1926, após ter percorrido 25 mil quilômetros. A Coluna Prestes foi um movimento político-militar ainda mais extraordinário por ter enfrentado forças superiores em número. A partir dessa marcha, Luís Carlos Prestes, o "cavaleiro da esperança", conquistou um prestígio imenso e tornou-se uma figura quase lendária.

O objetivo dessas revoltas era de provocar um impulso revolucionário no país para derrubar um regime considerado vicioso e corrupto. Os tenentes, uma pequena minoria de oficiais, responsabilizavam os estados da federação por todos os problemas políticos e socioeconômicos e incentivavam uma revolta nacional. Os tenentes às vezes eram chamados de "jovens turcos" em razão de sua admiração por Mustafá Kemal e a Turquia moderna, nacionalista e autoritária. Entretanto, o programa proposto por esses oficiais era mais um movimento de protesto ou de fórmulas mágicas do que uma ação coerente, o que explica o fato de terem seguido mais tarde caminhos tão diferentes. O tenentismo resultou de um quadro puramente militar, que expressou seu protesto a segmentos inteiros da população mantidos à parte do jogo político do sistema oligárquico.

Nesse contexto de crise generalizada surgiram reflexões de desencanto sobre o Brasil e a melhor maneira de governá-lo. Para diversos autores, a república fracassara porque as instituições liberais eram inadequadas à realidade social e cultural de um país com um povo ignorante e uma sociedade amorfa. As críticas feitas à República Velha delineavam em seu conjunto um modelo autoritário, que atribuía ao Estado a missão de salvar a pátria e de transformá-la.

Sem uma reforma profunda após a Reação Republicana, os mesmos ingredientes produziram resultados similares alguns anos mais tarde, com outros atores, muitos dos quais haviam lutado em 1922 ao lado do candidato oficial de oposição. Assim como em 1922, tudo começou devido a profundas divergências entre os estados. O presidente da República, Washington Luís, um paulista, queria que seu sucessor nas eleições de 1930 fosse também paulista. Uma grande parte das oligarquias, entre as quais a oligarquia mineira que ambicionava o cargo e era hostil à posição do presidente, formou uma coalizão de oposição, a Aliança Liberal, em torno do presidente do Rio Grande do Sul, Getúlio Vargas, e o da Paraíba, João Pessoa. A campanha teve como pano de fundo as consequências do colapso financeiro de 24 de outubro, quando a queda do preço do café causou a derrocada da economia brasileira. As fábricas fecharam uma após as outras, e as antigas medidas governamentais, como a valorização do café, não surtiram efeito. A Aliança Liberal tinha como lema a reforma política com a introdução do voto secreto e a promessa da jornada de trabalho de oito horas.

Em 1º de março de 1930, a Aliança Liberal foi derrotada e o candidato oficial elegeu-se. Dessa vez, uma parte dos membros da Aliança Liberal decidiu sair da legalidade e aproximou-se dos tenentes. Luís Carlos Prestes, que se convertera ao comunismo, recusou-se a apoiar as oligarquias dissidentes, porém uma maioria esmagadora dos tenentes viu nessa aproximação a ocasião de realizar a revolução tão desejada.

Um acontecimento inesperado ajudou os conspiradores. Em 26 de julho, o ex-candidato à vice-presidência pela Aliança Liberal, João Pessoa, foi assassinado no Recife por motivos de caráter pessoal. O assunto, porém, foi explorado contra o governo federal e aumentou a tensão. Em 3 de outubro os partidários da Aliança Liberal e de Getúlio Vargas, que aderiram à conspiração, iniciaram a Revolução de 1930 em Minas Gerais e no Rio Grande do Sul. O movimento estendeu-se pelo país e conquistou grande popularidade, sem enfrentar muita resistência. Três semanas depois, Washington Luís foi deposto pelo exército. Em 3 de novembro de 1930, Getúlio Vargas, proprietário de estâncias no Rio Grande do Sul, assumiu a liderança do governo provisório.

TERCEIRA PARTE

Os caminhos da democracia e do poder na década de 1930 ao ano 2000

CAPÍTULO IX

Nacionalismo, trabalhismo, desenvolvimento (1930-1964)

NO INÍCIO, A REVOLUÇÃO DE 1930 foi um golpe de estado realizado pelas oligarquias tradicionais da República Velha, liderado por Getúlio Vargas. Ao contrário de outros episódios, como a Revolução de Abril de 1831 ou a revolução de 1964, que não são classificadas como revoluções há muito tempo, a primeira reduzida a uma simples abdicação e a segunda a um movimento político-militar, a conquista do poder pelo governador do Rio Grande do Sul em 1930 manteve a denominação de Revolução de 1930.

Esse movimento revolucionário iniciou uma nova era. De 1929 a 1987, o Brasil teve um crescimento anual médio do PIB de 5,4%, o segundo maior do mundo depois de Taiwan. Tornou-se um país industrial e, ao mesmo tempo, grande potência agrícola. Essa mudança estrutural que propiciou resultados brilhantes ocorreu entre a década de 1930 e os anos 1950.

Paralelamente, o pacto político brasileiro alterou-se. Pela primeira vez, as massas foram chamadas a participar do sistema político e beneficiaram-se com as reformas sociais. Essa evolução não se realizou sem conflitos e hesitações. Entre 1930 e 1964, a data do golpe político-militar que iniciou o período da ditadura, houve grande instabilidade política. O Brasil teve em 34 anos quatro regimes diferentes, incluindo os quatro anos de governo provisório depois da Revolução de 1930. Enfrentou, em especial, sérias tensões entre o autoritarismo e a democracia liberal. O período foi dominado pela ação e a figura de um homem, Getúlio Vargas, que polarizou o campo político, não só em vida, mas também depois de seu suicídio com amplas repercussões no palácio presidencial do Catete no Rio de Janeiro, em 24 de agosto de 1954. O golpe de estado militar de 1964 atingiu os herdeiros de Vargas e procurou erradicar o "getulismo" da cena política brasileira.

O triunfo do autoritarismo

A situação política revelou-se extremamente complexa após a deposição de Washington Luís. A Aliança Liberal era uma coalizão de forças heterogêneas com aspirações de modelos de sociedade dificilmente compatíveis. Dos oligarcas, que queriam apenas resolver um problema de sucessão com outros oligarcas e contentavam-se com uma maquilagem superficial da República Velha, aos tenentes que queriam apagar o passado, a coalizão vitoriosa tinha matizes diversos. O denominador comum entre facções tão díspares era uma hostilidade mais ou menos marcante em relação ao liberalismo: o antiliberalismo da extrema direita católica, os tenentes que não acreditavam nas eleições, o autoritarismo patriarcal, os partidários de uma intervenção vigorosa do Estado em todas as áreas... No fundo, a Aliança Liberal não fazia jus ao seu nome.

No início, o equilíbrio privilegiou os tenentes. Alguns foram enviados para os estados, sobretudo, aos que haviam sido derrotados como São Paulo, onde substituíram os governadores e tentaram desestruturar o sistema oligárquico.

O governo provisório, que não manifestara a intenção de dotar o país de novas instituições, fez, no entanto, reformas importantes com a criação de dois ministérios, que simbolizaram as prioridades da Revolução. O Ministério do Trabalho, Indústria e Comércio e o Ministério da Saúde e da Educação. Lindolfo Collor, ministro do Trabalho, foi um dos principais articuladores do programa da Aliança Liberal, além de ser admirador do papa Leão XIII e da doutrina social da Igreja Católica. Uma lei decretou que dois terços dos assalariados seriam de nacionalidade brasileira, o que beneficiou os "trabalhadores nacionais" em detrimento dos imigrantes. Em abril de 1931, uma lei aplicada aos sindicatos começou a colocá-los sob tutela do governo e a elaborar uma organização corporativista de trabalho. No ano seguinte, foi instituída a carteira de trabalho, e proibiu-se o trabalho de menores de 14 anos e o trabalho à noite. O período legal de trabalho para os empregados do comércio e da indústria foi fixado em oito horas por dia.

As pessoas que se preocupavam com o prolongamento do estado de exceção pressionaram o governo provisório a promover eleições e a convocar nova Assembleia Constituinte, proposta recusada pelos tenentes. O Código Eleitoral promulgado por Getúlio Vargas em 1932 introduziu o voto secreto, o direito de voto às mulheres e a Justiça Eleitoral, em princípio imparcial, que organizaria e controlaria as eleições, a fim de eliminar fraudes. No entanto, o governo provisório demorou a passar para a etapa seguinte, a convocação das eleições.

Diante dessa política oportunista, os paulistas decidiram vingar-se da derrota de outubro de 1930 e organizaram uma conspiração para eliminar Getúlio Vargas e os tenentes. A orgulhosa cidade paulista, humilhada com a administração dos tenentes e traumatizada pela crise econômica, queria reconquistar a hegemonia perdida. Em 9 de julho de 1932, eclodiu a Revolução Constitucionalista, assim chamada por reivindicar uma constituição. São Paulo pensara que poderia contar com o apoio dos outros estados, tratados com aspereza pelo governo federal, mas ninguém o apoiou. Apesar de uma mobilização popular forte, ao final de três confrontos com centenas, ou até mesmo milhares de mortos, as tropas paulistas depuseram as armas perante o Exército federal.

Os principais líderes da Revolução Constitucionalista exilaram-se, mas o governo demonstrou certa moderação e deu algumas compensações aos revoltosos. Em maio de 1933, realizaram-se as eleições para a Assembleia Nacional Constituinte, na qual as forças tradicionais da República Velha — as máquinas políticas regionais — retornaram para elaborar uma Constituição liberal, com um aspecto corporativista. Dessa vez, a Constituição inspirou-se menos nos Estados Unidos e influenciou-se pela Constituição da República de Weimar e pela Constituição espanhola de 1931. O destino da Constituição brasileira de 1934 não foi mais bem-sucedido do que o de seus modelos. Getúlio Vargas foi eleito presidente da República pelo Congresso para um mandato de quatro anos e deveria transmitir o cargo em 1938.

Embora as formações tradicionais, agora mais bem organizadas, tivessem retomado o poder, surgiram novas organizações que queriam mobilizar as massas. Em 1932, Plínio Salgado (1895-1975), apaixonado pelo fascismo italiano, criou a Ação Integralista Brasileira (AIB), abertamente totalitária, da qual foi líder vitalício. A AIB seduziu alguns intelectuais e, sobretudo, as classes médias urbanas originárias da imigração. Em 1935, ela tinha de 500 mil a 800 mil militantes, sob o símbolo oficial da letra grega sigma que significa a soma, a totalidade. Os integralistas usavam uma camisa verde como uniforme e saudavam-se com o braço erguido e o grito da palavra tupi *anauê*! A AIB não atacava as "três raças" fundadoras do Brasil, mas, por outro lado, era francamente antissemita. Um dos seus principais intelectuais, Gustavo Barroso (1888-1959), é autor de uma série de textos com títulos explícitos: *Brasil – Colônia de Banqueiros* (1934); a tradução de *Os Protocolos dos Sábios de Sião* (1936); *Judaísmo, Maçonaria e Comunismo*; *Roosevelt é Judeu* (1938). As simpatias nazistas de Barroso e o conjunto de suas obras não o impediram de fazer uma carreira como dirigente de instituições prestigiosas até sua morte em 1959. Na década de 1930, a AIB foi uma força em plena ascensão, que exercia influência em alguns círculos militares e aproximou-se do governo Vargas.

Devido à hostilidade ao integralismo e ao fascismo, já perceptível nos confrontos de rua, surgiu em março de 1935 uma grande coligação, a Aliança Nacional Libertadora (ANL). A ANL que pretendia "defender a liberdade e a emancipação nacional e social do Brasil" recebeu adesões individuais e coletivas. Os partidos políticos, os sindicatos, as associações de estudantes e profissionais, e os militares aderiram à ANL. Seu sucesso foi imediato e a ANL tornou-se uma organização de massa que atraía também as pessoas que julgavam que a Revolução de 1930 fora traída. Luís Carlos Prestes, que entrara clandestinamente no Brasil depois de uma formação em Moscou na III Internacional Comunista, foi eleito presidente da ANL. O PCB, que tinha uma perspectiva insurrecional no Brasil, apoiava a ANL que defendia a união de classes, porém não aderiu formalmente. O Comintern enviou alguns especialistas ao Brasil junto com Prestes.

Por parte do governo, temiam-se conspirações de todos os tipos e foi criada, em 1935, a primeira Lei de Segurança Nacional, que visava em particular à ANL, vista como uma fachada do PCB. Em novembro de 1935, a revolta temida eclodiu. Em diversas casernas, no Rio de Janeiro, Recife e Natal soldados e oficiais ligados ao PCB, mas também impregnados pelo tenentismo, amotinaram-se e tentaram desencadear novo movimento revolucionário. O governo aproveitou a crise para restringir as liberdades políticas, perseguir os "comunistas" e instaurar um regime policial. A ANL foi proibida de exercer suas atividades e dissolveu-se. A revolta de novembro de 1935 selou também um pacto entre o governo e os oficiais de alta patente do Exército que queriam disciplinar a corporação e eliminar seu caráter político. O dia 27 de novembro, e os soldados brasileiros mortos por seus companheiros, foram comemorados dentro do Exército até a década de 1990 e alimentaram o anticomunismo de várias gerações de militares.

Com a ajuda da Gestapo, o cerco aos comunistas estrangeiros logo produziu resultados. Os enviados do Comintern, a direção do PCB e Luís Carlos Prestes foram presos. Os comunistas de nacionalidade alemã, como Olga Benário, a companheira de Prestes, foram entregues à Alemanha nazista.[53] A repressão estendeu-se a todos os opositores democratas do governo. Nesse contexto autoritário, a opinião pública não tinha ilusões sobre a sucessão presidencial em 1938 e não se surpreendeu com o golpe de estado realizado em 10 de novembro de 1937 por Getúlio Vargas, com o apoio dos integralistas.

Nesse dia, durante discurso transmitido pelo rádio, o presidente denunciou a existência do Plano Cohen, um plano comunista de tomada de poder, descoberto pelos serviços de segurança. O Plano Cohen, uma invenção dos integralistas com tendências antissemitas, serviu de pretexto para fechar o Congresso e substituir a Constituição de 1934 por uma Constituição do Estado Novo adaptada aos desafios contemporâneos, segundo o chefe de Estado. A partir de 1937, os serviços de imigração brasileiros tentaram impedir a entrada no país de judeus em fuga das perseguições nazistas.

A Constituição do Estado Novo foi redigida pelo jurista e político reacionário, Francisco Campos, que se inspirou na Carta polonesa e no ditador português António de Oliveira Salazar. Os estados, como unidades políticas autônomas, desapareceram. O chefe de Estado nomeou interventores em substituição aos governadores eleitos. As bandeiras e outros símbolos dos estados foram proibidos e queimados solenemente em praça pública no Rio de Janeiro. O Congresso foi fechado. Os partidos e as organizações políticas, inclusive a AIB, foram proibidos de exercer atividades. Com a dissolução de seu movimento, os integralistas tentaram dar um golpe de estado contra Vargas em 1938. A repressão forçou-os a renunciar aos seus projetos de revolta.

O Estado Novo foi um regime autoritário, mas não totalitário, e ignorava o partido do Estado. "Nosso partido é o presidente" disse Oliveira Viana, outro intelectual reacionário e convencido da superioridade ariana. O Estado, personificado por um chefe, foi o agente da transformação social. Getúlio Vargas, beneficiado pela fotogenia e o talento de seus fotógrafos, foi objeto de culto à personalidade. Em 1939, reorganizaram-se os serviços de propaganda e o Departamento de Imprensa e Propaganda (DIP), dirigido até 1942 por Lourival Fontes, admirador da propaganda e do regime fascista, ocupou-se da censura, da informação e da propaganda, além de controlar o meio artístico e de filtrar as imagens do Brasil destinadas ao estrangeiro.

Vargas e seu círculo familiar estavam persuadidos que a democracia liberal era inadequada para o Brasil e, de qualquer modo, era um regime condenado pela história como comprovado pelo sucesso do Eixo na Europa. Quanto a outros aspectos, o Estado Novo não era monolítico e caracterizava-se por suscetibilidades distintas que se contradiziam e neutralizavam-se. A política cultural do Estado Novo revelou esses conflitos, a exemplo da posição modernista de Gustavo Capanema, ministro da Educação de 1934 e 1945.

Capanema cultivava muitas relações entre os intelectuais e artistas modernistas. Ele trouxe Le Corbusier ao Brasil em 1936 e apoiou os arquitetos brasileiros pioneiros da arquitetura moderna definida pela Carta de Atenas. Capanema queria construir um prédio para o Ministério da Educação e da Saúde, e escolheu um projeto audacioso desenhado por Lúcio Costa (futuro urbanista de Brasília) inaugurado em 1945. A colaboração de grandes nomes das artes e da literatura como Mário de

Andrade, os poetas Manuel Bandeira e Carlos Drummond de Andrade, nas publicações e na política do Estado Novo deve muito, sem dúvida, à personalidade de Gustavo Capanema.

Ele queria, por intermédio de seu Ministério, fabricar "um brasileiro novo", um tipo nacional único que substituiria os tipos regionais habituais, do sertanejo ao gaúcho. Capanema deu impulso importante à política escolar do governo e reformou profundamente o ensino secundário.

A propaganda nacionalista, a definição de identidade nacional e a eliminação de particularidades constituíam o cerne do Estado Novo. Em 1938, o governo fechou as escolas estrangeiras, numerosas nas colônias alemãs e italianas no sul do país, e impôs o uso da língua portuguesa. O elemento português foi considerado predominante na formação da nacionalidade brasileira, o que justificou a imigração seletiva favorável aos trabalhadores portugueses e restritiva a outras nacionalidades, em especial em relação aos japoneses. No entanto, as instituições do Estado Novo adotaram as tradições afro-brasileiras, como a música, e as incorporaram à cultura nacional a título de folclore. Essas tradições contribuíram para difundir as ideias expressas pelo escritor pernambucano, Gilberto Freyre (1900-1987), cujo livro *Casa-Grande & Senzala* publicado em 1933, causou um escândalo. Nele, Freyre exaltou as qualidades dos colonizadores portugueses recorrendo à mestiçagem como sua característica principal. Além disso, enfatizou a "contribuição civilizadora" dos escravos africanos e a influência negra na formação nacional. Os jornais e revistas do Estado Novo inspirados pelo livro começaram a descrever dessa maneira o caráter nacional, com destaque para três traços especiais: o povo brasileiro era mestiço, pacífico e trabalhador.

O interesse do governo visava, em particular, ao trabalhador urbano (3% da população ativa), sinal de que os dirigentes do Brasil após 1930 não acreditavam mais na "vocação agrária" do país, embora o mundo rural representasse 70% da população em 1940, e deram prioridade às cidades e à industrialização.

Até 1937, o governo manteve a política de apoio permanente ao preço do café, e de 1931 a 1944, destruiu o equivalente a três anos de consumo mundial do produto. A partir de 1931, o Departamento Nacional do Café substituiu a política cafeeira do estado de São Paulo. Depois de

1937, os preços do café não foram mais "valorizados" e reduziram-se, porém as exportações brasileiras tornaram-se mais competitivas e aumentaram de volume. O café foi o principal produto de exportação nos anos 1930 — 70% em 1930-1933 e 47,8% em 1934-1939 —, no entanto não representou mais de um terço na década seguinte.

A indústria brasileira, assim que absorveu o choque da crise de 1929, expandiu-se bastante, em especial de 1933 a 1936. A crise, ao reduzir as importações, estimulou a produção brasileira e favoreceu as estruturas existentes, como a indústria têxtil. A aproximação do governo com a nova geração de empresários e as medidas de estímulo à indústria, como protecionismo e política de crédito, explicam também esse desenvolvimento. Por sua vez, os militares intervieram nas discussões para reivindicar a emancipação industrial e energética do país.

O governo dedicou-se a três setores dos quais dependia o futuro crescimento industrial: o petróleo, a siderurgia e a energia elétrica. Até meados da década de 1930, a principal fonte de energia utilizada nas indústrias brasileiras fora a madeira e resíduos da cana-de-açúcar, como o bagaço. Em 1938 foi criado o Conselho Nacional do Petróleo, cuja direção coube a um militar, o general Horta Barbosa. As prospecções começaram e, em 1939, descobriu-se petróleo no Estado da Bahia. O Código de Minas promulgado em 1940 excluiu os estrangeiros da exploração de jazidas no subsolo. O governo examinou também as oportunidades oferecidas pela hidreletricidade e fundou em 1942 a Companhia Hidro Elétrica do São Francisco (Chesf).

Até a Segunda Guerra Mundial a produção siderúrgica no Brasil fora limitada, dispersa e de péssima qualidade. O governo, com o apoio do Exército que sonhava ter uma grande companhia nacional, capaz de atender a demanda de aço da construção naval e ferroviária, criou em 1940 a Comissão Executiva do Plano Siderúrgico Nacional, que negociou com os Estados Unidos a possibilidade de financiamento para construir a Companhia Siderúrgica Nacional (CSN). A entrada dos Estados Unidos na guerra facilitou a conclusão do acordo em março de 1942. O Brasil abriu suas bases no nordeste, importantes para controlar o Atlântico Sul e o acesso à África, e começou a fornecer produtos estratégicos aos Estados Unidos. Em troca, o Eximbank norte-americano financiou a siderurgia brasileira com um aporte de 25 milhões de dólares. A usina localizada no vale do Paraíba, em Volta Redonda, a uns cem quilômetros do Rio de Janeiro, produziu suas primeiras placas de aço laminado em 1948.

A invenção do trabalhismo

Em paralelo à política de industrialização empreendeu-se uma política social voltada para os trabalhadores urbanos. A propaganda do Estado Novo definia o cidadão, acima de tudo, como um trabalhador. Em 1939, um decreto-lei criou sindicatos para cada categoria profissional. A adesão ao sindicato não era obrigatória, mas a partir de 1940 todos os trabalhadores tinham de pagar o imposto sindical equivalente ao salário de um dia de trabalho por ano. Como alguns direitos sociais eram atribuídos pela afiliação aos sindicatos subordinados ao Ministério do Trabalho, o número de trabalhadores sindicalizados cresceu rapidamente.

O dia 1º de maio, Dia Mundial do Trabalho, era comemorado com cerimônias cada vez mais grandiosas em torno do chefe de Estado, que aproveitava as festas para anunciar novas medidas favoráveis aos trabalhadores. Em 1º de maio de 1940 foi instituído o salário mínimo. A Justiça do Trabalho, que entrou em vigor em 1º de maio de 1941, exercia o papel importante na resolução de conflitos trabalhistas e na proteção dos trabalhadores. Em 1943, o conjunto da legislação social foi sintetizado na Consolidação das Leis do Trabalho (CLT), que concluiu o projeto de organização corporativista no Brasil. O corporativismo queria romper com o individualismo da sociedade liberal e com a luta de classes dos socialistas, e confiou ao governo o poder de solucionar os antagonismos e harmonizar os interesses. A CLT definiu oito áreas de atividade nas quais só poderia haver um sindicato de empregados e um sindicato patronal. Esses sindicatos organizaram-se em nível municipal, reagruparam-se em federações em níveis estaduais e em confederações no plano nacional, subordinados ao Ministério do Trabalho.

Nas décadas de 1930 e 1940, os direitos sociais expandiram-se consideravelmente, porém limitavam-se a uma pequena minoria de trabalhadores empregados em profissões regulamentadas pelo governo e que possuíam carteira de trabalho atualizada. A grande maioria dos trabalhadores — os agricultores, empregados domésticos e todo o setor informal — não recebia qualquer benefício da política social. Apesar das lacunas e das limitações, os princípios da legislação social do Estado Novo, mesclados à pessoa de Getúlio Vargas, existem até hoje e constituem a base de direitos adquiridos e intangíveis. O interesse do presidente pelos "trabalhadores do Brasil", apóstrofe célebre que iniciava os discursos de Vargas e de seus ministros, lhe angariou popularidade imensa, apesar da falta de liberdade que caracterizou o Estado Novo.

A guerra empreendida pelos Aliados em nome das liberdades democráticas e contra a barbárie nazista soou como um dobre fúnebre para os regimes que simpatizavam com o Eixo no continente americano. Depois de Pearl Harbour, as pressões americanas sobre o Brasil para que aderisse ao campo aliado acentuaram-se. Para Vargas, que queria se manter distante das hostilidades e cujo governo tinha mais germanófilos declarados do que partidários da aproximação com os Estados Unidos, o abandono da neutralidade e a ruptura com o Eixo foi um ato de coerção. Em 31 de agosto de 1942, o Brasil declarou guerra contra a Alemanha e seus aliados. No ano seguinte, o governo enviou a Força Expedicionária Brasileira (FEB) com 25 mil homens para participar da campanha da Itália a partir de julho de 1944.

Aliada à revisão da política exterior, o Estado Novo preparou-se discretamente para uma transição política, na expectativa de amenizar o mais possível as consequências para Vargas e seus partidários de um retorno previsível à democracia. Assim, os órgãos de segurança do governo ignoraram as manifestações que teriam sido esmagadas alguns meses antes. Em 1943, a censura permitiu a circulação clandestina do Manifesto dos Mineiros, uma carta aberta em defesa da redemocratização e da aplicação no Brasil dos princípios em nome dos quais o país participava na guerra contra o fascismo. Os apelos a favor da democratização multiplicaram-se vindos de diversos setores, inclusive dos oficiais que combatiam na Itália. No início de 1945, Getúlio Vargas anunciou a realização de eleições em um prazo de noventa dias e autorizou a formação de partidos políticos. Os opositores liberais ao Estado Novo fundaram a União Democrática Nacional (UDN) e escolheram como candidato às próximas eleições presidenciais um antigo tenente da revolta do Forte de Copacabana em 1922, o brigadeiro Eduardo Gomes. Dois partidos políticos compartilharam o eleitorado getulista potencial. O Partido Social Democrata (PSD) dirigia-se à burguesia que apoiava o nacionalismo econômico e com raízes, em especial, na região rural. O Partido Trabalhista Brasileiro (PTB) defendia a política social de Vargas, apoiava-se na rede do sindicalismo oficial e visava ao voto popular urbano. Pela primeira vez na história do Brasil, os partidos políticos modernos (por oposição aos "partidos" conservadores e liberais do império, que eram apenas agremiações pouco estruturadas), conseguiram impor sua presença em escala nacional e demonstraram uma grande coerência ideológica e sociológica. Pela primeira vez também se revelou uma divisão nítida entre uma direita hostil ao getulismo, e uma esquerda dispersa em graus diversos no nacionalismo econômico[54] e no trabalhismo.

O Partido Comunista Brasileiro (PCB), membro da grande aliança contra o fascismo, foi legalizado, Luís Carlos Prestes saiu da prisão, e, em razão dessa aliança, afirmou seu apoio a Vargas. Nas ruas as multidões gritavam: "Queremos Getúlio!"

A partir de 1937, o pacto tácito que permitira a consolidação da ditadura de Getúlio Vargas e a criação do Estado Novo foi aos poucos se fragmentando. Os militares, os pilares do Estado Novo, suspeitavam que Vargas tramava novo golpe de estado para se perpetuar no poder, dessa vez com o apoio dos comunistas. Em 29 de outubro de 1945, eles conseguiram, após negociações longas e tensas, que o presidente partisse da capital federal. Vargas retirou-se para sua estância no Rio Grande do Sul, não participou da Constituinte de 1946 e iniciou um longo retiro.

A República de 1946 ou o aprendizado da democracia

A campanha eleitoral transcorreu em clima democrático, raramente visto até então no Brasil, e as eleições contaram com expressiva participação de 10% da população, em pleito limpo e transparente. O ex-ministro da Guerra do Estado Novo, general Dutra, candidato do PDS, foi eleito com 55% dos votos contra Eduardo Gomes, mas afastou-se imediatamente do nacionalismo econômico e do trabalhismo de seu predecessor. Em 1947, com a Guerra Fria, o PCB voltou à ilegalidade e seus parlamentares perderam os mandatos. O eleitorado comunista passou a apoiar principalmente o PTB, que preparava o retorno de Vargas ao poder. Em dezembro de 1950, ele foi eleito com uma boa margem de votos contra Eduardo Gomes, mais uma vez derrotado. O "Velho", o "pai dos pobres", reinstalou-se no Catete, "nos braços do povo", consagrado pelo sufrágio popular, para profunda irritação da UDN que viu nessa eleição, uma prova da imaturidade política do povo brasileiro.

Para Vargas, a prioridade sempre foi a de dotar o país de infraestruturas de apoio ao desenvolvimento industrial. O Congresso era palco de debates apaixonados sobre o fortalecimento da intervenção do Estado no setor econômico. As diretrizes econômicas do governo brasileiro seguiam a doutrina formulada pela Comissão Econômica para a América Latina e o Caribe (Cepal), um órgão da Organização das Nações Unidas com sede em Santiago do Chile. A Cepal defendia a industrialização dos "países periféricos" em substituição às importações.

A oposição, em especial a UDN, defendia a iniciativa privada e o equilíbrio financeiro contra um estatismo tecnocrata e com gastos excessivos. Em 1952, foi criado o Banco Nacional de Desenvolvimento Econômico (BNDE), o órgão público que concedia crédito para grandes projetos de equipamentos. A Petrobras, a companhia nacional de petróleo que detinha o monopólio de prospecção, refino e comercialização, foi fundada em 1953 em meio a polêmicas turbulentas.

Porém, a situação econômica não era brilhante e alimentava as tensões sociais e políticas. A inflação corroia o poder de compra dos trabalhadores e a popularidade de Getúlio Vargas que, para reconquistar a confiança das massas, nomeou em junho de 1953 o popular João Goulart, outro gaúcho, como ministro do Trabalho. Goulart (1919-1976), apelidado de Jango, era presidente do PTB e seria o responsável por terminar o movimento de greves sem precedentes que começara em São Paulo em março de 1953 e ameaçava estender-se ao setor de transportes. Goulart negociou a extinção do pedido prévio e obrigatório para realizar qualquer assembleia sindical e propôs, alguns meses mais tarde, dobrar o salário mínimo, o que provocou protestos de diversos setores da sociedade. Para a UDN essa proposta comprovava que Jango era o líder dos agitadores, que permitia aos comunistas se infiltrarem no governo, e planejava instaurar uma "república sindicalista" no Brasil com o consentimento de Vargas. A pressão foi tão grande que Jango demitiu-se em fevereiro de 1954.

A imprensa, quase toda a serviço da oposição, atacava sem cessar o governo. A guerra verbal entre a UDN e o governo radicalizou-se. Vargas fazia cada vez mais apelo ao apoio popular à sua pessoa e à sua política e denunciou a conspiração da oposição com grandes interesses internacionais. Em 1º de maio de 1954, ele dobrou o salário mínimo. No início do mês de agosto, Carlos Lacerda, o adversário mais ameaçador e incansável, sofreu um atentado. Lacerda escapou com um tiro no pé, mas o major-aviador, Rubens Florentino Vaz, que o acompanhava teve morte instantânea. O escândalo foi enorme e as suspeitas recaíram imediatamente no círculo presidencial. A investigação realizada pela Aeronáutica revelou o envolvimento no atentado do chefe da guarda pessoal de Getúlio Vargas, Gregório Fortunato.

A UDN, com o apoio do exército, decidiu dar um golpe de estado. Em 23 de agosto Vargas recebeu um ultimato para que renunciasse. Na manhã do dia 24 de agosto, Getúlio Vargas matou-se com um tiro de revólver no coração. Ao lado do corpo havia uma carta na qual ele dizia que sua morte era um sacrifício deliberado na luta pela liberdade do povo brasileiro.

A emoção foi intensa, as multidões encolerizadas responsabilizaram as pessoas e os símbolos da oposição pela morte do presidente. Com seu suicídio, Vargas frustrou o plano do golpe de estado e pôs a UDN em uma posição difícil. De 1954 a 1964, a tentação facciosa permaneceu e houve várias tentativas de golpe de estado. *Post mortem*, Getúlio Vargas continuou a dividir a vida política brasileira entre os que reivindicavam sua herança e os que o abominavam.

A morte do presidente da República não impediu que as instituições funcionassem normalmente. O vice-presidente Café Filho terminou o mandato de Vargas e as eleições realizaram-se nas datas previstas. No final de 1955, o candidato do PSD, o mineiro Juscelino Kubitschek (1902-1976), foi eleito presidente da República e João Goulart, o líder do trabalhismo, elegeu-se, com muitos mais votos que Kubitschek, vice-presidente.[55] Mais uma vez, as urnas afastaram a direita do poder. E, de novo, alguns quartéis protestaram e foi preciso a intervenção de militares legalistas para que os dois candidatos eleitos tomassem posse em 1956.

JK, segundo suas iniciais, foi eleito com base em um programa de desenvolvimento econômico acelerado, enfatizado pelo slogan "Cinquenta anos em cinco". Em seu mandato presidencial, Juscelino lançou o Plano de Metas com trinta objetivos prioritários nos setores de energia, transportes, alimentação, indústria de base e educação. Além disso, durante a campanha eleitoral, Kubitschek acrescentara outro objetivo que seria a meta-síntese de seu governo, a construção de Brasília, a nova capital do Brasil no planalto central do país.

A ideia não era nova e a mudança do Distrito Federal para Goiás fora prevista na Constituição de 1891. Juscelino Kubitschek queria fazer de Brasília o instrumento de "integração nacional", o centro de uma rede de estradas que ligaria as regiões norte e sul do Brasil. Assim, foram construídas através das savanas e das florestas as estradas Belém-Brasília (2 mil quilômetros), Acre-Brasília (2.500 quilômetros) e Belo Horizonte-Brasília (700 quilômetros).

Logo que se instalou no palácio do Catete, o novo presidente começou a cumprir suas promessas e atingiu e, às vezes, superou a maioria das metas. Durante seu governo foram construídos 15 mil quilômetros de estradas de rodagem, em vez dos 12 mil quilômetros previstos. A produção de carros e caminhões cresceu consideravelmente. Os Fuscas *made in Brazil* fabricados pela Volkswagen na região do ABC paulista[56] demonstraram essa industrialização de substituição de importações. Em 21 de abril de 1960, ao final de seu mandato, Kubitschek inaugurou Brasília, um projeto que muitos julgavam impossível de realizar.

O programa nacional-desenvolvimentista que marcou a política e o movimento cultural do governo de Juscelino Kubitschek recorreu a capitais privados estrangeiros para realizar o Plano de Metas. Essa medida foi duramente criticada pelos defensores do "nacionalismo econômico" reivindicado pelos partidos de esquerda, que achavam que o programa nacional-desenvolvimentista submetera o Brasil a novas dependências.

O dinamismo dos anos JK beneficiou a classe média que se expandiu e enriqueceu.[57] O otimismo brasileiro exprimiu-se em uma nova corrente musical, a bossa nova, criada nos bairros chiques da Zona Sul do Rio de Janeiro, cujos nomes de suas praias, Copacabana e Ipanema, iriam percorrer o mundo. Em 1959, a música que lançou para o público as novas harmonias do compositor Antônio Carlos Jobim e a frase sussurrada do cantor João Gilberto tinha o título emblemático dos anos JK: *Chega de saudade*.[58]

Juscelino Kubitschek é uma referência para os presidentes brasileiros à medida que, diferente de Vargas, soube conciliar o desenvolvimento econômico e a legitimidade democrática. Sem poder concorrer a um segundo mandato consecutivo, JK transmitiu o cargo em março de 1961 a seu sucessor, o paulista Jânio Quadros.

Nas eleições de 1960, a UDN deu apoio a esse paulista incontrolável e popular que prometia "varrer" a corrupção e eliminar a decadência dos costumes. A "vassoura", símbolo da campanha de Quadros, levou o candidato da direita a Brasília, para o novo palácio do Planalto. João Goulart foi reeleito vice-presidente e formou com Jânio Quadros, de quem era a antítese, um Poder Executivo dos mais improváveis.

O perigo dessa união foi pressentido ao final de alguns meses. Jânio Quadros enfrentou a oposição do Congresso para seus projetos. Em 25 de agosto de 1961, para surpresa geral, o presidente, homem de gestos teatrais, renunciou.

Para Carlos Lacerda e os ministros militares não havia hipótese de João Goulart assumir a presidência como previsto na Constituição. O núcleo rígido do anticomunismo, tanto civil quanto militar, acreditava que a "guerra subversiva" infiltrada nas instituições pelos comunistas havia começado. A revolução cubana e sua evolução pró-soviética demonstravam a realidade do perigo. Mais uma vez, planejou-se um golpe de estado.

A resistência em nome da legalidade por parte de Goulart se organizou. Leonel Brizola (1922-2004), governador do Rio Grande do Sul pelo PTB e cunhado de Goulart, mobilizou com sucesso o apoio popular e os militares que queriam defender a Constituição. Para solucionar a crise decidiu-se que o regime de governo seria parlamentarista. Goulart se manteria na presidência, mas suas iniciativas seriam controladas por um primeiro-ministro do PSD, Tancredo Neves, um varguista moderado e conservador de Minas Gerais. O novo presidente apresentou as principais diretrizes de seu plano de governo para os meses seguintes. Ele insistiu, sobretudo, na independência de sua política externa, com o restabelecimento das relações com a URSS (1962). Em junho de 1962 foi inaugurada a Eletrobrás, uma empresa pública de produção e distribuição de energia elétrica. Por fim, Goulart pretendeu realizar as "reformas de base" referentes aos bancos, à administração, ao fisco, ao colégio eleitoral e à questão agrária.

A reforma agrária era uma questão polêmica no Brasil desde a década de 1950. Até a Segunda Guerra Mundial, a pobreza rural e os problemas agrários eram atribuídos a causas naturais, como as condições climáticas ou do solo. Agora, as condições sociais e, em especial, a concentração de latifúndios eram responsáveis por todos os males. Essa consciência social revelou-se também na região rural em plena transformação demográfica. Em um período de quarenta anos, as proporções entre as áreas urbanas e rurais inverteram-se. Em 1940, as regiões rurais representavam 70% da população do país e somente 30% em 1980. Os nordestinos foram os principais imigrantes para as grandes cidades da região Sudeste, a exemplo de Luiz Inácio Lula da Silva,[59] nascido em 1945 em Garanhuns no Estado de Pernambuco, em uma família de camponeses pobres que se instalou em um bairro operário da cidade de São Paulo.

Além disso, muitos camponeses foram expulsos das terras que exploravam pelo avanço da fronteira agrícola, a urbanização crescente ou a construção de infraestruturas. As primeiras organizações de protesto nasceram entre esses camponeses. Em Pernambuco, um advogado marxista, Francisco Julião, fundou em 1955 a primeira Liga Camponesa que reivindicava uma grande reforma agrária.

A Igreja Católica, que criara em 1952, por iniciativa do bispo de Recife dom Hélder Câmara, a Confederação Nacional dos Bispos do Brasil (CNBB), mobilizou-se a favor da justiça social e da luta contra a pobreza, sobretudo na região rural. A Igreja contribuiu para o desenvolvimento do sindicalismo na área rural. No final da década de 1950, havia cinco sindicatos agrícolas; em 1964 o Brasil tinha mais de 1.000 sindicatos rurais. Em 1963, foi criada a Confederação Nacional dos Trabalhadores na Agricultura (Contag) que reuniu a maioria dos sindicatos.

A realização de um plebiscito em 6 de janeiro de 1963 encerrou o regime parlamentarista e restituiu os poderes presidenciais a João Goulart. O presidente queria estender aos trabalhadores agrícolas os benefícios da política social aplicada aos operários urbanos e, assim, completaria a obra trabalhista de Getúlio Vargas. A reforma agrária era uma das prioridades do governo, mas o projeto enfrentou a resistência do Congresso e o obstáculo dos impasses constitucionais. O artigo 147 da Constituição estipulava que "O uso da propriedade será condicionado ao bem-estar social...", mas o artigo 141, alínea 16, prescrevia que "é garantido de propriedade, salvo o caso de desapropriação por necessidade ou utilidade pública, mediante prévia e justa indenização em dinheiro...", o que limitava as possibilidades de o governo fazer uma transformação das propriedades rurais.

Além da luta contra a resistência da direita no Congresso, Goulart também enfrentou a radicalização política dos movimentos de esquerda. Leonel Brizola reuniu na Frente de Mobilização Popular (FMP) parlamentares, o principal sindicato dos trabalhadores, o Comando Geral dos Trabalhadores (CGT) e a União Nacional dos Estudantes (UNE), que supostamente apoiavam o presidente e as reformas de base, porém, na realidade, envenenavam as relações com a oposição e deixavam pouco espaço para uma política de compromisso. Essas organizações de esquerda supunham que exerciam influência na sociedade. A mobilização popular durante a crise de agosto de 1961, o plebiscito no qual Goulart saíra vitorioso, a extensão das greves, a simpatia dos soldados e oficiais subalternos pelas organizações radicais e os movimentos agrários deram a ilusão à FMP de que a relação de forças a beneficiava.

Ao contrário, todos esses fatos provocaram na direita e na extrema direita, um surto anticomunista. Todos os tipos de organizações, até mesmo organizações terroristas, surgiram em meio a esses movimentos. No final de 1963, todos os segmentos da sociedade brasileira eram hostis a Goulart, considerado culpado por deixar o Brasil sem governo, ao sabor dos acontecimentos.

Goulart renunciou à sua política de conciliação, aproximou-se da esquerda revolucionária e quis esquivar-se do confronto com as instituições apoiando-se nas massas. A FMP organizou uma série de comícios enormes que contariam com a presença do presidente, e o primeiro foi realizado no Rio de Janeiro no dia 13 de março em frente à Central do Brasil, um ponto de convergência dos trabalhadores. Diante da maioria dos líderes da esquerda brasileira e de cerca de 150 mil pessoas, Goulart anunciou a reforma da Constituição e o fim dos obstáculos legais que impediam a reforma agrária.

O comício da Central foi decisivo para convencer os opositores de João Goulart que o governo iria intervir nas instituições. Em reação a essa "sexta-feira 13" a direita organizou em São Paulo a Marcha da Família com Deus pela Liberdade que reuniu, segundo a imprensa, 500 mil pessoas. Os últimos escrúpulos dos oficiais legalistas foram superados, quando Goulart anistiou em 26 de março o grupo de marinheiros e fuzileiros navais que havia participado do episódio conhecido como a Revolta dos Marinheiros, desrespeitando a hierarquia militar, e fez um discurso inflamado em 30 de março diante dos sargentos indisciplinados. Os conspiradores com o apoio dos Estados Unidos estavam dispostos a usar a força se a tomada de poder enfrentasse dificuldades.

Na madrugada de 31 de março, o general Olímpio Mourão Filho, um antigo integralista que datilografara o Plano Cohen em 1937, iniciou a movimentação de tropas de Juiz de Fora, Minas Gerais, em direção ao Rio de Janeiro. Logo isolado, o presidente partiu de Brasília e refugiou-se primeiro no Rio Grande do Sul e depois no Uruguai, onde se exilou.

CAPÍTULO X

Ordem e regressão: os militares no poder (1964-1985)

DEPOIS DA PROCLAMAÇÃO DA REPÚBLICA EM 15 de novembro de 1889, o exército exerceu papel importante em todas as crises políticas, mas sempre recuava diante do poder civil. No entanto, em 1964 a situação reverteu-se. Os conspiradores militares mantiveram o poder e afastaram os civis, mesmo os que conspiraram para derrubar Jango Goulart. Um "regime militar" instalou-se pouco a pouco sobre os escombros da República de 1946. A sociedade civil foi progressivamente perdendo seus direitos, enquanto os oficiais superiores assumiam o poder e os tecnocratas de uniforme dominaram a máquina do Estado.

Na onda das ditaduras que invadiu a América Latina nas décadas de 1960 e 1970, o regime militar brasileiro foi um dos mais precoces e o mais longo, com exceção da ditadura pessoal do general Stroessner no Paraguai (1954-1989). Ele não foi o mais violento, mas ao fazer da guerra à subversão seu objetivo principal, o regime militar caracterizou-se pela criação de um sistema de repressão complexo, cujos órgãos tornaram-se cada vez mais autônomos e ousados.

À medida que a repressão intensificava-se, o regime militar procurou atrair a adesão da população, graças a uma política econômica com resultados espetaculares e uma propaganda ultranacionalista, que exaltava a grandiosidade e o poder do Brasil. O período do "milagre" econômico brasileiro coincidiu exatamente com os "anos de chumbo".

Ao longo de seus 21 anos de existência, a ditadura vivenciou momentos diferentes de intensidade. Em 13 de dezembro de 1968, o Ato Institucional nº 5 (AI-5) suspendeu os últimos direitos civis. Esse "golpe de estado dentro de um golpe de estado" inaugurou o período mais sombrio da ditadura militar, com o aumento das perseguições políticas, a multiplicação das torturas, os "desaparecimentos" e os exílios. Esse período correspondeu principalmente à presidência do general Emílio Garrastazu Médici (1969-1974). Em 1º de janeiro de 1979, o AI-5 foi revogado e o governo decretou uma anistia em 28 de agosto. Essas medidas criaram condições para o retorno progressivo à democracia que culminou com a devolução da presidência da República a um civil, em 15 de março de 1985.

A ditadura

A rápida derrocada do governo Goulart deixa os militares diante de si próprios e de suas divisões internas. Longe de constituir um bloco monolítico, os militares dividiram-se em múltiplas tendências inspiradas por considerações ideológicas ou interesses pessoais. O sentido e o caminho a seguir do movimento político-militar de 31 de março de 1964 dividiram os militares em duas facções principais, a "linha dura" liderada pelo marechal Artur da Costa e Silva (1899-1969), e a dos "moderados" apoiada pelo marechal Humberto Castelo Branco (1897-1967), veterano da Força Expedicionária Brasileira (FEB) e chefe do Estado-Maior. A qualificação de "moderados" caracterizou o grupo cujos objetivos variaram entre 1964 e 1985 com contornos difíceis de definir. O recurso aos meios ilegais e à tortura não significou uma cisão entre os "duros" e os "moderados", embora houvesse divergências a esse respeito. Talvez fosse mais pertinente chamá-los de "realistas" ou "oportunistas" em vez de "moderados", apesar do uso corrente desse termo. De qualquer modo, as duas facções compartilhavam a mesma opinião em relação ao combate contra o comunismo e a convicção de que a "subversão" já havia começado sua guerra para transformar o Brasil em uma nova Cuba.

Grande parte dos oficiais cursara a Escola Superior de Guerra (ESG) criada em 1949 com a ajuda dos americanos e que se tornou ao longo dos anos em local de conspiração contra a República de 1946 e de elaboração de um projeto nacional autoritário. Logo denominada de "Sorbonne" em razão de especialistas renomados como o general Golbery do Couto e Silva (1911-1987), um de seus professores, a ESG tinha como missão formar militares e civis encarregados de formular e aplicar políticas de segurança nacional. A segurança nacional compreendia um amplo domínio que se estendia a todos os setores da vida nacional e extrapolou as competências dos militares para outras áreas além da defesa nacional.

A "linha dura" formou, em 2 de abril de 1964, o triunvirato constituído pelos ministros do Exército, Aeronáutica e Marinha: "o comando supremo da Revolução" dominado pela personalidade de Costa e Silva, que tinha por finalidade lutar contra a subversão e a corrupção. Essa junta alegou possuir legitimidade "revolucionária", sugerida por Francisco Campos, jurista e ideólogo do golpe de estado de 1937. Em nome da "revolução", a junta representava a vontade geral da sociedade e era a depositária da soberania nacional. A "linha dura" não fixou prazo de conclusão do regime militar e nutria planos de remodelar profundamente o país. Mas no círculo dos partidários de Castelo Branco, a tendência era de se apoiar nas instituições da República de 1946, mesmo que fosse para enquadrá-las ao novo momento político e, nesse sentido, a vigência do estado de exceção era temporária. No entanto, as duas lógicas por fim chegaram a um consenso.

Em 9 de abril a junta militar decretou o Ato Institucional (AI-1) que previa a eleição imediata pelo Congresso de um presidente da República com a missão de alterar a Constituição de 1946 e de encerrar a infiltração comunista. Em 10 de abril, o comando supremo da Revolução publicou a primeira lista de cem pessoas com direitos políticos cassados. À frente da lista liam-se os nomes de Luís Carlos Prestes, João Goulart, Jânio Quadros e Leonel Brizola. Juscelino Kubitschek perdeu seu mandato de senador e foi expulso do Congresso. As medidas repressivas visavam também a eliminar os elementos das Forças Armadas considerados subversivos. Em 11 de abril, o Congresso, sem um grande número de seus membros, elegeu Castelo Branco presidente da República.

A divergência entre os "duros" e os "moderados" também envolveu a extensão do expurgo dos elementos indesejáveis. Enquanto Castelo

Branco queria limitar as medidas punitivas ao afastamento temporário de algumas figuras emblemáticas do regime deposto, os "duros" queriam fazer um expurgo profundo e prolongado. A "linha dura" do regime produziu um elenco de ações arbitrárias e de controle dos órgãos de repressão. Durante o regime militar, os "duros" e os "moderados" coexistiram em todos os governos em proporções diversas.

As listas de pessoas com direitos políticos cassados multiplicaram-se e ficaram mais extensas. No decorrer das primeiras semanas após o golpe de estado, 5 mil pessoas foram presas, 2 mil funcionários perderam seus cargos na administração pública e 421 oficiais foram afastados do exército. Diante das inúmeras arbitrariedades, a imprensa denunciou a prática de torturas pelos militares em setembro de 1964. A investigação oficial sobre o assunto foi confiada ao "moderado" Ernesto Geisel, chefe de gabinete do presidente Castelo Branco, mas dela não resultou qualquer sanção o que, implicitamente, incentivou essa prática devido à impunidade. Durante todo o regime militar as torturas foram negadas pelas autoridades. A denúncia de maus-tratos a que eram submetidos os presos políticos era considerada uma difamação com conotações subversivas.

Nas cidades universitárias, os estudantes não se sujeitaram à Lei Suplicy de 6 de novembro de 1964, que proibia qualquer atividade política e que se converteu no principal instrumento de oposição à ditadura. Uma parte dos eleitores também manifestou sua desaprovação quanto ao regime coercivo. Em 3 de outubro de 1965, o governo permitiu a realização de eleições para substituir 11 governadores dos estados da federação, mas essa permissão foi apenas um ato de dissimulação do governo. Apesar dos expurgos e das restrições à liberdade, dois candidatos da oposição elegeram-se em dois estados importantes, Minas Gerais e Guanabara (Rio de Janeiro).

O governo reagiu a esse revés político com a promulgação em 27 de outubro de 1965 do novo Ato Institucional (AI-2), que proibiu a eleição universal direta para presidente da República e dissolveu os partidos políticos. Os atos institucionais em um total de 17 atos decretados entre 9 de abril de 1964 e 14 de outubro de 1969, constituíram, com os atos adicionais, o principal arsenal jurídico da ditadura. O governo autorizou a formação de duas organizações políticas para eleger deputados e senadores. A Aliança Renovadora Nacional (Arena) tinha o apoio do governo militar. A oposição criou o Movimento Democrático Brasileiro (MDB). É evidente que a palavra "partido" foi cuidadosamente evitada em ambos os casos.

Sob a ditadura, o presidente e o vice-presidente, após a seleção de seus nomes pelos principais oficiais de alta patente das Forças Armadas, eram eleitos pelo Congresso e, em seguida, por um colégio eleitoral composto pelo Congresso e grandes eleitores escolhidos pelas Assembleias Legislativas dos estados. A partir de 1966, os governadores não mais foram eleitos pelo voto direto dos cidadãos, e sim pelo voto das Assembleias Legislativas.

O AI-3 promulgado em 5 de fevereiro de 1966 suprimiu as eleições diretas para todos os mandatos executivos. Em 15 de março de 1967, dia da posse do presidente Costa e Silva, um decreto-lei expandiu a noção de crime contra a segurança nacional e a ordem política e social. O AI-5 de 13 de dezembro de 1968 atendeu aos últimos desejos da "linha dura" e marcou o endurecimento implacável da ditadura. Com o AI-5 o presidente da República podia, entre outras medidas, decretar o recesso do Congresso Nacional, suspender os direitos políticos por dez anos, confiscar bens adquiridos ilicitamente no exercício de função pública e suspender o direito de *habeas-corpus*. Uma censura rigorosa impediu qualquer crítica ao governo, além da divulgação de acontecimentos que o governo preferia omitir.

As arbitrariedades do AI-5 logo atingiram todas as pessoas que o regime classificava de "subversivas". Em 1969, 219 professores e pesquisadores que pertenciam, sobretudo, à Universidade de São Paulo, foram aposentados sumariamente. Muitas pessoas exilaram-se, como Chico Buarque, Caetano Veloso e Gilberto Gil, os grandes renovadores da música brasileira. Os atos AI-13 e o AI-14 decretaram o exílio de todas as "pessoas perigosas para a segurança nacional" e previram a pena de morte ou prisão perpétua nos casos de "guerra externa, psicológica, revolucionária e subversiva". À sombra do regime de exceção, construído pelos atos institucionais, cresceu também um Estado clandestino.[60]

Desde a chegada ao poder, os militares lançaram as bases de uma burocracia destinada a extirpar a subversão no Brasil. Em 13 de junho de

1964, foi criado o Serviço Nacional de Informações (SNI), uma *Central Intelligency Agency* nos moldes brasileiros, com o objetivo de supervisionar e coordenar as atividades de informações e contra-informações no Brasil e no exterior. O SNI significou a concretização de antiga ideia de Golbery de Couto e Silva, seu primeiro chefe. O SNI, vinculado diretamente à presidência da República, foi criado por uma lei promulgada no Congresso em 13 de junho de 1964, mas logo, segundo Golbery, o "ministro do silêncio", transformou-se em uma grande organização de espionagem interna, o órgão principal da "comunidade de informações". O SNI infiltrava-se em todos os ministérios e órgãos públicos no país inteiro. Em 1972, foi criada no âmbito do SNI, uma escola específica que colaborava com todos os serviços secretos ocidentais, e o SNI espionava todos os cidadãos, vigiava funcionários, controlava o recrutamento de pessoal e participou ao longo dos anos de diversas operações. Dois presidentes da República, os generais Emílio Garrastazu Médici (1969-1974) e João Figueiredo (1979-1985) foram chefes de um SNI tentacular, antes de serem chefes de Estado.

Paralelamente à criação do SNI, as Forças Armadas criaram seus serviços de informações, cujo raio de ação estendia-se por todo o território nacional. A Marinha já tinha esse serviço desde 1955, O Centro de Informação da Marinha (Cenimar). O Centro de Informação do Exército (CIE) foi instituído em maio de 1967 e o Centro de Informações e Segurança da Aeronáutica (Cisa) no início de 1968. Todos esses centros são tristemente notórios pelos "interrogatórios" e pelos prisioneiros que "desapareciam".

A polícia dos estados (em oposição à polícia federal) exerceu um papel primordial na repressão política, em especial por meio do Departamento de Ordem Política e Social (Dops). Antes do movimento político-militar de 1964, o Dops já tinha péssima reputação por sua violência, seus métodos brutais e rápidos, e sua conivência com o submundo. Os policiais e ex-policiais aumentavam seu salário do final do mês participando de milícias privadas que adquiriram, nos anos 1950, o apelido de "esquadrões da morte". Essas milícias brutalizavam e assassinavam desocupados e pequenos delinquentes a pedido de comerciantes e moradores locais incomodados com a presença deles.

Com o endurecimento do regime, a polícia passou a subordinar-se em 1967 ao comando militar e participou ativamente do combate às organizações clandestinas de esquerda, que haviam escolhido a luta armada, algumas antes de 1964, e enviavam seus militantes para serem treinados em guerrilha em Cuba ou na China.

Uma guerra civil

O primeiro atentado cometido pelas organizações de esquerda ocorreu em 1966, em uma tentativa fracassada de matar Costa e Silva no aeroporto do Recife. Muitas pessoas que o regime classificava de "terroristas", eram militares expulsos das Forças Armadas depois do golpe de estado. De 1966 a 1968, os grupos de luta armada, cujos militantes compunham-se de umas cem pessoas, realizaram cerca de cinquenta ações, a maioria assaltos a bancos para financiar operações futuras, e alguns assassinatos específicos. O segundo recrutamento para a luta armada começou em 1968, quando os estudantes foram o alvo principal da repressão e engajaram-se em massa nos grupos revolucionários. Em 12 de outubro de 1968, a polícia prendeu os participantes do XXX Congresso clandestino da União Nacional de Estudantes (UNE), dissolvida em 1964, em Ibiúna no Estado de São Paulo. Mais de setecentas pessoas foram presas. O incidente em Ibiúna, as hostilidades permanentes aos estudantes fichados pela polícia, as agressões e provocações repetidas a universidades e locais onde se reuniam os estudantes, radicalizaram grande parte dos jovens das faculdades e estimularam alguns a entrar na clandestinidade. Os jovens de classe média eram particularmente visados pelos órgãos de repressão, por julgarem que esses jovens eram mais vulneráveis à infiltração comunista. A mobilização estudantil, cada vez mais forte em 1968, provocou a ocasião sonhada de intensificar a guerra contra o inimigo interno, em plena efervescência.

Uma miríade de organizações de luta armada multiplicou as ações clandestinas a partir de 1969. No final do mês de janeiro, um militar, o capitão Lamarca desertou carregando de seu quartel armas e munições. Na clandestinidade, Lamarca comandou diversos assaltos a bancos, montou um foco guerrilheiro nas matas do sul de São Paulo e liderou o sequestro do embaixador suíço Giovanni Bucher em 1970, em troca da libertação de setenta presos políticos. Ainda hoje, Lamarca é um assunto de irritação profunda nas Forças Armadas brasileiras.

Os movimentos de luta armada passaram a sequestrar diplomatas estrangeiros em troca de presos políticos e a exigir a divulgação de comunicados para denunciar o regime. O embaixador dos Estados Unidos foi sequestrado no Rio de Janeiro, em 4 de setembro de 1969, e libertado após a partida para o México de 15 militantes de extrema-esquerda. Em seguida, houve os sequestros do cônsul do Japão em São Paulo (março de 1970), do embaixador da RFA (junho de 1970) e do embaixador da Suíça (dezembro de 1970).

O recrudescimento da luta armada originou-se de uma colaboração entre a polícia e o exército de São Paulo, através da Operação Bandeirantes (Oban), nascida discretamente em junho de 1969 por iniciativa de Brasília. À Oban, onde se distinguiu o delegado Sérgio Fleury, foi dada carta branca para destruir as organizações clandestinas. Ela foi financiada pelo estado de São Paulo, mas também por algumas grandes empresas como Ford e General Motors. A Oban sequestrava, "interrogava", "retornava" ou liquidava os suspeitos de conspirações com a luta armada. Sua principal ação armada foi a execução em novembro de 1969 do líder da Ação Libertadora Nacional (ALN), Carlos Marighela, um ex-dirigente do Partido Comunista brasileiro. Em 1971 Fleury, com a ajuda do cabo Anselmo, um marinheiro que incitava seus colegas a motins e revoltas antes do golpe de Estado de 1964,* liquidou a Vanguarda Popular Revolucionária (VPR) e o capitão Lamarca. A personalidade de Sérgio Fleury é suficiente para indicar os métodos diabólicos empregados pelos organismos de repressão. Sérgio Fleury tem a reputação de ter comandado um Esquadrão da Morte.

A Operação Bandeirantes foi substituída em janeiro de 1970 pela criação dos Centros de Operações de Defesa Interna (CODI) subordinado aos Destacamentos de Operações de Informações (DOI) encarregados de questões operacionais, além de reunir militares de diferentes

---

* O cabo Anselmo tornara-se um militante radical de esquerda, mas, na verdade era um agente infiltrado no governo militar. (N. do T.)

proveniências e policiais. O CODI agrupava representantes das Forças Armadas, decidia e coordenava as operações executadas pelo DOI, incumbido de capturar suspeitos, com pequenas equipes vestidas à paisana e que circulavam em carros comuns, e de interrogar os prisioneiros. As equipes do DOI usavam pseudônimos, sem nenhuma restrição de ordem legal. As prisões assemelhavam-se a sequestros.

A repressão assumiu cada vez mais um caráter clandestino e disseminava o medo. Delatores e provocadores eram utilizados para atemorizar quem criticava o regime. Comandos misteriosos desestruturavam a vida artística, lançavam bombas em associações profissionais como a dos advogados, que tentavam defender a legalidade, sequestravam e violavam os opositores e as pessoas incômodas ao regime desapareciam. Assim, a estilista Zuzu Angel que descobrira o destino do filho "desaparecido" e usou de todos os meios para revelar ao mundo os horrores praticados pela ditadura morreu, em 1976, em um "acidente" de carro tramado pela repressão.

A participação dos militares brasileiros na Operação Condor ainda é obscura e, sem dúvida, é mais importante que sua grande discreção deixa transparecer. Em 26 de novembro de 1975, por ocasião da reunião que formalizou a colaboração entre os serviços de informações das ditaduras do Cone Sul e para eliminar "subversivos" refugiados no estrangeiro, os brasileiros foram apenas observadores, antes de aderir formalmente à organização. Em 1978, uma operação conjunta do DOPS de Porto Alegre e de serviços de informações do Exército do Uruguai resultou na prisão e tortura de dois cidadãos uruguaios. É possível também que seis cidadãos argentinos tenham sido vítimas da Operação Condor no Brasil.

Os grupos de luta armada preferiram agir nas cidades, mas alguns já haviam sido seduzidos pela perspectiva de uma guerrilha rural antes do movimento político-militar de 1964. A cisão sino-soviética causara uma forte repercussão na América Latina e provocou o surgimento de grupos pequenos de maoístas, que defendiam uma estratégia revolucionária de ruptura com a política cautelosa dos partidos comunistas alinhados a Moscou, que recusavam aderir à luta armada. Em 1962, o Partido Comunista do Brasil (PCdoB), nascido de uma dissidência do PCB, e presidido por Luís Carlos Prestes, seguia rigorosamente as diretrizes soviéticas. O

PCdoB enviou alguns de seus membros para se formarem em Beijing na expectativa de que o Brasil seguisse o caminho chinês, o da revolução camponesa estruturada pelo Partido.

A teoria chinesa de ação do PCdoB originou o maior e mais duradouro centro de guerrilha[61] e a mais importante operação de repressão no Brasil sob o regime militar, mesmo se, à época, o episódio tenha se mantido em sigilo.

O comitê central do partido maoísta organizou um núcleo de guerrilha em uma região bem distante do Estado do Pará, na fronteira com os estados de Goiás (Tocantins) e do Maranhão, às margens do rio Araguaia. Lá, os problemas agrários, o abandono da região pelo poder público e a corrupção da polícia deveriam favorecer o "trabalho de campo" e a ação social, ou seja, a influência dos militantes junto aos habitantes do Araguaia. As circunstâncias naturais pareciam propícias à implantação de uma guerrilha, assim como o contexto social favorável. A floresta, densa e espessa, oferecia possibilidades de refúgio e meios de subsistência. O PCdoB enviou para o Araguaia militantes com frequência originários do movimento estudantil. Ameaçados pela polícia, os estudantes optaram pela clandestinidade e a maioria ignorava o lugar ou o destino que lhes reservava o Partido. Um a um, os futuros guerrilheiros chegaram ao Pará a partir de 1970, e instalaram-se como agricultores ou médicos. No total eram 69 guerrilheiros que se beneficiaram com a adesão de 17 autóctones.

Alguns foram presos pela repressão e contaram sob tortura informações que permitiram realizar uma primeira operação em abril de 1972, dando início à Guerrilha do Araguaia. A primeira ofensiva matou alguns guerrilheiros e prendeu outros, entre os quais, José Genoíno, futuro presidente do Partido dos Trabalhadores, mas foi desastrosa para as forças da repressão. Em novembro de 1972, os militares cessaram as hostilidades para preparar nova campanha organizada à custa de muito dinheiro e em segredo total. A Operação Sucuri[62] foi a oportunidade de pôr em prática a formação adquirida na Escola Superior de Guerra na floresta de Manaus e de se confrontar com um Vietnã em miniatura. Os soldados com trajes civis infiltraram-se na região durante meses para planejar o cronograma da guerrilha e conquistar o apoio da população. Em outubro de 1973, uns trezentos militares — agentes do SNI e paraquedistas — começaram a eliminar os militantes do PCdoB. Comandos, helicópteros, bombas de napalm, ação psicológica: todos os recursos antiguerrilha foram usados para eliminar alguns militantes isolados do mundo, mal armados, desnutridos, desorganizados. Em maio de 1974 as operações encerraram-se, com a morte de 59 guerrilheiros, dez habitantes da região que haviam aderido à guerrilha e uns dez militares,[63] quase sempre em execuções sumárias. No início de 1975, os militares percorreram de helicóptero as áreas de combate para recolher os cadáveres e suprimi-los. Em dezembro de 1976, o PCdoB afastado da guerrilha desde o início das ofensivas foi erradicado em São Paulo.

A guerrilha, tanto urbana quanto rural, não foi uma forma de resistência ao governo militar, mas sim uma tentativa de provocar uma revolução no Brasil e implantar a ditadura do proletariado no país, o que não justificou as violações da legalidade e dos direitos elementares a que foram submetidos esses militantes revolucionários por parte do Estado. Os políticos, como Brizola, desistiram logo da luta armada para derrubar o governo militar e procuraram soluções políticas no exílio, a fim de restabelecer a democracia. Em 1966, em Lisboa, Juscelino Kubistschek e Carlos Lacerda formaram a Frente Ampla, um movimento nacional de oposição ao regime militar.

No Brasil, advogados corajosos lutaram para que o governo respeitasse os direitos dos presos políticos, e prelados como o arcebispo do Recife, dom Hélder Câmara, e o de São Paulo, dom Evaristo Arns, investigaram as violações dos direitos humanos e os denunciaram, sobretudo no estrangeiro.

A procura de uma adesão

Entre inúmeras dificuldades, o governo Goulart enfrentou o declínio do crescimento econômico, bem acentuado de 1946 a 1963, mas que se reduzira à metade a partir de 1963. A inflação que atingiu a taxa de 78% em 1963 e de 90% em 1964 era o principal problema do novo regime. O governo Castelo Branco empreendeu reformas estruturais que diminuíram a inflação (38% em 1966), mas que não causaram uma retomada do crescimento e provocaram descontentamento. Os resultados econômicos medíocres do regime militar fortaleceram a oposição e suscitaram dúvidas quanto à competência dos militares para administrar o Brasil.

Entretanto, o governo formado por Costa e Silva em 1967 decidiu transformar a política econômica no símbolo do regime e na prova de sua superioridade em relação à antiga república. O governo enfatizou o programa de crescimento e a entrada do Brasil no clube dos países desenvolvidos. A pessoa associada a essa ambição foi o ministro da Fazenda nomeado por Costa e Silva, Antônio Delfim Netto, que permaneceu no ministério de 1967 a 1974. Delfim Netto apresentou em setembro de 1970 a proposta "dos objetivos e medidas de ação do governo" seguida em dezembro de 1971 pelo I Plano Nacional de Desenvolvimento. O "milagre econômico brasileiro" foi iniciado.

O CRESCIMENTO ECONÔMICO DO BRASIL E SEU RETROCESSO

Ano	Taxa de crescimento anual do PIB (%)	Taxa de inflação (%)	Dívida externa (em bilhões de $)
1963	1	78	4
1964	3	90	3,9
1965	2	58	4,8
1966	7	38	5,2
1967	4	27	3,3
1968	10	27	3,8
1969	10	20	4,4
1970	10	16	5,3
1971	11	20	6,6
1972	12	20	9,5
1973	14	23	12,6
1974	8	35	17,2
1975	5	34	21,2
1976	10	48	26
1977	5	46	32
1978	5	39	43,5

FONTE: Luiz Carlos Delorme Prado e Fábio Sá Earp, "O 'milagre' brasileiro: crescimento acelerado, integração internacional e concentração de renda (1967-1973)", in: J. Ferreira e L. de Almeida Neves Delgado, *O Brasil republicano: 4. O tempo da ditadura. Regime militar e movimentos sociais em fins do século XX*. Rio de Janeiro: Civilização Brasileira, p. 223.

De 1968 a 1973, o PIB brasileiro cresceu em média 11% ao ano, enquanto a taxa de inflação manteve-se em níveis razoáveis. O "milagre" resultou das condições favoráveis da conjuntura internacional, da abundância de crédito e da expansão das operações cambiais na década de 1960.

As condições oferecidas aos investidores internacionais eram atraentes e as empresas estrangeiras foram convidadas a se instalarem no Brasil, inclusive no setor de mineração. A indústria automobilística concentrou-se nos investimentos estrangeiros. Assim, a Ford, a General Motors e a Chrysler se instalam no ABC paulista, reunindo-se à Fiat e à Volkswagen.

Mas o governo manteve seu papel central no controle dos principais setores, como a siderurgia, petroquímica, transporte, construção naval e eletricidade. O número de empresas públicas aumentou. Em 1969, o governo fundou a Empresa Brasileira de Aeronáutica (Embraer) em São José dos Campos, no Estado de São Paulo. A empresa fornecia aviões para o Ministério da Aeronáutica e para a aviação civil. O exemplo da Embraer demonstra a transição da industrialização de substituição de importações à industrialização com o objetivo de exportar produtos manufaturados. Outras empresas nacionais, como a Embratel e a Telebrás no setor de telefonia, também foram criadas.

A agricultura progrediu com um crescimento espetacular da superfície cultivada, que passou de 28% do território nacional em 1960 para 52% em 1985. As exportações agrícolas diversificaram-se bastante e não mais dependeram apenas da tradicional exportação do café. Na década de 1970, o cultivo da soja dominou o setor agrícola no Paraná e Mato Grosso, e o Brasil tornou-se um dos maiores produtores mundiais em 1986. A crise do petróleo decorrente da Guerra de Yom Kipur (1973) levou o governo a criar em 1974 o programa Pró-álcool para a produção de etanol. À época, o Brasil dependia inteiramente das importações muito caras de petróleo e que contribuíam para o déficit da balança comercial. A produção de etanol economizaria uma quantidade preciosa de dólares e retomaria o cultivo da cana-de-açúcar. Um ligeiro odor adocicado começou a flutuar nas cidades brasileiras e evaporou-se quando o preço do álcool combustível ficou desvantajoso em relação ao preço internacional do petróleo nos anos 1990. Na década atual, os biocombustíveis são considerados a solução para o futuro e o Brasil, o maior produtor de etanol e detentor de uma tecnologia de ponta nessa área, estimula a sua difusão.

A ditadura militar foi o momento de superlativos e construções gigantescas. A Usina Hidrelétrica de Itaipu, projeto binacional do Brasil e do Paraguai governado pelo general Stroessner, foi construída no rio Paraná na fronteira entre os dois países a partir de janeiro de 1975 e, até a inauguração da Hidrelétrica de Três Gargantas na China em 2006, era a maior barragem do mundo. Em 1974 foi construída a ponte Presidente Costa e Silva com 13 quilômetros de comprimento, que atravessa a baía de Guanabara e liga a cidade do Rio de Janeiro a Niterói.

Essas realizações foram amplamente comemoradas pela propaganda do governo. O Brasil submergiu no verde e amarelo e nas cerimônias patrióticas, em especial na comemoração ostensiva dos 150 anos da Independência em 1972. Os slogans "Ame-o ou deixe-o", "Ninguém segura este país", "grande Brasil", "Brasil poderoso", "Pra frente, Brasil!" exprimiram o espírito do período do governo Médici. A conquista da seleção brasileira na Copa do Mundo em 1970 no México e os feitos de Pelé foram amplamente explorados pelo regime militar.

A televisão, que começou a invadir as casas dos brasileiros graças ao "milagre brasileiro", foi o novo aliado da mídia do governo. Em 1960, menos de 5% da população tinha televisão. Dez anos depois esse percentual subiu para 24% e 56% em 1980. A primeira cadeia nacional, a TV Tupi, surgiu em São Paulo em 1950, mas com a criação da TV Globo em 1965, a televisão passou a cobrir quase todo o território nacional e a atrair uma audiência maior. Roberto Marinho (1904-2003), dono das Organizações Globo que incluem jornais, revistas, estações de rádio, foi até sua morte um dos homens mais poderosos do Brasil.

Os governos militares não negligenciaram completamente a questão social, embora sua contribuição seja contestada. Em 1966, foi criado o Instituto Nacional de Previdência Social (INPS), com o objetivo de prestar assistência médica à população e de concentrar o pagamento de aposentadorias. A ditadura estendeu os benefícios da legislação social aos trabalhadores rurais, empregados domésticos e profissionais autônomos, porém os serviços prestados pelo INPS são, em geral, insuficientes.

Os governos militares tinham também uma visão geopolítica do Brasil e queriam promover a "integração nacional". Para enfrentar os problemas endêmicos do nordeste, Médici sugeriu uma grande ideia: a colonização da bacia do Amazonas por camponeses nordestinos. Médici queria ainda transferir "uma terra sem homens para homens sem terra".

O Plano de Integração Nacional (PIN), criado em junho de 1970, previa a colonização da região amazônica por nordestinos, com a promessa de receberem terras, sementes, utensílios, além da construção de escolas e postos de saúde. A espinha dorsal do projeto foi a construção em plena floresta de 5 mil quilômetros da rodovia Transamazônica e de uma estrada ligando Cuiabá a Santarém. Em uma faixa de 10 quilômetros de cada lado das estradas a serem construídas, a floresta se dividiria em lotes nos quais os colonos se instalariam. O governo previu a transferência de um milhão de famílias em dez anos para esses núcleos de povoamento. Em 1974, quando o projeto do PIN foi abandonado devido ao custo elevado dos investimentos, apenas 5.717 famílias haviam sido atraídas pela miragem amazônica. As infraestruturas prometidas foram uma ilusão; as febres e doenças dizimaram inúmeros colonos. Em vez de resolver a questão agrária, a colonização da Amazônia provocou conflitos entre os grandes proprietários e os *squatters** que haviam se apossado de terras alheias.

O crescimento "milagroso" parou brutalmente em 1973, mas antes disso, o modelo brasileiro já havia sido criticado. Em 1972 Robert McNamara, presidente do Banco Mundial, acusou o Brasil de seguir uma política baseada na concentração de renda e no aumento das desigualdades sociais. A questão era controvertida, porém em 1960, os 20% dos brasileiros mais ricos possuíam 55% da renda. Em 1983, no final do regime militar, esse percentual elevou-se para 65%. O economista brasileiro Edmar Bacha ficou famoso na década de 1970 ao dizer que o Brasil era uma "Belíndia": no Brasil coabitavam uma pequena Bélgica, rica e desenvolvida, e uma Índia populosa e miserável.

O "milagre" em vez de favorecer a "integração nacional" agravou o desequilíbrio entre as diferentes regiões do Brasil, com a concentração

---

* grileiros, em inglês (N. do T.)

de riqueza na região industrial do Sudeste, sobretudo em São Paulo, deixando o Norte e o Nordeste imerso em pobreza.

De qualquer modo, o "milagre" não resistiu à crise do petróleo, nem à crise do dólar, que perdeu sua paridade com o ouro em 1971 e provocou graves transtornos, em especial nas economias em desenvolvimento, de acordo com a terminologia usada à época. A partir de 1972, a dívida externa do Brasil cresceu e o déficit na balança de pagamentos aumentou. De 1963 a 1978, a dívida duplicou. O Estado brasileiro, responsável por 80% da dívida, estava à beira da falência. A taxa da inflação subiu vertiginosamente. A crise acentuou-se em 1979 com o segundo choque do petróleo. A moeda nacional começou a espiral de desvalorizações sucessivas e, em 1981, o país conheceu sua primeira recessão desde 1945.

Os sucessores de Médici, Ernesto Geisel (1974-1980) e João Figueiredo (1980-1985), sem poderem se orgulhar de seus sucessos econômicos, foram forçados a pôr em prática planos de austeridade dolorosos e impopulares. O processo de "abertura" nasceu em meio a essa crise profunda.

A transição democrática

A partir do final de 1972, questionou-se nos altos círculos, qual seria o futuro do regime militar. O economista americano Samuel Huntington fez diversas conferências sobre o tema "distensão política" em analogia às equipes que observam os mergulhadores quando voltam à superfície. Por sua vez, o brasileiro Wanderley Guilherme dos Santos sugeriu um processo gradual de liberalização, com o apoio da oposição. A sucessão de Médici provocou novos confrontos internos no governo militar. O general Ernesto Geisel, amigo do marechal Castelo Branco, foi por fim eleito e tomou posse em 15 de março de 1974.

Geisel adotou a ideia de "distensão", uma vez que a guerrilha e os guerrilheiros haviam sido eliminados e não mais constituíam perigo. No entanto, essa opinião não era compartilhada pela "linha dura" e pelo seu líder no governo, o general Sílvio Frota, ministro do exército. Em uma visão globalizada, os órgãos de segurança, os bastiões da "linha dura", não acreditavam que a "guerra" nem a "revolução" haviam terminado.

Para conter a extrema direita radical, Geisel foi obrigado, assim como seus predecessores, a ganhar a qualquer preço as eleições, sem a preocupação de seguir as regras eleitorais democráticas. Mas as eleições no Congresso, em novembro de 1974, representaram um grande fracasso para o governo, porque o MDB elegeu mais membros para a Câmara e o Senado. Apesar de a Arena ainda ser majoritária, o governo só dispunha de dois terços dos parlamentares que eram indispensáveis para aprovar as reformas constitucionais. As eleições municipais confirmaram o avanço do MDB nas grandes cidades do país.

O presidente alternava soluções conciliatórias de atitudes moderadas com medidas desfavoráveis à oposição. Para não perder as eleições, o que fragilizaria sua autoridade perante a "linha dura", o presidente Geisel suspendeu os trabalhos do Congresso de 1º a 15 de abril de 1977 e reformulou mais uma vez as regras do jogo político. O Pacote de Abril ampliou o mandato presidencial de cinco para seis anos. Um terço dos senadores, logo denominados pejorativamente de "biônicos", seriam eleitos de maneira indireta.

O processo de "abertura", embora tímido, mobilizou a sociedade civil. Na indústria automobilística concentrada no ABC paulista, os metalúrgicos entraram em greve em maio de 1978 com reivindicação de aumento de 34% de seus salários, a fim de recuperar o poder de compra de 1973-1974. A greve começou em 12 de maio de 1978 na fábrica da Saab-Scania e estendeu-se, em seguida, à Ford, Volkswagen e Mercedes-Benz e prolongou-se até junho. A greve atingiu o centro nevrálgico da indústria automobilística e envolveu meio milhão de trabalhadores. Ela terminou com uma série de acordos negociados diretamente entre o patronato e os representantes dos metalúrgicos e empregados do setor, em oposição à política de intermediação do Ministério do Trabalho no conflito. Além do fato de que a ilegalidade da greve e o medo da repressão não foram suficientes para intimidar os movimentos sociais. Assim, com a greve de 1978, surgiu um sindicalismo independente ou o que se chamou de "novo sindicalismo".

O líder dos metalúrgicos, Luís Inácio Lula da Silva, era presidente do Sindicato dos Metalúrgicos de São Bernardo do Campo e Diadema. As greves do ABC paulista repercutiram no país inteiro e os brasileiros se familiarizaram com a barba preta hirsuta e o discurso eloquente do jovem sindicalista. De uma forma mais ampla, o "novo sindicalismo", personificado por Lula, contestava a rigidez da legislação social getulista que sujeitava os trabalhadores, sindicatos e negociações trabalhistas à tutela do Estado. As greves do ABC paulista desencadearam uma série de greves no setor metalúrgico em São Paulo e Minas Gerais em 1978, 1979 e 1980. Com sua prisão e de outros diretores do Sindicato dos Metalúrgicos enquadrados na Lei de Segurança Nacional em 1980, Lula convenceu-se que seria necessário concluir a ação sindical pela luta política.

As greves e a oposição legal cada vez mais prementes em exigir a redemocratização do país foram sinais para a "linha dura" de que o inimigo interno continuava presente e que qualquer concessão significaria uma derrota. Os paramilitares, com frequência ligados aos órgãos de segurança, praticaram atos sistemáticos de terrorismo a fim de reprimir a "abertura" e mostrar a determinação deles ao presidente Geisel. Tudo que era considerado "favorável ao progresso" era alvo de violência. O bispo de Nova Iguaçu, um município operário do Rio de Janeiro, foi raptado em setembro de 1976 por um grupo de homens mascarados, espancado e abandonado em um terreno baldio, nu e com o corpo pintado de vermelho.

Em outubro de 1975, o general Eduardo D'Ávila Mello, comandante do II Exército, anunciou a morte por suicídio do jornalista Vladimir Herzog nas dependências do DOI-CODI em São Paulo. Ninguém acreditou na versão oficial de sua morte. Uma grande cerimônia ecumênica (Herzog era judeu) reuniu uma multidão na catedral de São Paulo em um ato em homenagem a Herzog e de desafio à ditadura que encobria essa violência. Em janeiro de 1976, o sindicalista Manuel Fiel Filho "suicidou-se" da mesma maneira e no mesmo lugar.

Dessa vez, Geisel exonerou o general Eduardo D'Ávila Mello. Por outro lado, o ministro do Exército, Sílvio Frota, preparava sua candidatura à sucessão de Geisel para relançar a "revolução" traída pela política de abertura e a luta contra a infiltração comunista que, segundo ele, invadira o Planalto. Com medo de um novo "golpe de estado no golpe de estado", o presidente demitiu Sílvio Frota em outubro de 1977.

Para Sílvio Frota, um dos sinais da tendência "socialista" do governo era a política externa do presidente Geisel, que não queria mais que o Brasil fosse o melhor aliado de Washington na América do Sul e buscava um não alinhamento. Nesse contexto, o governo brasileiro foi o primeiro a reconhecer a junta militar que assumira o poder depois da Revolução dos Cravos em Portugal e que depusera o herdeiro político de Salazar, Marcelo Caetano, em 25 de abril de 1974. Em novembro de 1975 o Brasil reconheceu o governo MPLA pró-soviético de Angola.

As relações com os Estados Unidos tornaram-se tensas, sobretudo quando o presidente democrata Jimmy Carter, em visita oficial ao Brasil em junho de 1977, intrometeu-se na questão do respeito aos direitos humanos. As ambições nucleares do Brasil, que não assinara em 1967 o Tratado de Tlatelolco de não proliferação de armas nucleares na América Latina,[64] também inquietavam os americanos.

A consolidação eleitoral da Arena e a pressão da "linha dura" estimularam Geisel a continuar a normalização política. A Emenda Constitucional nº 11 promulgada em outubro de 1978 que excluiu o direito do presidente da República de pôr em recesso o Congresso Nacional, de intervir na inviolabilidade parlamentar de deputados e senadores, e de privar os cidadãos de seus direitos políticos foi um grande passo nessa direção. A independência do Poder Judiciário restabeleceu-se, a pena de morte, a prisão perpétua e a censura prévia foram abolidas. João Figueiredo, sucessor de Geisel, concluiu o processo de abertura lenta e gradual. O AI-5 foi revogado em 1º de janeiro de 1979. Por fim, em 28 de agosto de 1979 foi promulgada a Lei de Anistia referente aos culpados de "crimes políticos" ou de crimes cometidos por "motivação política", o que permitiu o retorno dos exilados e a normalização progressiva da vida política. Leonel Brizola, herdeiro de Vargas e Goulart, inimigo nº 1 do regime militar, fez um retorno triunfal. Mas, paradoxalmente, a Lei de Anistia garantiu a impunidade dos assassinos e torturadores, que agiram acobertados pela ditadura e que não sofreram nenhuma retaliação quando a democracia restabeleceu-se.

Ao longo desse processo, os agentes mais radicais dos serviços de segurança e informações recorreram ao terrorismo para dificultar a liberalização do regime e continuar a guerra contra um inimigo interno redefinido sem cessar. Durante os oito primeiros meses de 1980, eles realizaram 25 atentados que resultaram em uma morte e 15 feridos. A luta entre os defensores da transição democrática e a "linha dura" chegou ao auge com o atentado do Riocentro em abril de 1981. Dois militares que pertenciam ao DOI-CODI foram vítimas das bombas que iriam instalar no prédio, quando elas explodiram antes da hora prevista perto do pavilhão onde havia 20 mil pessoas, principalmente jovens, que assistiam um concerto. Os serviços de segurança e de informações fizeram uma investigação com muitas falhas e protegeram os responsáveis, mas o atentado abalou seriamente a "linha dura" da ditadura.

A fim de manter o controle do jogo político em um contexto pluralista, o governo extinguiu o bipartidarismo em vigor desde o AI-2. A Arena e o MDB dissolveram-se em 1979 e foram substituídos por novos partidos. Os partidários do regime militar reagruparam-se no Partido Democrático Social (PDS), ao passo que a oposição dividiu-se de acordo com suas diferentes tendências. O Partido do Movimento Democrático Brasileiro (PMDB) herdou a maioria dos membros do MDB, porém foi superado pelo Partido Democrático Trabalhista (PDT) de Leonel Brizola[65] e pelo Partido dos Trabalhadores (PT) de Lula.

O PT, criado oficialmente em 10 de fevereiro de 1980, foi durante muito tempo um caso de exceção no cenário político brasileiro. Ao contrário do conjunto das organizações partidárias, o PT cultivava relações com o movimento social que o originou. Seus dirigentes eram, na maioria, neófitos na política. Em oposição à esquerda revolucionária e comunista, o PT professava sua crença na aliança do socialismo e da democracia, e defendia os direitos das minorias. Ele beneficiava-se também do apoio de determinados setores da Igreja Católica, como comunidades eclesiásticas de base. Muitos fundadores do PT são originários de movimentos católicos. O PT também contava com o apoio de diversos intelectuais, em geral provenientes da Universidade de São Paulo, como o historiador Sérgio Buarque de Holanda, um dos cofundadores do partido.

As primeiras eleições livres realizaram-se em 15 de novembro de 1982. Quarenta e cinco milhões de eleitores foram às urnas para eleger governadores, deputados e senadores. O PT fez uma entrada discreta no Congresso, com apenas oito deputados. O PMDB elegeu os governadores de São Paulo e o de Minas Gerais, Tancredo Neves. Miguel Arraes, figura histórica da esquerda antes de 1964, foi eleito governador de Pernambuco. O gaúcho Leonel Brizola elegeu-se governador do Estado do Rio de Janeiro ao final de uma campanha heróica contra as mídias e uma administração decidida a impedir sua vitória. Durante o exílio, Leonel

Brizola aproximou-se dos partidos socialistas e social-democratas europeus. O PDT aderiu à Internacional Socialista e exibia seu símbolo do punho esquerdo fechado sobre fundo vermelho em seus cartazes.

Graças às eleições de 1982, a maioria da Câmara de Deputados passou a ser de oposição, mas o PDS resistiu a essa situação. Ele detinha a maioria no Senado e governava a metade dos estados da federação, o que garantiu *a priori* o controle do colégio eleitoral encarregado de eleger o sucessor de Figueiredo. A eleição do presidente da República pelo colégio eleitoral foi vista por uma opinião pública em plena efervescência como um prolongamento penoso e inútil da transição democrática.

A oposição concentrou seus esforços nas modalidades da sucessão presidencial prevista para 1985. Um deputado federal do PMDB, Dante de Oliveira, apresentou em janeiro de 1983 uma proposta de emenda constitucional com o objetivo de reinstaurar as eleições diretas para presidente da República. O PMDB, o PDT e o PT formaram uma ampla aliança para defender o movimento político-social que recebeu o nome de Diretas Já. A campanha para as eleições diretas mobilizou milhões de brasileiros, que se aglomeravam nos comícios e exigiam eleições diretas imediatas.

No entanto, apesar dessa mobilização a emenda Dante de Oliveira foi rejeitada pela Câmara dos Deputados em 25 de abril de 1984. A transmissão da sessão da Câmara foi acompanhada por uma multidão ao som de panelas batendo e buzinas. A conquista do poder seria feita por intermédio do colégio eleitoral que se reuniria em 15 de janeiro de 1985.

Em junho de 1984, Tancredo Neves, do PMDB, foi indicado por seu partido e pelo PDT como candidato de oposição à eleição presidencial. O PT, por sua vez, não indicou candidato a uma eleição que considerava uma farsa. A escolha do PDS recaiu na figura bastante controvertida de Paulo Maluf nascido em 1931 em uma família de industriais libaneses, e vinculado aos piores aspectos da ditadura. Ele fora nomeado prefeito de São Paulo em 1969, por ocasião da Operação Bandeirantes e dos atos arbitrários e violentos de Sérgio Fleury. Em 1979, Maluf elegeu-se governador de São Paulo pela Arena, depois deputado federal pelo PDS em 1982. Maluf se opôs à "abertura" e à extinção do AI-5. Além disso, era suspeito de atos de corrupção e fraudes que continuaram a marcar sua carreira. A candidatura de Maluf não foi uma indicação de consenso em seu partido e alguns membros do PDS aproximaram-se de Tancredo Neves, que prometera extinguir o colégio eleitoral e restabelecer a democracia.

Em julho de 1984, o PDS perdeu uma parte de seus integrantes que fundaram o Partido da Frente Liberal (PFL). O senador do Maranhão José Sarney, antigo membro da Arena e, em seguida, do PDS, foi escolhido como vice-presidente e formou com Tancredo Neves uma chapa de aliança democrática.

Tancredo Neves nessa ocasião com 74 anos conquistou inesperada popularidade. Esse mineiro conciliador fora ministro no segundo governo Vargas e primeiro-ministro no governo de Jango Goulart. Durante o regime militar, foi um parlamentar prudente, o tipo de opositor que o governo militar tolerava muito bem. Essa imagem era tranquilizadora. Tancredo Neves, além de defender a conciliação, aproveitou-se do entusiasmo das Diretas Já e sua campanha imprimiu a ideia de uma eleição presidencial por sufrágio direto. De acordo com as pesquisas realizadas em outubro de 1984, quase 70% dos brasileiros teriam votado nele se a eleição fosse direta. Em 15 de janeiro de 1985, a população seguiu em um clima de intensa emoção a votação no colégio eleitoral. Tancredo Neves e José Sarney obtiveram 480 votos dos 686 votos válidos. A transição democrática foi concluída com uma aliança vitoriosa da ala conservadora da oposição e da ala liberal da ditadura. Essa aliança predominou nos primeiros anos da República Nova e garantiu a união da base partidária.

No entanto, um fato inesperado abalou o retorno à democracia. Doze horas antes de tomar posse, Tancredo Neves foi operado de urgência em um hospital em Brasília. Sarney assumiu a presidência em caráter interino, e apesar de um tratamento médico excelente, o presidente eleito morreu de septicemia no Instituto do Coração (Incor) de São Paulo, em 21 de abril de 1985, sem assumir o cargo. Sua agonia de 39 dias foi seguida praticamente o tempo inteiro por uma cobertura sem precedentes da mídia, sobretudo da televisão. Seu funeral superou tudo que o Brasil conhecia até então de cerimônias fúnebres. Assim, por ironia do destino, José Sarney, um fiel servidor do regime militar, foi o primeiro presidente civil desde 1960 e inaugurou a República Nova.

CAPÍTULO XI

Uma democracia, uma grande potência (1985-2007)

Durante os vinte após o fim do regime militar, o Brasil sofreu uma grande mudança. O país precisou superar diversas crises econômicas graves, mas que não impediram sua ascensão entre as grandes potências do século XXI. Situado entre as dez primeiras economias mundiais, ele é o "b" do acrônimo Bric que compreende a Rússia, a Índia e a China, um grupo de países que juntos poderão representar 40% do PIB mundial em meados da década de 2020.

Depois dos Estados Unidos e da Índia, o Brasil pode vangloriar-se de ser a terceira maior democracia do mundo, com um corpo eleitoral de mais de 115 milhões de cidadãos em 2002. As instituições demonstraram sua solidez, o que permitiu a eleição em 1994 de um social-democrata, Fernando Henrique Cardoso, e, em 2002, a de Lula à presidência, pessoas consideradas "subversivas" pela ditadura militar. Essas circunstâncias transformaram o Brasil em uma grande potência, embora as objeções a esse cenário envaidecedor sejam muitas. No *ranking* do índice de desenvolvimento humano o Brasil ficou em 69º lugar em 2006, bem aquém da Argentina (36º), do Chile (38º), do Uruguai (43º) e até mesmo de Cuba (50º) e do México (53º). O país continua a ser o campeão das desigualdades sociais, quase um terço de sua população vive abaixo do nível de pobreza, e a defasagem mantém-se entre os estados ricos como São Paulo e as regiões pobres na maioria situadas no norte e no nordeste do país.

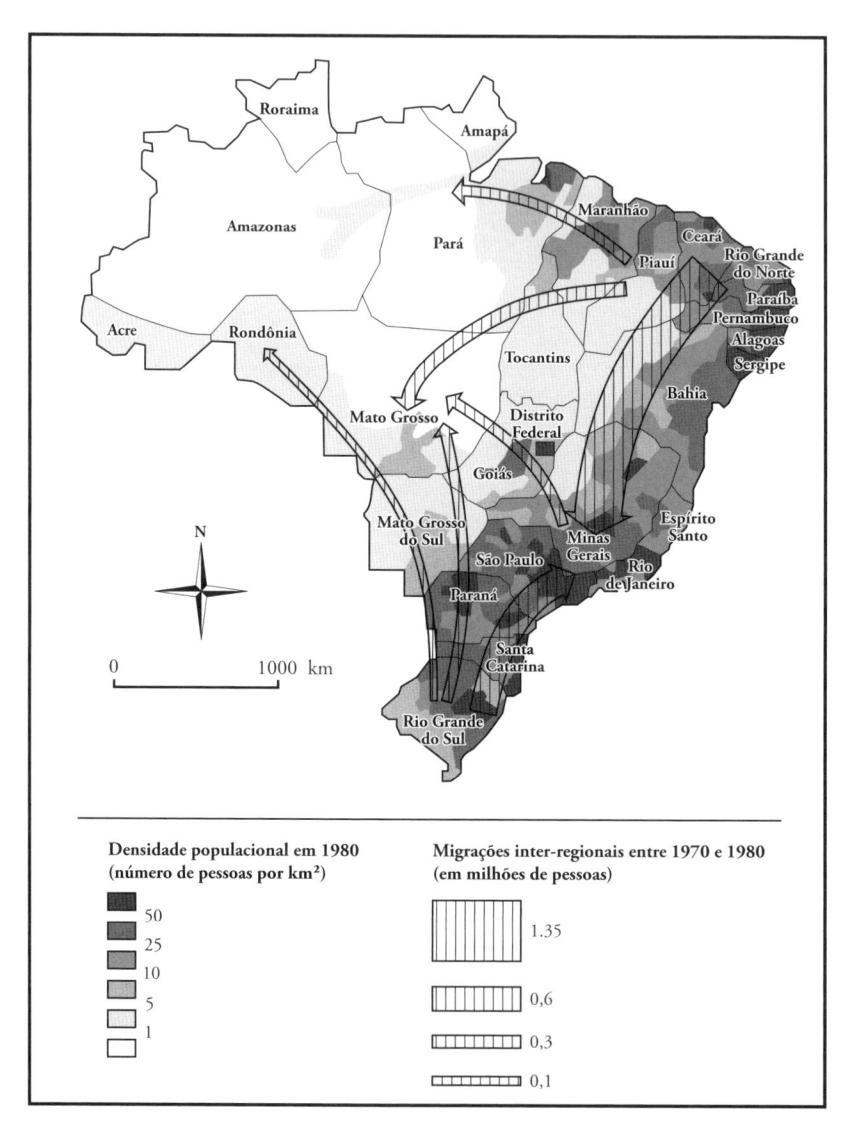

Densidade populacional e as migrações inter-regionais no Brasil

O post-scriptum da "transição democrática" (1985-1992)

A substituição do general Figueiredo por José Sarney em 1985 foi recebida pelos opositores do regime militar com um misto de alívio e frustração. Alívio porque não mais havia o medo de um novo golpe de estado que reviveria a época dos atos institucionais e da arbitrariedade. Frustração, porque com José Sarney do Partido da Frente Liberal (PFL), resultado de uma nova roupagem do PDS e da cisão da Arena, a direita que apoiara o regime militar até quase o final se manteria no poder. Porém, José Sarney, beneficiando-se da emoção causada pela morte de Tancredo Neves, conquistou uma enorme popularidade. O PMDB, o partido mais favorecido com o retorno à democracia, obteve uma eleição majoritária nas eleições gerais em 1986. Dos vinte e três estados da federação, 22 elegeram um governador do PMDB e o partido detinha mais da metade dos assentos da Assembleia Nacional Constituinte, que se reuniu pela primeira vez em 1º de fevereiro de 1987. Nesse sentido, Ulysses Guimarães (1916-1992), presidente do PMDB, presidiu os trabalhos da Constituinte e promulgou, em 5 de outubro de 1988, "sob a proteção de Deus", a nova Constituição Federal do Brasil que rege a atual V República.

Esse texto longo e prolífico (nove capítulos, 245 artigos), opõe-se à Constituição anterior imposta em 1967 pelo regime militar ao revelar uma grande tendência democrática e social. Uma das "reformas de base" de Goulart, a reforma eleitoral, concretizou-se e o direito de voto foi estendido aos analfabetos, porém sem permitir que se candidatassem a um cargo eletivo. Além disso, os brasileiros passaram a ter o direito de voto a partir dos 16 anos. A Constituição de 1988 incumbiu-se de zelar pelos "direitos sociais" (título II, capítulo II), concedeu à União o direito de expropriar com fins de reforma agrária propriedades rurais "que não cumprissem sua função social" mediante uma "justa indenização em títulos de dívidas agrárias" e enumerou os grandes princípios que regiam a "ordem social" (título VIII). Este último artigo abrangia também a segurança social, a educação, o esporte, a cultura, o meio ambiente, a família e os índios. O modelo social corporativista herdado de Vargas não foi fundamentalmente eliminado, embora os sindicatos não mais estivessem sob tutela do estado. Pesada e coerciva, a Constituição de 1988 sofreu várias emendas constitucionais desde sua promulgação.

O governo Sarney confrontou-se com a herança econômica do regime militar, uma dívida interna e externa enorme e uma inflação altíssima e sem controle. Em 28 de fevereiro de 1986, quando a taxa mensal da inflação atingiu 14%, o presidente anunciou solenemente as medidas do Plano Cruzado, o primeiro de uma longa série de planos de estabilização econômica. O Plano Cruzado congelou os preços e os salários e substituiu o cruzeiro, moeda nacional desde 1942, por uma nova moeda, o cruzado. Sarney incentivou a população a fiscalizar as etiquetas dos preços e a denunciar os aumentos. Os inúmeros adesivos "eu controlo para Sarney" demonstraram a capacidade de mobilização cívica dos brasileiros. Mas o Plano Cruzado foi um fracasso. Não só a inflação continuou alta, como também o congelamento de preços resultou em escassez de alimentos. A carne, os laticínios e o açúcar começaram a desaparecer das prateleiras dos mercados. Com o fracasso do plano, o presidente perdeu a credibilidade, e suas aparições públicas eram saudadas com vaias e diversos objetos jogados.

O Plano Bresser lançado em julho de 1987 e o Plano Verão de janeiro de 1989 também não tiveram êxito em conter a espiral inflacionária. Em fevereiro de 1990, no final do governo Sarney, a taxa de inflação era de 80% por mês. Em 1985 o índice inflacionário elevou-se para 238% por ano e, em 1989, chegou a 1.767% ao ano. Em cinco anos, o Brasil trocou três vezes de moeda e o déficit público aumentou.

As pessoas que tinham conta em banco podiam atenuar os efeitos da erosão da moeda por meio de dispositivos de correção monetária, que, por sua vez, contribuíram para estimular a inflação. No entanto, os pobres que recebiam o salário em dinheiro, o poder de compra dissolveu-se como neve sob o sol. Era preciso transformar o pagamento imediatamente em arroz, feijão e outros produtos básicos para sobreviverem.

Taxa anual de inflação no Brasil (1983-1995)

1983	211,02%
1984	223,90%
1985	237,72%
1986	57,4%
1987	365,7%
1988	933,6%
1989	1765%
1990	1198,5%
1991	481,5%
1992	1158%
1993	2708,5%
1994	1304,4%
1995	23,3%

Fonte: Maria Yedda Linhares (org.), *História Geral do Brasil*. Rio de Janeiro: Elsevier, 2000 (9ª edição revista), p. 384 e 404.

A crise econômica e o governo de José Sarney explicam a ascensão da esquerda, majoritária nas eleições municipais de 1988. Luiza Erundina, uma imigrante nordestina, foi eleita, contra todas as expectativas, prefeita de São Paulo pelo PT derrotando o direitista radical Paulo Maluf. O PT ganhou as eleições em diversas cidades importantes como Porto Alegre e Vitória (Espírito Santo). O PDT de Brizola demonstrou sua força política ao ganhar a eleição no Rio de Janeiro. Por fim, um novo partido, o Partido Social Democrata Brasileiro (PSDB), nascido de uma cisão do PMDB, teve um início promissor.

Esses partidos prepararam-se para a eleição histórica, a de presidente da República, a primeira de sufrágio universal direto desde 1960, cujo primeiro turno realizou-se em 15 de novembro de 1989. O PMDB, persuadido que iria vencer a eleição, indicou Ulysses Guimarães como candidato. Leonel Brizola, presidente do PDT, e Luís Inácio Lula da Silva, líder do PT, destacaram-se nas pesquisas eleitorais. Os partidos de direita apresentaram seus candidatos, entre os quais Maluf, inexpressivo nas sondagens de intenção de voto.

Nesse contexto político surgiu em cena um personagem que se converteu em um sucesso nas telas de televisão. Este novo candidato era Fernando Collor de Mello, governador de Alagoas, um dos menores e mais pobres estados da federação. Apesar de pertencer a uma linhagem de homens políticos e de donos de jornais, Fernando Collor de Mello apresentou-se como um candidato com propostas novas e o único capaz de resolver os problemas brasileiros. Ele marcou, sobretudo, sua presença pelas diatribes contra a corrupção e os funcionários inúteis e bem pagos, os impopulares "marajás", e criticou duramente José Sarney, que considerava seu principal opositor.[66] Embora só tivesse 40 anos, Collor já tinha um passado político relativamente expressivo. Depois da juventude dourada em Brasília, ele foi nomeado prefeito de Maceió, capital de Alagoas, em 1979 pelo regime militar e pela Arena. Deputado federal pelo PDS e membro do colégio eleitoral, votou em Paulo Maluf contra Tancredo Neves em 1985, mas filiou-se alguns meses mais tarde ao PMDB.

Fernando Collor era o representante nato de um tipo de elite política que permaneceu no poder ao longo do século XX e que continua a exercer influência até hoje, apesar da tendência de tornar-se menos atuante. Essa elite compunha-se de clãs familiares que controlaram durante gerações os estados pobres da federação, especialmente, os do norte e nordeste, e capitalizavam sua influência política no governo federal com posições lucrativas, subvenções e nomeações para cargos públicos, que permitiam manter seus partidários. Esse fisiologismo dominava o poder, qualquer que fosse sua natureza e cor. Esses clãs, como o de Sarney no Maranhão ou o de Antônio Carlos Magalhães na Bahia, foram pilares sólidos do regime militar, um dos vetores de seu enraizamento social e os principais beneficiados pela "conciliação" que marcou a "transição democrática". Eles se caracterizavam pela grande flexibilidade ideológica, prontos a apoiar qualquer presidente, mesmo de extrema esquerda, com a condição de manter a prática do fisiologismo.

Esses caciques regionais modernizaram suas formas de dominação na mídia com a compra de jornais, rádios e cadeias de televisão. Fernando Collor, aconselhado por um dos melhores especialistas em marketing, adotou um estilo pessoal jovem e ousado que prometia uma ruptura com o passado. Rejeitado pelos grandes partidos que se recusaram a fazer desse personagem de segundo plano seu candidato, ele fundou sua agremiação, o Partido da Reconstrução Nacional (PRN), cujo nome tem uma vaga semelhança com a antiga Arena. As aparições de Collor na televisão dispararam sua candidatura nas pesquisas de opinião em maio de 1989. Apesar de o candidato do PRN demonstrar uma postura social-democrata, a direita brasileira viu em Collor seu salvador. O "caçador de marajás" que se beneficiou do apoio das mídias mais importantes como a TV Globo, seduziu acima de tudo o eleitorado mais pobre. Seus comícios eram imensos shows, com a presença das estrelas da música sertaneja, um gênero musical similar ao da música *country* e o mais popular no interior do Brasil. Collor cultivava um estilo esportivo. Ele andava de jet-ski e fazia jogging acompanhado de diversos jornalistas.

Em 15 de novembro de 1989, Fernando Collor obteve o maior número de votos no primeiro turno e disputou o segundo turno com Lula, que ultrapassara Brizola. O intervalo entre os dois turnos foi marcado por uma forte polarização entre a esquerda, cujos diferentes componentes uniram-se a Lula, e a direita com uma agitação febril anticomunista. Fernando Collor exaltava o tempo inteiro a bandeira verde e amarela em detrimento da estrela vermelha do PT e acusou o partido de preferir a foice e o martelo, em vez dos símbolos nacionais. Ele também dizia que Lula confiscaria a poupança assim que chegasse ao poder.

Por fim, ele obteve 35 milhões de votos com um percentual de 53% do total de votos válidos e tomou posse em 15 de março de 1990. A cerimônia de posse assistida por diversos chefes de Estado, entre os quais Fidel Castro, foi acompanhada com emoção, como se marcasse o início de uma nova era. Uma pesquisa de opinião indicou que 71% dos brasileiros acreditavam que Collor faria um bom governo.

Durante a campanha, Collor prometera eliminar a fera da hiperinflação com um só cartucho. Em 16 de março, ele anunciou o Plano Brasil Novo, mais conhecido como Plano Collor, que teve de fato o efeito de um tiro de canhão. As principais medidas adotadas foram a extinção de 24 empresas estatais e a demissão dos respectivos funcionários independente da posição deles, o que provocou processos trabalhistas. Entretanto, a medida decretada por Collor que causou mais impacto foi o bloqueio, por 18 meses, dos saldos em conta corrente e cadernetas de poupança dos brasileiros que excedessem 50 mil cruzeiros (uma quantia irrisória), procedimento que, durante a campanha, acusara Lula de pretender adotar caso chegasse à presidência. O cruzeiro foi reintroduzido como moeda nacional.

De maneira mais ampla, a política econômica do governo Collor alinhou-se às políticas de ajuste estrutural preconizadas pelas instituições financeiras internacionais e de consenso com Washington. Essa política visava à redução da participação do estado na economia, à abertura do mercado interno, à recuperação do equilíbrio das contas públicas e ao combate radical à inflação. A abertura à concorrência externa reduziria os preços e permitiria modernizar uma indústria que envelhecera à sombra do protecionismo. Collor comparou, não sem razão, os automóveis *made in Brazil* a "carroças".

Com relação à luta contra a inflação, o sucesso inicial do Plano Collor teve curta duração. Três meses depois de entrar em vigor, a inflação subiu de novo e o Brasil sofreu um período de recessão de 4,6% em 1990. O país suspendeu o pagamento da dívida externa (120 bilhões de dólares em 1991), o que ocasionou problemas com o FMI. O Plano Collor II anunciado em 21 de janeiro de 1991, não foi mais bem-sucedido do que o anterior. A troca da equipe econômica em maio de 1991 permitiu reescalonar a dívida, manter a abertura de mercado e de tentar, embora com dificuldade, privatizar algumas empresas, mas a situação econômica foi eclipsada pela crônica dos escândalos e revelações terríveis.

Em maio de 1992, o irmão do presidente, Pedro Collor, entregou à imprensa documentos que revelavam negociatas de P.C. Farias, tesoureiro da campanha de Fernando Collor e seu homem de confiança há muito tempo. Logo depois, Pedro Collor acusou P.C. Farias de estar à frente de um sistema de enriquecimento ilícito que envolvia o presidente. A Polícia Federal e uma Comissão Parlamentar de Inquérito (CPI) investigaram as denúncias e descobriram a ligação das atividades ilegais de P.C. Farias e o governo federal. O estilo de vida do presidente, os jardins dignos da Babilônia de sua casa em Brasília, as despesas da primeira-dama que confundia aparentemente sua carteira de dinheiro com os cofres da LBA, a associação de caridade que ela presidia, foram explorados pela imprensa. A investigação parlamentar avaliou em 6,5 milhões de dólares a quantia espoliada fraudulentamente por Collor. Do ponto de vista político, o presidente ficou cada vez mais isolado. As entidades da sociedade civil ligadas à resistência contra a ditadura, como a Ordem dos Advogados do Brasil, a associação de jornalistas e a União Nacional dos Estudantes mobilizaram-se para depor Collor. Os jovens colegiais com o rosto pintado de preto desfilavam todos os dias nas ruas em protesto contra o presidente. Em agosto de 1992, a oposição pediu a abertura de um processo de *impeachment*, que foi aprovado pela Câmara dos Deputados em 29 de setembro de 1992 por 441 votos contra 38. Afastado da presidência, Collor foi substituído pelo vice-presidente Itamar Franco. Em dezembro, antes da votação do processo pelo Senado, ele renunciou, mas o julgamento prosseguiu, condenando-o à inelegibilidade por oito anos para o exercício de quaisquer cargos públicos.

O *impeachment* de Collor foi recebido pela opinião pública como a prova da consolidação democrática, um sinal do bom funcionamento das instituições e uma vitória sobre a corrupção e a impunidade das elites. No entanto, essa vitória foi efêmera porque, em 1994, o Supremo Tribunal Federal, alegando insuficiência de provas, absolveu o ex-presidente da acusação de corrupção passiva. Em 2006, assim que o prazo de inelegibilidade terminou, Collor elegeu-se senador por Alagoas por um pequeno partido de coalizão de apoio a Lula.

A era do real, a mudança do Partido dos Trabalhadores e a alternância tranquila (depois de 1992)

O novo presidente eleito na mesma chapa de Fernando Collor tinha um perfil bem diferente. A simplicidade provinciana sucedeu o *jet-set* espalhafatoso. Itamar Franco, um mineiro, começou sua carreira política no PTB (o partido anterior a 1964), depois se filiou ao MDB e parecia ser muito menos liberal e bem mais honesto que seu predecessor. Itamar estendeu a participação no governo a membros da esquerda, ao convidar Luiza Erundina, do PT, a assumir a Secretaria de Administração, apesar da orientação contrária de seu partido e a oposição ferrenha do

PT ao presidente. Fernando Henrique Cardoso, do PSDB, ocupou a pasta de ministro das Relações Exteriores.

A situação econômica não melhorara com a renúncia de Fernando Collor e a inflação, o desemprego, a dívida externa e interna ainda devastavam a economia brasileira. A atuação econômica do governo foi ineficaz e o Ministério da Fazenda mudou cinco vezes de titular em oito meses. Em maio de 1993, esse cargo foi confiado à forte personalidade de Fernando Henrique Cardoso.

Nascido em 1931 e um intelectual renomado, Cardoso era um produto típico da Universidade de São Paulo (USP) onde estudou e tornou-se professor de sociologia. Considerado um "comunista" depois de 1964, trabalhou alguns anos na Cepal, no Chile, e depois na França. Cardoso voltou ao Brasil em 1968, mas após a promulgação do AI-5 ele fez parte da lista dos setenta professores da USP aposentados compulsoriamente. No momento da transição democrática, Cardoso permaneceu fiel ao PMDB e não aderiu ao PT que lhe parecia muito socialista. Entretanto, logo o PMDB inclinou-se excessivamente em direção à direita, com alianças fisiologistas do governo Sarney. Em junho de 1988, Cardoso foi um dos cofundadores do Partido da Social Democracia Brasileira (PSDB), uma cisão do PMDB que defendia a reforma política.

No Ministério da Fazenda, Cardoso não se desviou muito das diretrizes dos ministros precedentes. Seu plano de trabalho visou, em especial, à redução dos gastos públicos, à abertura do mercado interno e a um programa de privatizações, sobretudo, de empresas siderúrgicas como a Companhia Siderúrgica Nacional (CSN). Em dezembro de 1993, ele apresentou um novo plano que previa cortes orçamentários, aumento dos impostos e a criação de um indexador de preços ao consumidor, a Unidade Real de Valor (URV) calculada todos os dias para manter a paridade com o dólar. As tarifas públicas eram calculadas a partir da URV e, portanto, do dólar, e não pela moeda nacional em contínua desvalorização. Rapidamente, a URV passou a ser uma unidade de referência para os preços com sua consequente estabilização. Em 1º de julho de 1994, uma nova moeda, o real, equivalente a uma URV e a um dólar, substituiu a última moeda, o cruzeiro real. Dessa vez, a inflação ficou sob controle alguns meses e caiu de 929% em 1994 a 22% em 1995, a 9%

em 1996 e a 2,5% em 1998. O Plano Real também resultou na redução da pobreza de 40% a 34%, que beneficiou 53 milhões de pessoas.

Fernando Henrique Cardoso saiu do ministério antes da entrada em vigor do real para candidatar-se à presidência da República. Para vencer a eleição ele precisava do apoio do PSDB. As aproximações com o PT foram inúteis. Esse partido, líder nas pesquisas eleitorais, era um opositor intransigente ao governo de Itamar Franco e ao Plano Real. Por sua vez, Fernando Henrique Cardoso propôs uma aliança do PSDB com o Partido da Frente Liberal (PFL), que tinha grande força eleitoral nos estados do nordeste.

A proposta causou indignação e incompreensão nos setores de esquerda. Além de ser uma dissidência do antigo PDS (uma cisão da Arena) e, portanto, um partido que apoiara o regime militar, o PFL, sobretudo em seu reduto eleitoral no nordeste, era conhecido por sua tradição política de clientelismo e fisiologismo. No entanto, apesar das críticas, Fernando Henrique Cardoso, opositor histórico da ditadura e um social-democrata convicto, aliou-se a partidos de centro-esquerda e liberais e formou uma chapa com Marco Maciel do PFL.

O candidato capitalizou os êxitos iniciais do Plano Real. A queda da inflação aumentou o poder de compra das classes sociais menos favorecidas, o consumo reativou a atividade produtiva, o otimismo voltou e essa recuperação econômica foi atribuída ao antigo ministro, que ultrapassou Lula na pesquisa de intenção de votos. Em 3 de outubro de 1994, Fernando Henrique Cardoso elegeu-se no primeiro turno com 54,3% dos votos contra 27% dos votos de Lula. A ascensão ao Planalto de um proscrito do regime militar marcou uma ruptura na República Nova.

O novo presidente quis reformar o estado tal como fora construído por Getúlio Vargas e romper com o nacional-desenvolvimentismo, cujos dois pilares eram o estado e o protecionismo. O programa do governo, que tinha como objetivo principal o fim dos monopólios públicos no setor de petróleo e de telecomunicações, a reforma da função pública e a segurança social, enfrentou uma forte oposição do Congresso e do setor privado.

Por fim, as estradas, ferrovias, a Light e a Companhia Vale do Rio Doce foram privatizadas. Em 1997, a Petrobras, embora ainda uma empresa estatal, perdeu seu monopólio de exploração do petróleo e as empresas estrangeiras foram autorizadas a fazer prospecção e explorar as jazidas no Brasil. A Petrobras manteve sua posição dominante em relação ao refino e à rede de oleodutos e gasodutos no país. O governo privatizou 36 empresas, que geraram 22 bilhões de dólares para o Tesouro Público. Essa política de "desestatização" além de muito impopular, foi acusada pela oposição como espoliação do patrimônio nacional e a oportunidade de enriquecimento ilícito para alguns amigos do poder. A oposição, liderada pelo PT, protestou contra o neoliberalismo e tentou várias vezes abrir um processo de *impeachment* contra o presidente.

Fernando Henrique Cardoso também enfrentou os protestos do Movimento dos Trabalhadores Sem-Terra (MST), que reivindicava a reforma agrária e realizava ocupações ilícitas de grande repercussão em prédios e propriedades.

O MST surgiu em 1984 no sul do Brasil logo após os enormes tumultos causados na região devido à construção de barragens hidrelétricas. Os camponeses recusaram-se a abandonar suas terras e a instalarem-se na Amazônia, como proposto pelo governo. Com o apoio da Igreja Católica, favorável a uma distribuição justa de terras, o movimento organizou-se e fez das ocupações ilegais seu principal meio de interpelação dos poderes públicos e da opinião pública. Em alguns anos, o MST conquistou quase um monopólio em questões referentes à terra, em detrimento de organizações mais antigas.

O impulso do MST seguiu o caminho oposto ao do declínio da reforma agrária na pauta de projetos oficiais e nas preocupações dos políticos. Na década de 1970, a necessidade de dar terras aos trabalhadores rurais foi um tema de consenso desde a esquerda ao governo militar, mesmo que houvesse profundas divergências sobre as formas de realizar a reforma agrária. Depois de 1988, os partidários da redistribuição de propriedades rurais brasileiros enterraram o assunto, apesar de o Instituto Nacional de Colonização e Reforma Agrária (Incra) continuar a fazer, sob todos os governos, assentamentos de camponeses em lotes de terra. A industrialização do país, a diminuição do percentual de agricultores na população ativa e a rentabilidade pequena da agricultura familiar desviaram a atenção dos responsáveis políticos pela questão da reforma agrária. Nos anos 1990, essa reforma concebida como um instrumento de transformação social, só tinha o apoio da Igreja Católica e da oposição de esquerda, principalmente do PT, tendo em vista que o MST era um parceiro mais ou menos dócil.

Em abril de 1996, a tensão entre o MST e o governo chegou ao auge, quando em Eldorado dos Carajás, no Pará, o estado na região amazônica onde os conflitos de propriedade da terra foram mais numerosos e violentos, a polícia matou 19 camponeses durante uma manifestação do MST. Esse episódio levou Fernando Henrique a criar um Ministério Extraordinário de Política Fundiária e a enfatizar suas ações no sentido de promover a expropriação dos latifúndios improdutivos e o assentamento de famílias. Mas o MST continuou a agir de uma maneira agressiva para manter o problema da reforma agrária no centro dos compromissos políticos, em especial diante das eleições de 2002.

A política do governo enfrentou a situação econômica difícil de muitos estados da federação, cujos orçamentos eram praticamente destinados a pagar funcionários e a reembolsar a dívida que tinham com o governo federal. A reforma fiscal e a nova distribuição de renda entre a União e os estados resultaram em grandes protestos por parte dos estados, que viram nessas medidas uma redução de sua autonomia.

O Plano Real também teve seus contratempos. A abertura do mercado e o crescimento das importações provocaram um déficit da balança comercial de 1995 a 1998. O crescimento econômico foi medíocre e o desemprego aumentou consideravelmente.

Durante uma parte de seu mandato, FHC dedicou-se a fazer emendas na Constituição, a fim de permitir a reeleição imediata do presidente da República, dos governadores e prefeitos, os três níveis do Poder Executivo no federalismo brasileiro. Para serem aprovadas pelo Congresso, todas as medidas sujeitavam-se a intensas negociações entre a representação nacional e o governo. A emenda da reeleição não fugiu à prática do fisiologismo enraizada na tradição republicana brasileira. A aprovação dessa emenda com benefícios duvidosos para a democracia, mobilizou os esforços e a credibilidade do governo em detrimento de reformas sem dúvida mais urgentes, como a reforma fiscal. O principal beneficiário da emenda foi Fernando Henrique Cardoso, que se candidatou à reeleição em outubro de 1998. Em consequência do sucesso do Plano Real e da falta de alternativa digna de crédito, FHC reelegeu-se no primeiro turno com 53% dos votos. Lula, candidato à presidência na mesma chapa de Brizola, sofreu sua terceira derrota eleitoral e poucas pessoas previram que ele teria um futuro político promissor. Vinte estados entre 27 elegeram governadores apoiados pela maioria.

Mas o PT foi vitorioso em Mato Grosso, Acre e no Rio Grande do Sul. Este último estado e sua capital, Porto Alegre, serviram de vitrine para o Partido dos Trabalhadores e fonte de inspiração para as organizações de esquerda do mundo inteiro. Alguns socialistas franceses sugeriram a ideia dos "orçamentos participativos" — a consulta à população sobre a utilização de uma parte do dinheiro público. Porto Alegre, governada por prefeitos petistas de 1989 a 2004, impôs-se como a primeira capital do "altermundialismo" ao sediar em 2001, 2002, 2003 e 2005, o Fórum Social Mundial.

A campanha eleitoral teve como pano de fundo as dificuldades financeiras originadas pela crise russa em agosto de 1998, resultante das crises mexicanas (fim de 1994) e asiática (julho de 1997). A partir de agosto de 1998, o Brasil tornou-se o próximo "país emergente" na mira dos especuladores. Os capitais externos deixaram o país e o Banco Central aumentou a taxa de juros para 40%. Em novembro de 1998, o governo negociou uma ajuda do FMI para evitar uma crise mais grave. Em troca do empréstimo de $ 41,5 bilhões de dólares, ele se comprometeu a pôr em prática um política de austeridade e de substituir o déficit por um excedente orçamentário primário (independente da dívida). A reforma da Previdência de aposentadoria de servidores públicos, parte do plano de ajuste, foi rejeitada pelo Congresso em 2 de dezembro de 1998, o que enfraqueceu a capacidade de o governo reduzir seu déficit e a respeitar os compromissos internacionais.

A consciência do desastre não impediu que ele acontecesse. O segundo mandato de Cardoso começou em janeiro de 1999 em meio a uma turbulência financeira que quase subverteu o real e a credibilidade do governo. Em 1º de janeiro, Itamar Franco, novo governador de Minas Gerais, que herdara um estado falido, desencadeou a tempestade ao declarar uma moratória de noventa dias da dívida de Minas Gerais com a União. Outros estados, como o Rio Grande do Sul governado pelo PT, ameaçaram fazer o mesmo. Essa moratória resultou de uma vingança pessoal do antigo presidente contra seu ex-ministro da Fazenda, mas também revelou a recusa de muitos governadores em implantar em seus estados um plano de austeridade e reformas estruturais prometidos pelo governo federal ao exterior. Essa situação causou um novo êxodo acelerado de capitais aplicados no Brasil. Em 13 de janeiro de 1999, em um ambiente de pânico, o presidente do Banco Central foi substituído e o real sofreu uma desvalorização de 9%. A bolsa de valores de São Paulo caiu 5% em algumas horas, assim como as bolsas de Londres, Nova York e Paris.

Alguns dias mais tarde, o governo deixou a moeda flutuar e ela perdeu seu valor em relação ao dólar. A paridade do real com a moeda americana era uma lembrança distante: durante o ano de 1999, o dólar atingiu aos poucos o valor de R$ 2,00 com um novo aumento em 2001.

Em fevereiro de 1999, o Brasil fez um novo acordo com o FMI, ainda mais rigoroso que o anterior. O governo brasileiro comprometeu-se a obter um superávit orçamentário de 3,5% do PIB, que a balança comercial seria capaz de gerar mais de $ 2,5 bilhões de lucro, e que empresas dos setores energéticos e bancários seriam privatizadas. A morosidade atingiu mais uma vez um país sufocado pelas taxas dos juros, imerso na recessão e no desemprego. A popularidade de FHC e a do governo pagaram um alto preço por essa situação. Em 2000, o PT venceu as eleições municipais em 17 das 62 cidades com mais de 200 mil habitantes, como em São Paulo onde a candidata do PT, a elegante Marta Suplicy, derrotou com grande margem de votos Paulo Maluf.

O fim do mandato de Fernando Henrique Cardoso foi marcado por novas dificuldades. Em 11 de março de 1999, uma pane elétrica deixou 76 milhões de brasileiros na região sudeste sem luz. Incidentes desse tipo repetiram-se ao longo dos meses seguintes. A deficiência da produção de energia elétrica e a rede de distribuição obsoleta foram brutalmente reveladas pela estiagem que reduziu o nível de água dos rios. 85% do fornecimento de eletricidade no Brasil provinha das usinas hidrelétricas e surgiu a ameaça de um apagão geral. Em maio de 2001 o governo impôs um plano drástico de racionamento. Nos prédios, os elevadores revezavam o funcionamento. As pessoas colocaram os aparelhos domésticos com alto consumo de energia no fundo dos armários.

A crise energética foi o primeiro sinal que as infraestruturas haviam envelhecido ou eram inadequadas às necessidades atuais do Brasil. A palavra apagão passou a ser usada em outros problemas que surgiram ao longo dos anos na área de transportes e de saúde pública.

Foi nesse clima de convalescência econômica e de um crescimento de apenas 2% ao ano em média de 1990 a 2002, que se preparou a sucessão de Fernando Henrique Cardoso impedido de concorrer a um terceiro mandato.

O PT apresentou de novo a candidatura de Lula, mas desta vez decidido a não repetir os fracassos das eleições precedentes. O partido realizou uma revolução interna que causou uma reviravolta em uma organização tradicionalmente dividida em diversos nichos e reticente a fazer alianças que implicariam compromissos. A partir de 1995, o PT era presidido por José Dirceu, um ex-militante comunista do movimento estudantil, que viveu na clandestinidade durante a ditadura militar. José Dirceu venceu a resistência da ala de esquerda mais radical do partido, os "xiitas intransigentes", e foi o grande articulador da transformação do PT. No final do segundo mandato de FHC, o PT virou *light* e Lula adotou o estilo "Lulinha paz e amor". O Partido dos Trabalhadores queria conquistar o eleitorado popular, em especial durante as campanhas, porque o núcleo histórico dos simpatizantes do PT compunha-se mais por pessoas das classes médias urbanas e com diplomas universitários.

Adeus à pureza ideológica, bem-vindo às alianças. Em 2002, Lula teve como seu candidato à vice-presidência não mais Leonel Brizola como em 1998, e sim um industrial do setor têxtil, José Alencar, do Partido Liberal (PL). Esse partido proveniente do PFL, conservador, hostil ao PT até esse momento, não tinha grande importância no cenário político, mas exprimia a vontade de Lula de voltar-se para o centro. Além disso, o PL tinha muitos pastores das igrejas evangélicas entre seus integrantes com grande influência no eleitorado popular. O PT obteve, por subterfúgios nem sempre legais, os recursos financeiros para custear uma campanha vitoriosa. Duda Mendonça, um famoso publicitário, foi o articulador da campanha e o responsável pela imagem de Lula de acordo com as flutuações das pesquisas de opinião.

Lula não tinha escolaridade nem havia exercido um cargo executivo, apesar de os eleitores, sobretudo nos meios mais modestos, darem uma importância vital à "competência". As pessoas duvidavam das capacidades administrativas de Lula? O aspecto operário tradicional do partido desapareceu atrás de ternos de grifes. As barbas dos petistas, começando por Lula, eram cuidadosamente penteadas. A propaganda na televisão do candidato abria todos os dias com a imagem de Lula coordenando uma equipe de colaboradores ocupados com seus computadores, entre os quais se viam os célebres candidatos eleitos do partido. Em 2002, quando a imagem pública do candidato era ostensivamente burguesa, a biografia de Lula — o operário que conhecera a pobreza e a fome – comovia os pobres que, no entanto, não haviam ficado sensibilizados por sua vida difícil nas eleições de 1989, 1994 e 1998. Quanto à classe média, assustada com a incerteza crescente, aderiu à ideia de uma mudança de modelo de desenvolvimento e de uma redução das desigualdades sociais para eliminar a sensação de insegurança.

A transformação mais fundamental referiu-se ao programa de governo e ao discurso do candidato. Em 22 de junho de 2002, Lula apresentou uma carta pública chamada Carta ao Povo Brasileiro, na qual descrevia as grandes diretrizes de seu projeto para o Brasil.[67] Nesse documento, Lula denunciou o modelo de desenvolvimento seguido desde os anos 1990 que, segundo ele, só causara a estagnação, ameaça à soberania nacional, corrupção, crise social e insegurança. Ele fez um apelo a uma "mudança" que excluía qualquer forma de continuidade "aberta ou dissimulada" desse "modelo", mas preveniu que a transição não se realizaria em poucos dias em um "golpe de mágica".

Aos meios empresariais, o candidato à presidência garantiu que sua política não se afastaria da legalidade e não questionaria os grandes equilíbrios econômicos: "A estabilidade, o controle das despesas públicas e da inflação são hoje o patrimônio do povo brasileiro" disse o candidato. As palavras-chave do PT, "trabalhadores" e "socialismo", não constavam da Carta ao Povo Brasileiro.

Durante a campanha, a equipe do PT dedicou-se a tranquilizar os mercados financeiros, porém a perspectiva da eleição de Lula ao Planalto estimulou os especuladores. O dólar disparou em relação ao real e em agosto de 2002, o valor da moeda americana chegou a R$ 4,00 em vez dos R$ 2,00 dos três meses anteriores. Asfixiado pela economia em turbulência, o Brasil foi obrigado a negociar um novo empréstimo de $ 30 bilhões de dólares com o FMI. Lula, um dos principais candidatos comprometeu-se, em caso de vitória, a respeitar o acordo firmado pelo governo Fernando Henrique Cardoso.

José Serra do PSDB, o brilhante ministro da Saúde do governo FHC, foi o principal concorrente de Lula em uma eleição em que quase todos os candidatos eram de partidos de esquerda. A aliança entre o PSDB e o PLF não foi renovada e este partido não indicou um candidato à eleição presidencial. Por sua vez, a liderança do PFL decidiu extinguir formalmente a legenda e criou em seu lugar o Democratas (DEM). Mas, de qualquer modo, os programas de governo se assemelhavam e preconizavam o retorno à democracia e à recuperação do emprego, temas esquecidos nos mandatos de Fernando Henrique Cardoso.

Lula distanciou-se dos outros candidatos e obteve 46,4% dos votos no primeiro turno, o dobro de José Serra (23,2%). Em 27 de outubro de 2002, a vitória foi esmagadora: 61,3% dos eleitores brasileiros elegeram o imigrante nordestino, ex-metalúrgico, ao cargo supremo da República. A alegria e a esperança invadiram o Brasil e as ruas fervilharam como em uma Copa do Mundo. A eleição de Lula foi noticiada pelos jornais do mundo inteiro, um sinal da importância do Brasil no cenário internacional.

Em 1º de janeiro de 2003, Fernando Henrique Cardoso transmitiu a faixa verde e amarela presidencial a Lula. Este dia foi vista pelo antigo e o novo governo como uma verdadeira alternância de poder, uma transição democrática, e vivenciada como tal por muitos brasileiros. Em seu discurso de posse, Lula afirmou a prioridade de seu combate à fome e que, ao final do mandato, todos os brasileiros fariam três refeições por dia.

Algumas semanas depois de sua posse, o novo presidente brasileiro foi aplaudido no III Fórum Social Mundial realizado em Porto Alegre e no Fórum Econômico de Davos, na Suíça.

Porém, logo os altermundialistas decepcionaram-se com seu líder que se manteve fiel aos compromissos da campanha no espírito do PT *light*. Lula defendia acima de tudo os interesses do país, que poderia se beneficiar muito com o processo de globalização. Além disso, o pesadelo do governo Goulart ainda perseguia uma parte da esquerda brasileira, que queria provar sua capacidade de governar sem catástrofe nem drama.

Para a equipe econômica do governo Lula, comandada pelo ministro Antônio Palocci, era essencial demonstrar responsabilidade. O governo Lula abandonou a política de privatizações, mas quis superar em rigor e em ortodoxia orçamentária a administração do ex-presidente Fernando Henrique Cardoso. A fim de provocar um "choque de credibilidade", o novo presidente impôs um desafio à sua política econômica e, em vez dos 3,75% de superávit orçamentário do PIB exigido pelo FMI, a meta seria de atingir um superávit de 4,25%. As taxas de juros permaneceram em níveis bem elevados. O plano de austeridade prolongou-se e impediu o crescimento, mas o Brasil desendividou-se e pôde reembolsar antecipadamente o empréstimo do FMI. Os bancos, com lucros recordes, e os meios econômicos aprovaram as medidas. O real recuperou pouco a pouco o nível em relação ao dólar de 1999.[68] O Banco Central obteve uma maior autonomia. Ainda mais surpreendente, o governo dedicou-se ao projeto de reforma da Previdência de aposentadoria dos servidores públicos, tão contestada antes pelo PT. A reforma foi aprovada pelo Congresso em agosto de 2003 graças ao apoio de parlamentares do PSDB e do PFL. A política de Lula causou grandes mudanças no PT e diversos parlamentares que não haviam votado nas reformas propostas pelo governo foram excluídos do partido em 1994, e formaram uma nova legenda, o Partido Socialismo e Liberdade (PSOL).

Favorecidos também pela conjuntura internacional, os resultados econômicos cumpriram as metas previstas, com exceção de um crescimento pequeno em relação aos países emergentes asiáticos e só um ligeiro recuo no desemprego. As exportações brasileiras ultrapassaram as importações. Essa recuperação da balança comercial resultou em grande parte da elevação dos preços de várias matérias-primas brasileiras. A agricultura, primeira produtora e exportadora de café, açúcar, tabaco, suco de laranja, carne bovina e frango, contribuiu consideravelmente para o superávit comercial. Em 2006, o país tornou-se autossuficiente em petróleo produzido, sobretudo, nas plataformas *off shore* situadas no litoral da região sudeste. Além disso, o Brasil converteu-se no segundo maior produtor de etanol do mundo (35% do total da produção), quase igual aos Estados Unidos (37%). O país desenvolveu também uma tecnologia de motores "flex" que permite que os veículos rodem com gasolina ou etanol.

As medidas sociais demoraram a ser implantadas, mas, por fim, tiveram efeitos importantes. O aumento expressivo do salário mínimo e a distribuição mensal de tíquetes beneficiaram 11 milhões de famílias pobres. A estabilidade dos preços em níveis baixos dos alimentos básicos repercutiu imediatamente na vida de milhares de pessoas desfavorecidas e estimularam a economia local. Criticado como uma prática assistencialista, o programa Bolsa Família melhorou sem dúvida as condições de vida da maioria dos 50 milhões de pobres do Brasil, mas provavelmente não será uma solução para tirá-los da pobreza. O programa Bolsa Família obriga aos beneficiários a colocar os filhos na escola, porém o estado lamentável em que se encontram as escolas públicas dificilmente promoverá a ascensão social ou a qualificação da mão de obra.

Por outro lado, a reforma agrária não fez grandes progressos e a administração Lula não teve mais sucesso que seus predecessores, apesar de os vínculos entre o PT e o MST moderarem as reivindicações. O desenvolvimento da agricultura brasileira realizou-se em um contexto liberal e extremamente capitalista, no qual a pequena agricultura familiar ocupa um lugar insignificante. O Brasil luta na Organização Mundial do Comércio contra o protecionismo e as subvenções, que beneficiam os agricultores norte-americanos e europeus. Assim, não há indícios positivos que o Brasil irá fazer uma reforma agrária de grande amplitude. Ele se contentará com as iniciativas pontuais, a fim de garantir a viabilidade econômica da agricultura familiar.

O avanço da fronteira agrícola causado pela soja e a cana-de-açúcar, a busca de um crescimento similar ao do "milagre brasileiro" e a necessidade de produzir mais energia são difíceis de conciliar com as novas exigências da luta contra o aquecimento global. Coexiste no Brasil uma forte consciência ecológica e uma tradição quase milenar predatória em relação ao espaço e aos recursos naturais. A preservação da floresta amazônica e da Mata Atlântica enfrenta resistências de todos os tipos.

Para uma parte da opinião pública, os sucessos do governo Lula foram ofuscados pelos enormes escândalos de corrupção que não cessaram de denegrir sua coalizão desde 2005. Segundo revelações de vídeos constrangedores, a campanha de 2002 foi financiada com recursos de "caixa dois" e que o PT comprou o apoio político do PL. Práticas condenáveis, porém muito banais na vida política brasileira. Ainda mais grave foi o fato de o ministro da Casa Civil, José Dirceu, ter organizado um sistema de remuneração secreto de parlamentares dos partidos majoritários para votarem de acordo com suas instruções. Esse escândalo, conhecido como o "esquema do mensalão", foi investigado por uma Comissão Parlamentar Mista de Inquérito (CPMI), cujas sessões acompanhadas com emoção pelos telespectadores, revelaram a desonestidade do PT e de seus tesoureiros sucessivos. Dirceu foi obrigado a demitir-se e, em seguida, perdeu o mandato de deputado federal e o declararam inelegível. O golpe foi duro para um partido que fizera da luta contra a corrupção um dos seus temas preferidos.

O escândalo do "mensalão", além de outras peripécias tão desonestas quanto ridículas, impediu que Lula se reelegesse no primeiro turno em 2006, mas não prejudicou sua popularidade. No início de seu segundo mandato, explodiu um novo escândalo envolvendo o presidente do Senado, Renan Calheiros, representante de Alagoas e amigo de Fernando Collor. Encurralado pela imprensa e pela opinião pública e ridicularizado no último episódio de uma novela de televisão de grande sucesso, Calheiros manteve-se no cargo durante muito tempo alegando sua inocência apesar das evidências esmagadoras. Senador pelo PMDB, partido importante na coalizão governamental, Calheiros renunciou em dezembro de 2007.

No entanto, alguns indícios incentivaram o otimismo no combate à corrupção e ao fim da impunidade. No início de setembro de 2007, o Supremo Tribunal Federal decidiu que havia elementos suficientes para julgar quarenta políticos envolvidos no esquema do "mensalão", entre os quais José Dirceu, acusados de crimes graves.

Apesar das crises e dos escândalos, Lula continuou popular nas pesquisas de opinião, sobretudo entre as classes menos favorecidas, um ano depois de seu segundo mandato. Ainda é cedo para fazer uma avaliação sobre o Plano de Aceleração do Crescimento (PAC) destinado a fazer investimentos significativos para modernizar as infraestruturas. O governo Lula redirecionou discretamente sua posição no tocante à privatização, com a concessão de estradas federais a empresas privadas, em especial espanholas em outubro de 2007.

A popularidade de Lula resultou de sua política social e de seu lado chauvinista materializado pela bandeira do Brasil sempre presa na lapela. O estilo do presidente, bem "brasileiro médio", também facilitou a grande identificação do povo com ele. Lula parece com o vizinho dos bairros populares, aquele que joga futebol, faz churrasco e toma sorvete no fim de semana.

Mas a classe média é muito menos indulgente em relação ao presidente e sente-se prejudicada pelo governo. Ela paga impostos e contribui para a Previdência Social sem grande retorno. Para ter acesso a uma educação e serviços de saúde de qualidade é preciso recorrer a serviços privados muito caros.

A classe média também sofreu diversos "apagões", crises em uma série de infraestruturas como a que atingiu os transportes aéreos em outubro de 2006, cruciais em um país tão grande, que provocou atrasos consideráveis e catástrofes terríveis. Além disso, uma parte da opinião pública não perdoou a corrupção nem a saúde de ferro do fisiologismo sob o governo Lula. Ela confiava no PT para moralizar os costumes, mas constatou que seus dirigentes moldaram seu comportamento nos piores modelos do passado e que as nomeações para chefias de empresas estatais e órgãos federais seguiam critérios puramente políticos em detrimento da eficiência.

Em julho de 2007, Lula, vaiado pela multidão no Maracanã no Rio de Janeiro, não pôde fazer o ritual de abertura dos XV Jogos Pan-Americanos e voltou acabrunhado para o Planalto. A cada crítica o presidente reage com longas diatribes contra as elites, como se nada fosse sua culpa. De acordo com suas declarações, Lula não pensa em se retirar da vida política depois do segundo mandato, mas quer eleger um candidato de sua escolha.*

Configurações do início do século

"Só Jesus salva". Força dos evangélicos, recuo do catolicismo.

A década de 1980 marcou uma mudança brusca na sociedade brasileira. O "maior país católico do mundo" como o Brasil era chamado, deparou-se com uma diversidade religiosa. A partir dos anos 1980, a proporção de católicos começou a diminuir. Atualmente, a Igreja Católica perde um milhão de fiéis por ano. Em 1970, 92% dos brasileiros diziam-se católicos. No ano 2000 eles não representavam mais do que 74% da população. Se esse ritmo persistir, em 2010 a proporção será de 60%. Essa redução corresponde a uma ligeira descristianização do Brasil em benefício essencialmente dos protestantes.

Entre as igrejas evangélicas,[69] é comum distinguir as "igrejas evangélicas tradicionais" ou "evangélicas de missão" das "igrejas evangélicas pentecostais". As primeiras com 5% de brasileiros no ano 2000 têm diversas denominações como batistas, adventistas, luteranas, presbiterianas, metodistas etc., citando as principais por ordem de importância. As pentecostais ou neopentecostais que tinham 11% de adeptos em 2000 são mais dinâmicas e prosélitas, apesar de sua fragmentação em várias igrejas. O número de seguidores duplica a cada dez anos.

A igreja evangélica mais importante é a Assembleia de Deus fundada no Brasil em 1911 na região norte, seu berço histórico. A Congregação Cristã do Brasil, a segunda em número de fiéis, foi fundada no estado de São Paulo em 1910. A Igreja Universal do Reino de Deus (IURD), criação recente e local, teve um crescimento espetacular desde sua fundação em 1977 por Edir Macedo, um funcionário do estado do Rio de Janeiro. A força da IURD provém de sua rede de rádio e televisão, a Rede Record,

---

* Isso de fato ocorreu com a eleição de Dilma Roussef em outubro de 2010 (N. do T.)

comprada em 1990 e que possui transmissoras nas grandes cidades, além de uma grande audiência em quase todo o território nacional.

O perfil sociológico dos pentecostais é bem definido: camadas modestas da população, baixo nível de escolaridade, uma maioria urbana e a presença maior de mulheres. O desenvolvimento das igrejas evangélicas é surpreendente em um país com cidades de tamanhos diversos. Nos bairros populares e nas favelas, onde a proporção de evangélicos na população pode chegar a um quarto de seus habitantes, os lugares de culto instalados em cinemas e lojas desativadas parecem infindáveis. Essas diferentes igrejas evangélicas têm como ponto comum a relação pessoal da fé em Jesus, embora os ritos, os costumes e as proibições sejam diferentes de uma igreja para outra. As igrejas evangélicas colocam à disposição de seus fiéis suas redes de solidariedade e instituições. Elas oferecem também cursos e formações variadas, além de permitir a ascensão fácil ao cargo de pastor.

Com a expansão do poder dessas igrejas surgiu o "voto evangélico", o novo espectro alarmante das análises políticas. O peso desse voto em uma eleição é uma questão complexa, mesmo se a procura dos votos evangélicos faça parte agora de todas as campanhas eleitorais. No Congresso formou-se uma "frente evangélica", cujos integrantes pertencem a partidos diferentes, à imagem, aliás, dos partidos e dos senadores católicos. A força dos evangélicos manifestou-se por ocasião da candidatura de Anthony Garotinho[70] ao governo do estado do Rio de Janeiro e, depois, à presidência da República em 2002. Candidato pelo Partido Socialista Brasileiro e com veleidades de esquerdista, Garotinho ficou em terceiro lugar atrás de Lula e Serra, com 17,9% dos votos válidos e com uma distribuição geográfica que refletiu nitidamente os votos dos pentecostais, embora ele seja presbiteriano. No segundo turno, Lula beneficiou-se dos votos de Garotinho consolidando, assim, o apoio dos evangélicos. Porém, os evangélicos são desunidos e o "voto evangélico", em especial no plano local, é com frequência uma ilusão.

A Igreja Católica demorou a perceber o êxodo de seus fiéis para as igrejas evangélicas. No cerne do catolicismo brasileiro, o movimento carismático adquiriu uma grande importância e rivaliza com os evangélicos em termos da emoção e da mídia. O padre Marcelo Rossi com um físico de *crooner* conquista a atenção de multidões, vende milhares de CDs de músicas sacras e anima as sessões de preces das mídias católicas. Para marcar a diferença com esses ritos, a Igreja Católica privilegia o culto à Virgem Maria, celebrado na igreja Nossa Senhora da Aparecida, a santa padroeira do Brasil, cujo imenso santuário situa-se no vale do Paraíba paulista e atrai centenas de ônibus de peregrinos. A Igreja Católica instituiu os primeiros santos do Brasil ao canonizar, em 2002, madre Paulina do Coração Agonizante de Jesus (1865-1942), uma imigrante italiana. A canonização de frei Galvão (1739-1822), um brasileiro nato, por ocasião da visita de Bento XVI em maio de 2007, teve uma repercussão maior.

O resgate da história e seus efeitos

O Brasil não escapou do movimento de recuperação de fatos históricos vivenciados pela maioria das sociedades contemporâneas. No Brasil, as divergências e reivindicações do resgate da história referem-se principalmente a episódios recentes, a repressão sob a ditadura militar e a um passado mais distante, o tráfico negreiro, a escravidão e seu impacto na população afrodescendente.

A Lei de Anistia de 1979, base da transição democrática, protege de perseguições posteriores os autores de violações de direitos humanos e de crimes cometidos por razões políticas. Sem questionar a lei, o governo Fernando Henrique Cardoso instituiu em 1995 a Comissão de Mortos e Desaparecidos Políticos, encarregada de providenciar a lista das vítimas da repressão, de localizar os corpos dos "desaparecidos" e de indenizar as famílias finalmente recenseadas. O governo Lula seguiu o mesmo caminho de reparações às vítimas da intervenção do estado e da impunidade aos responsáveis pela tortura e violência. Atualmente, o número oficial de mortos pelos serviços de repressão durante a ditadura, eleva-se a 475 pessoas. Ao final de 11 anos de investigações, a Comissão publicou em setembro de 2007 um livro-relatório intitulado *Direito à Memória e à Verdade*. Um processo que resultou em condenação moral foi realizado em São Paulo contra o coronel Brilhante Ustra, ex-coordenador do DOI--CODI acusado de torturas e assassinatos por antigos prisioneiros.

O livro *Direito à Memória e à Verdade* é um dos pontos de atrito entre o governo e os militares. Além disso, os militares têm dificuldade em aceitar que o Ministério da Defesa dirigido por um civil tenha substituído em 1999 os três ministérios do Exército, Aeronáutica e Marinha, tradicionalmente comandados por militares.

O passado também interveio para justificar uma série de novos direitos concedidos aos negros brasileiros. O mito da "nação mestiça" poupada do racismo foi destruído há trinta anos diante da brutalidade dos fatos. A base da pirâmide social compõe-se na maioria por pessoas de pele escura, mas à medida que essa pirâmide eleva-se a presença de brancos é mais marcante. Essa distribuição desigual é consequência da discriminação racial ou é uma situação herdada do passado, do legado iníquo da escravidão maciça e prolongada? O debate ainda é intenso, mas o resultado é sempre o mesmo, a criação de políticas de reparação, com temas quase sempre inspirados nos movimentos negros.

O Movimento Negro Unificado (MNU), uma federação de associações criada em 1978 para combater a discriminação racial, é o opositor mais veemente da "mestiçagem", uma ideologia acusada de ter encoberto com subterfúgios a questão negra. O MNU exige acima de tudo a visibilidade dos afrodescendentes entre os quais ele inclui os mestiços, o que é discutível, mas compreensível por razões demográficas. Segundo o recenseamento realizado no ano 2000, só 7% dos brasileiros são negros, ao passo que 42% são mulatos e 51% brancos.[71]

Em 1995, a comemoração do tricentenário do fim do quilombo de Palmares foi cenário de uma mudança notável da política em relação aos afro-brasileiros. Zumbi e os quilombos, considerados o símbolo da resistência do Movimento Negro, receberam um reconhecimento oficial. Zumbi foi promovido a "herói nacional" e o dia de sua morte, 20 de novembro, passou a ser um feriado dedicado à "consciência negra". O governo FHC criou em 1996 o Grupo de Trabalho Interministerial para Valorização da População Negra. Ele colocou em prática um artigo da Constituição de 1988, que reconhecia a propriedade definitiva das terras ocupadas "pelos remanescentes das comunidades de quilombos". Após uma pesquisa histórica e antropológica, as "comunidades" de descendentes de escravos quilombolas receberam uma propriedade coletiva. O governo Lula — o PT tem algumas ligações com associações negras — seguiu uma lógica igual e enfrentou a mesma contradição de seu predecessor. Em nome da inclusão social da população afrodescendente do país, criou-se uma identidade e uma cultura separadas que deram acesso a direitos especiais.

A introdução das cotas reservadas aos negros, mestiços e índios nas universidades públicas suscitou opiniões controversas. Os candidatos às vagas intitulavam-se negros ou mestiços. As dificuldades começavam no momento da seleção dos candidatos. Nesse ponto, as experiências feitas em algumas universidades baseadas em critérios morfológicos e culturais surpreenderam mais de um observador.

Apesar de o Brasil não ter sido atingido em sua integridade física e moral pelo racismo, a disseminação de uma "identidade negra" de construção recente revela um futuro inquietante. As teses do movimento negro têm também a tendência de eliminar outras heranças como as dos ameríndios.[72] Além disso, ao atender pontualmente às reivindicações do movimento negro e aos partidários da discriminação positiva, os governos brasileiros eximiram-se de uma luta mais global, mais árdua e mais perigosa contra a pobreza, que não afeta apenas os afrodescendentes, visto que um terço da população branca é pobre.

O país de todas as violências

Na virada do século XX, o aumento da violência criminal e política redefiniram a imagem elaborada pelo nacionalismo brasileiro de um povo gentil e pacífico. A criminalidade ligada, sobretudo, ao tráfico de drogas, é tão grave que provoca a morte de milhares de pessoas por ano[73] e afeta o cotidiano da sociedade inteira. As balas perdidas fazem parte das ruas das cidades.

As favelas e os bairros habitados pela classe média baixa são em grande parte controlados pelas máfias. Esses grupos que têm nomes com uma conotação vagamente militar e política, como Comando Vermelho e Primeiro Comando da Capital são organizações de alta periculosidade. Os bandos mafiosos copiam o estilo guerrilheiro e até mesmo do terrorismo internacional, mas suas ações não têm um caráter altruísta ou conteúdo ideológico. A criminalidade alimenta-se da pobreza e do desemprego, tem uma dinâmica própria e enriquece os chefões opostos à imagem de um Robin Hood. O Primeiro Comando da Capital organiza motins simultâneos nas prisões. Em maio de 2006, seus integrantes atacaram diversas delegacias de polícia em São Paulo, que paralisaram alguns bairros da cidade e causaram dezenas de mortos.

A expressão "estamos em guerra" é usada com frequência nas conversas dos integrantes desses grupos criminosos. No entanto, os brasileiros rejeitaram por votação o referendo de outubro de 2005 sobre a proibição da comercialização de armas de fogo e munições para a sociedade civil. A recusa à proposta que sugeria desarmar a sociedade face ao crime foi sintomática. A vitória do "não" exprimiu a exasperação crescente diante da violência que vitima principalmente os pobres, mas que perturba cada vez mais a vida da classe média.

Associar a insegurança à um guerra é perigoso. A violência foi usada pela ditadura militar a fim de combater a "subversão" e serviu para legitimar os atos violentos de policiais que bateram recordes e não resolveram o problema: 111 presos foram mortos na prisão de Carandiru (São Paulo) em 2 de outubro de 1992, policiais assassinaram sete menores na chacina da Candelária (Rio de Janeiro) em 23 de julho de 1993, 19 manifestantes foram mortos pela polícia militar e 67 ficaram feridos em Eldorado dos Carajás (Pará) em 17 de abril de 1996, sem mencionar as execuções sumárias diárias, o uso habitual da tortura, e as relações às vezes sinistras entre o submundo e as forças de ordem.

Os governos dos estados, assim como o governo federal, até o momento fracassaram em eliminar a violência. A eficácia de uma ação capaz de deter os atos violentos envolve o fim da impunidade, a condenação efetiva dos criminosos de colarinho branco, as pessoas importantes que enviam seus homens de confiança para eliminar os provocadores nas campanhas. Os poderes públicos precisam conquistar ou reconquistar todos os espaços e neles aplicar a lei.

Brasil, país do mundo

Com o fim das ditaduras na América do Sul surgiu uma nova era de cooperação entre os países do continente, que querem encontrar um lugar entre os blocos econômicos em processo de formação no mundo. A Declaração do Iguaçu celebrada em 30 de novembro de 1985 em Foz do Iguaçu, Brasil, pelos presidentes da Argentina e do Brasil, respectivamente, Rául Alfonsín e José Sarney, lançou as primeiras bases de uma integração econômica entre os dois países. Em 26 de março de 1990, em Assunção, Paraguai, os presidentes do Brasil, Argentina, Uruguai e Paraguai assinaram um tratado que previa a abolição progressiva dos direitos alfandegários entre esses países e a criação de um Mercado Comum do Sul, o Mercosul, em 1º de janeiro de 1995. No ano seguinte, o Chile e a Bolívia associaram-se ao Mercosul seguidos pelo Peru (2003), Colômbia e Equador (2004). A Venezuela tornou-se o quinto país-membro do Mercosul em 2006.

A expansão do Mercosul expressa seu sucesso, como o aumento das trocas internas entre as zonas de livre comércio, o que não significa que as relações entre os membros sejam sempre pacíficas. A integração econômica da Argentina e do Brasil teve e ainda tem momentos de desacordos e acusações mútuas. O poder do Brasil e suas pretensões em ser o líder regional não são sempre bem vistas em Buenos Aires. A adesão da Venezuela e a ascensão ao governo da personalidade forte de Hugo Chávez prometem novos atritos.

O Mercosul é um dos aspectos da diplomacia brasileira, cujas principais iniciativas, no primeiro mandato de Lula, concentraram-se na reformulação do Conselho de Segurança das Nações Unidas, no qual o Brasil pretende ser um membro permanente. Seu envolvimento internacional revelou-se principalmente na coordenação da Missão das Nações Unidas para a Estabilidade do Haiti (Minustah) instituída em 2004.

As grandes empresas brasileiras, como a Petrobras e a Vale do Rio Doce garantem a presença dos interesses brasileiros no exterior.

A globalização, no caso do Brasil, adapta-se ao nacionalismo econômico e à afirmação do país no cenário internacional. O final do século XX foi sombrio. O século XXI começou com mais otimismo, com a sensação que a conjuntura mundial está melhorando e que a hora do Brasil por fim chegou.

Anexos

1
A população da América portuguesa e do Brasil
(1560-2007)

Total	1550	1660	1700	1750	1800	1872
	15.000	184.000	350.000	1.500.000	3,3 M	10 M
Total	1890	1910	1930	1950	1960	1970
	14 M	22 M	38 M	52 M	66 M	93 M
Total	1980	1996	2007			
	119 M	157 M	184 M			

2
Estimativa dos números de escravos vindos para o Brasil
(1531-1850)

1531-1600	50.000
1601-1700	560.000
1701-1800	1.680.000
1801-1850	1.713.200
Total	4.003.200

Fonte: *Estatísticas históricas do Brasil. Séries econômicas, demográficas e sociais de 1550 a 1988.* Rio de Janeiro: IBGE, 1990, p. 60.

3
Crescimento, dívida, inflação
(1951-1997)

Presidente	Vargas	Kubitschek	Goulart
Datas de governo	1951-1955	1956-1960	1961-1964
Inflação média anual	17%	25%	59%
Crescimento médio anual do PIB	6,7%	8%	5%
Dívida pública em % do PIB	1,3%	0,35%	0,09%
Dívida externa em bilhões de dólares	1,4	3,9	4

Presidente	Castelo Branco	Costa e Silva	Médici
Datas de governo	1964-1967	1967-1969	1969-1974
Inflação média anual	38%	130%	472%
Crescimento médio anual do PIB	6,7%	2,4%	4,3%
Dívida pública em % do PIB	1,1%	3,9%	6,7%
Dívida externa em bilhões de dólares	5,2	4,4	14

Presidente	Geisel	Figueiredo	Sarney
Datas de governo	1974-1979	1979-1985	1985-1990
Inflação média anual	38%	130%	472%
Crescimento médio anual do PIB	6,7%	2,4%	4,3%
Dívida pública em % do PIB	8,2%	14,3%	32%
Dívida externa em bilhões de dólares	5,2	4,4	14,8

Presidente	Collor	Franco	Cardoso
Datas de governo	1990-1992	1992-1994	1995-1997
Inflação média anual	984%	1.584%	10,5%
Crescimento médio anual do PIB	-1,3%	5,4%	3,4%
Dívida pública em % do PIB	32%	8,5%	16,8%
Dívida externa em bilhões de dólares	136	148	200

FONTE: *Veja*, 7 de outubro de 1998.

Notas

1. A arroba, símbolo @, é uma medida de peso ibérica que corresponde, com variações regionais, a cerca de 14,5 kg.
2. As datações pré-históricas são indicadas antes da data atual, ou seja, 1950.
3. Tradição: termo arqueológico que designa um conjunto característico de objetos (utensílios, cerâmica) encontrado em diversos lugares e durante um longo período.
4. Urucum: árvore pequena de cujos frutos se fazem corantes.
5. SILVA, Joaquim Norberto de Sousa. "O descobrimento do Brasil por Pedro Álvares Cabral foi devido a um mero acaso ou teve ele alguns indícios para isso?" *Revista do Instituto Histórico e Geográfico Brasileiro*. Rio de Janeiro, 6, 1852, p. 125.
6. Brasileiro: no século XVI os brasileiros eram as pessoas que exploravam e comercializavam o pau-brasil e depois por extensão os índios do Brasil. Com a Independência em 1822, o gentílico passou a designar os habitantes do novo Estado.
7. Mameluco: mestiço de branco com índio.
8. Aldeia: vilarejo, povoado habitado por índios.
9. Morador: habitante, residente, mas em francês traduz-se por colono. Colonizadores que se instalaram no Brasil e seus descendentes.
10. CURTIN, Philip. *The Rise and Fall of the Plantation*. Cambridge: Cambridge University Press, 1990.
11. Luís de Camões, canto X, verso 141. *Les Lusiades – Os Lusíadas*, edição bilíngue. Paris: Pierre Laffont, 1996, p. 447.
12. Os livros de Luiz Felipe de Alencastro sobre o tráfico negreiro e suas consequências no Atlântico Sul são a fonte principal de interpretação da história brasileira. Ver desse autor, *O trato dos viventes. Formação do Brasil no Atlântico Sul*. São Paulo: Cia. das Letras, 2000; "Le versant brésilien de

l'Atlantique Sud, 1550-1850". *Annales. Histoire, sciences sociales*, ano 61, n° 2, março-abril de 2006, p. 339-382.
13. SILVA, Alberto da Costa e. *Um Rio chamado atlântico. A África no Brasil e o Brasil na África*. Rio de Janeiro: Editora UERJ/ENF, 2003.
14. Cauri: pequenas conchas que circulavam como moedas na África subsaariana.
15. O exemplo do açúcar é suficiente para demonstrar a impropriedade da noção de "ciclo" na história econômica do Brasil. Além de o ciclo enfatizar um produto destinado à exportação e negligenciar os outros setores, criava também a impressão de um crescimento rápido, porém, temporário. No entanto, a cana-de-açúcar nunca deixou de ser uma atividade agrícola essencial no Brasil, tanto no século XVII quanto hoje em dia, em seu berço histórico no Nordeste como em novas regiões. A produção de etanol a partir da década de 1970 e o desenvolvimento dos biocombustíveis comprovam esse fato.
16. Salvador o "jovem" não deve ser confundido com Salvador o "velho", seu avô, governador das capitanias do Sul em 1614.
17. A capitania de São Vicente (ou de São Paulo) permaneceu sob a autoridade do governador e capitão-geral do Rio de Janeiro até 1709.
18. A palavra emboaba é de origem controvertida, talvez do tupi, mas sua conotação pejorativa é indiscutível.
19. Fluminense: do Rio de Janeiro (rio = *flumen* em latim).
20. Citado em: SOUZA, Laura de Mello e BICALHO, Maria Fernanda. *1680-1720: O Império deste mundo*. São Paulo: Cia. das Letras, 2000, p. 34.
21. Existe uma edição bilíngue português/francês erudita do livro de Antonil por André Mansuy. João André Antonil. *Cultura e opulência do Brasil por suas drogas e minas*. Paris: IHEAL, 1968.
22. *Porteño*: habitante de Buenos Aires.
23. Sebastião José de Carvalho e Melo recebeu em 1759 o título de conde de Oeiras e em, 1769, o de marquês de Pombal, com o qual ficou famoso. Por conveniência, o ministro de dom José I é designado neste livro como Pombal, mesmo em datas anteriores a 1769.
24. Rio Chuí: atual fronteira entre o Brasil e o Uruguai.
25. O título completo do manuscrito é *Discurso pronunciado perante a Junta de ministros e outras pessoas sobre assuntos referentes ao desenvolvimento econômico e financeiro de Portugal e Domínios Ultramarinos, principalmente o*

Brasil, citado por Maria de Lourdes Viana Lyra. *A utopia do poderoso Império. Portugal e Brasil: bastidores da política, 1798-1822*. Rio de Janeiro: Editora 7Letras, 1994, p. 65. Ver também Andrée Mansuy-Diniz Silva. *Portrait d'um homme d'État: D. Rodrigo de Sousa Coutinho, comte de Linhares, 1755-1812*, v. 1: *Les années de formation, 1755-1796*. Lisboa e Paris: CCG-CNCDP, 2002; v. 2: *L'homme d'État, 1755-1812*. Lisboa e Paris: CCG, 2006.

26. Nireu Cavalcanti corrigiu o número de 15 mil pessoas comumente mencionado. Ver *O Rio de Janeiro setecentista. A vida e a construção da cidade da invasão francesa até a chegada da Corte*. Rio de Janeiro: Jorge Zahar, 2004, p. 96-97.

27. Os portugueses diferenciavam o Algarve continental ao sul de Portugal atual, conquistado dos mouros no século XII e o Algarve ultramarino, no Marrocos, terra de cruzadas. O rei de Algarve era rei de Portugal, assim como o rei de Navarra era rei da França.

28. Na verdade, o assunto ficou bem ambíguo até a reunião das Cortes em Portugal em 1820, que oficializaram em suas discussões o termo de províncias para as antigas capitanias brasileiras.

29. NEVES, Lúcia Maria Bastos Pereira das e MACHADO, Humberto Fernandes. *O Império do Brasil*. Rio de Janeiro: Ed. NF, 1999, p. 67.

30. No Brasil a opinião pública limitou-se durante muito tempo a uma minoria, embora ela tenha se expandido ao longo dos séculos XIX e XX. Essa minoria, em geral alfabetizada e com certo nível de renda, exerceu uma influência bem superior à sua importância numérica.

31. Corcundas: apelido dado aos adversários dos partidários do absolutismo, supostamente corcundas por fazerem reverências.

32. "Lembranças e Apontamentos do governo provisório para os senhores deputados da província de São Paulo", in: *Obra política de José Bonifácio (comemorativa do Sesquicentenário da Independência)*. Brasília, Senado Federal, 1973, v. 2, p. 17-23.

33. ALEXANDRE, Valentim. "o nacionalismo vintista e a questão brasileira: esboço da análise política", in: *O liberalismo na península Ibérica na primeira metade do século XIX*, v. 1. Lisboa: Sá Costa, 1981, p. 298.

34. Citado em: BARMAN, Roderick. *Brazil: The Forging of a Nation, 1798-1852*. Stanford: Stanford University Press, 1988, p. 95.

35. Os tamoios, indígenas que pertenciam ao grupo dos tupinambás, fizeram oposição feroz aos portugueses na baía da Guanabara no século XVI.

36. As filhas de Carvalho chamavam-se Carolina, Filadélfia e Pensilvânia.
37. Max Fleiuss, "Francisco Manuel e o Hino Nacional", conferência realizada no IHGB em 12 de outubro de 1916. Rio de Janeiro: IN, 1916, p. 17-18.
38. Caboclo: mestiço de branco e índio, população pobre do interior do Norte do Brasil.
39. Gaúcho: nome dos habitantes do Rio Grande do Sul.
40. Miriam Dolhnikoff opõe-se à ideia de um Regresso muito centralizador, segundo uma visão predominante na historiografia brasileira. Para essa historiadora, as leis adotadas pelos regressistas mantiveram algum federalismo nas instituições e articularam de maneira satisfatória o poder central e a autonomia provincial, cf. *O pacto imperial. Origens do federalismo no Brasil*. São Paulo: Globo, 2005.
41. Citado por José Murilo de Carvalho, *Dom Pedro II*. São Paulo: Cia. das Letras, 2007, p. 78.
42. Quanto à dimensão sacrificial no indianismo, ver Alfredo Bosi, "Um mito sacrificial: o indianismo de Alencar", *in: Dialética da colonização*. São Paulo: Cia. das Letras, 1993, p. 176-193; Pedro Puntani, "A Confederação dos Tamoyos de Gonçalves de Magalhães. A poética da história e a historiografia do Império", *Novos Estudos*, 45, julho de 1996, p. 119-130.
43. Colono: nome dos imigrantes da região rural, na maioria agricultores.
44. Esta citação de Varnhagen foi extraída do *Memorial orgânico* publicado em 1851.
45. De uma brochura de Miguel Lemos datada de fevereiro de 1890. Ver Armelle Enders, *Plutarque au Brésil*...Paris: Les Indes Savantes (a ser publicado).
46. Citado por Hebe M. Mattos, "Laços de família e direitos no final da escravidão", *in: História privada no Brasil*, v. 2. São Paulo: Cia. das Letras, 1997, p. 364.
47. FLORES, Élio Chaves. "A consolidação da República: rebeliões de Ordem e Progresso", *in:* FERREIRA, Jorge e DELGADO, Lucília de Almeida Neves (orgs.). *O Brasil republicano: 1. O tempo do liberalismo excludente, da Proclamação da República à Revolução de 1930*. Rio de Janeiro: Civilização Brasileira, 2003, p. 50.
48. Citado por José Mauro Gagliardi, *O indígena e a República*. São Paulo: Hucitec, 1989, p. 56.
49. Sertanejo: do sertão, do interior. Os sertanejos são os habitantes pobres da região central e do nordeste.

50. A partir da década de 1960, surgiram diversos livros que interpretaram Canudos como uma luta agrária, comparando a ação dos sertanejos rebeldes ao movimento contemporâneo do MST. Não existe nenhuma alusão nos papéis deixados por Antônio Conselheiro que apoie essa visão anacrônica e direcionada.
51. O Sebastianismo remete ao mito português do século XVI transmitido nos sertões brasileiros pela literatura oral, segundo o qual dom Sebastião não morreu em 1578 na batalha de Alcácer Quibir, mas que "desaparecera" e retornaria para anunciar épocas novas e felizes. A palavra sebastianista tinha uma conotação pejorativa para os republicanos no final do século XIX.
52. O coronelismo inspirou estudos clássicos como os de Vítor Nunes Leal, *Coronelismo, enxada e votos*. São Paulo: Alfa-Ômega, 1948 e de Eul Soo Pang, *Coronelismo e oligarquias, 1889-1943. A Bahia na Primeira República*. Rio de Janeiro: Civilização Brasileira, 1979.
53. Judia e comunista, Olga Benário morreu em uma câmara de gás em 1942 no campo de concentração de Ravensbrück.
54. O nacionalismo não é um termo pejorativo em português como é em francês. Ao contrário, o nacionalismo no Brasil tem uma conotação positiva e é quase um sinônimo de civismo. O patriotismo aproxima-se mais do sentido francês de nacionalismo.
55. Por uma característica da Constituição de 1946, não havia uma chapa eleitoral única e os eleitores votavam no candidato a presidente e, também, no candidato a vice-presidente.
56. O ABC refere-se às regiões de Santo André, São Bernardo e São Caetano na periferia da cidade de São Paulo.
57. A classe média no Brasil abrange a categoria social situada entre as camadas pobres e as muito ricas, com profissões modestas e de nível superior. Portanto, é muito maior e mais heterogênea que a classe média francesa.
58. A saudade, um sentimento melancólico da ausência de alguém ou de algo, é impossível de ser traduzido em outra língua. Na bossa nova o sentido da palavra saudade na música interpretada por João Gilberto é afetivo. Mas a rejeição ao saudosismo e o gosto pela modernidade caracterizaram a mudança dos anos 1950 e 1960.
59. "Lula" é um apelido comum de Luís.
60. Luís Alberto Romero caracterizou a ditadura argentina de 1976 como um regime desunido, terrorista e clandestino, mas também como um regime

oficial, *in:* ROMERO, Luís Alberto. *História contemporânea da Argentina.* Rio de Janeiro: Jorge Zahar, 2006, p. 199.
61. A guerrilha do Caparaó realizada de 1966 a 1967 no interior de Minas Gerais e Espírito Santo inspirou-se na ação de Che Guevara. Os guerrilheiros foram rapidamente presos pela Polícia Militar de Minas Gerais.
62. Nome de uma serpente aquática que pode alcançar cerca de dez metros de comprimento e é capaz de engolir presas enormes.
63. O Exército brasileiro nunca comunicou oficialmente o número de perdas.
64. O Brasil aderiu ao Tratado de Tlatelolco em 30 de maio de 1994.
65. Brizola tentou ressuscitar a legenda histórica do trabalhismo brasileiro, o PTB, mas em 1980 por decisão do Tribunal Superior Eleitoral o PTB passou a ser presidido por Ivete Vargas, sobrinha-neta do "pai dos pobres". O PTB atual não tem nenhuma semelhança com seu ilustre homônimo do período anterior a 1965.
66. Durante sua campanha de televisão, Collor chamou o governo Sarney de "corrupto, incompetente e safado".
67. O texto está disponível em diversos sites, como http://www.lula.org.br/obrasil/documentos.asp
68. Em outubro de 2007, a paridade da taxa de câmbio era de cerca de 1 dólar por 1,8 real.
69. Essas são as categorias utilizadas pelo Instituto Brasileiro de Geografia e Estatística (IBGE).
70. Garotinho é um apelido. Seu nome completo é Anthony Matheus de Oliveira.
71. Os recenseamentos do IBGE baseiam-se na autodesignação e compõem-se de cinco categorias de "cor/raça" (sic) entre as quais os recenseados devem escolher: branco, negro, mulato, amarelo e índio. Em 1991 a designação era livre e foram usadas 136 classificações diferentes para descrever a cor da pele dos brasileiros.
72. Em 2007, a estimativa dos povos indígenas era de 730 mil pessoas que correspondem a 0,4% da população. A demarcação de suas terras ainda continua.
73. O total de homicídios por ano é de aproximadamente 50 mil.

Bibliografia

ESTA BIBLIOGRAFIA SELETIVA DIRIGE-SE A UM público francês e, portanto, privilegia as obras pouco numerosas em língua francesa e em inglês, assim como os livros indispensáveis em português, nos quais se apoiou a pesquisa deste livro *Uma Nova História do Brasil*.

Além do dinamismo dos historiadores brasileiros, gostaria de destacar a excelência dos trabalhos realizados pelos colegas norte-americanos e ingleses. Nenhuma obra francesa compara-se à abrangência das obras de Stuart Schwartz, Kenneth Maxwell e Roderick Barman citando, injustamente, apenas esses três nomes. Na França temos os excelentes livros de sociologia e antropologia de Dominique Vidal, Jean-François Véran e Véronique Boyer, que nos ajudam a compreender a sociedade brasileira. Grande parte das informações do capítulo sobre a República Nova a partir de 1985 foi obtida nos cinco volumes enormes do *Dicionário Histórico-Biográfico Brasileiro* elaborado pelo Centro de Pesquisa e Documentação de História Contemporânea do Brasil (CPDOC) da Fundação Getulio Vargas.

Livros e coleções interdisciplinares

ALENCASTRO, Luiz Felipe de. "Le versant brésilien de L'Atlantique Sud, 1550-1850". *Annales. Histoire, sciences sociales,* 61º ano 2, março-abril de 2006, p.339-382.

BETHENCOURT, Francisco e CHAUDHURI, Kirti (orgs.) *História da Expansão Portuguesa*. Lisboa: Círculo de Leitores, 1998, 5 volumes.

BASTIDE, Roger. *Le candomblé de Bahia (rite Nagô)*. Paris: Plon, 2000 (1ª edição em 1958).

BOXER, Charles Ralph. *The Portuguese Seaborne Empire, 1415-1825*. Londres: Hutchinson, 1969.

CUNHA, Manuela Carneiro da (org.). *História dos Índios do Brasil*. São Paulo: Companhia das Letras, 1992.

DEAN, Warren. *With Broadax and Firebrand. The Destruction of the Brazilian Forest*. Berkeley: University od California Press, 1997.

DEL PRIORE, Mary e VENÂNCIO, Renato. *Uma História da Vida Rural no Brasil*. Rio de Janeiro: Ediouro, 2006.

ENDERS, Armelle. *Histoire de l'Afrique Lusophone*. Paris: Chandeigne, 1994.

ENDERS, Armelle. *Histoire de Rio de Janeiro*. Paris: Fayard, 2000.

HOLANDA, Sérgio Buarque de e FAUSTO, Boris. *História Geral da Civilização Brasileira*. São Paulo: Difel, 1971-1985, 11 volumes.

LINHARES, Maria Yedda (org.). *História Geral do Brasil*. Rio de Janeiro: Elsevier, 2000 (9ª edição revista).

MARQUESE, Rafael de Bivar. *Feitores do Corpo, Missionários da Mente. Senhores, Letrados e o Controle dos Escravos nas Américas, 1660-1860*. São Paulo: Companhia das Letras, 2004.

MATTOSO, Kátia de Queirós. *Être Esclave au Brésil, XVIe-XIXe siècle*. Paris: Flammarion, 1979.

MOTA, Carlos Guilherme (org.). *Viagem Incompleta. A Experiência Brasileira, 1500-2000*. São Paulo: Editora Senac, 2000, 2 volumes.

NICOLAU, Jair. *História do Voto no Brasil*. Rio de Janeiro: Jorge Zahar Editora, 2002.

SERRÃO, Joel e OLIVEIRA MARQUES, António Henrique (org.). *Nova História da Expansão Portuguesa*. Lisboa: Estampa, 1992-2001, 11 volumes.

Pré-história

FAUSTO, Carlos. *Os Índios Antes do Brasil*. Rio de Janeiro: Jorge Zahar Editora, 2000.

GASPAR, Madu. *Sambaqui: Arqueologia do Litoral Brasileiro*. Rio de Janeiro: Jorge Zahar Editora, 2000.

NEVES, Eduardo Góes. *Arqueologia da Amazônia*. Rio de Janeiro: Jorge Zahar Editora, "Descobrindo o Brasil", 2006.

PROUS, André. *O Brasil Antes dos Brasileiros. A Pré-história do Nosso País*. Rio de Janeiro: Jorge Zahar Editora, 2006.

Período colonial

ALDEN, Dauril. *Royal Government in Colonial Brasil, With Special Reference to the Administration of the Marquis de Lavradio, Viceroy, 1769-1779*. Berkeley-Los Angeles, University of California Press, 1968.

BOXER, Charles Ralph. *Salvador de Sá and the Struggle for Brazil and Angola, 1602-1686*. Londres, University of London: Athlone Press, 1952.

BOXER, Charles Ralph. *The Dutch in Brazil (1624-1654)*. Oxford: Clarendon Press, 1957.

BUENO, Eduardo. *A Viagem de Descobrimento. A Verdadeira História da Expedição de Cabral*. Rio de Janeiro: Objetiva, 1998.

BUENO, Eduardo. *Náufragos, Traficantes e Degredados. As Primeiras Expedições ao Brasil*. Rio de Janeiro: Objetiva, 1998.

BUENO, Eduardo. *Capitães do Brasil. A Saga dos Primeiros Colonizadores*. Rio de Janeiro: Objetiva, 1999.

CALVACANTI, Nireu. *O Rio de Janeiro setecentista. A vida e a construção da cidade da invasão francesa até a chegada da Corte*. Rio de Janeiro: Jorge Zahar Editora, 2004.

CASTELNAU–L'ESTOILE, Charlotte de. *Les ouvriers d'une vigne stérile. Les Jésuites et la conversion des Indiens du Brésil, 1580-1620*. Paris-Lisbonne, Centre Culturel Calouste Gulbenkian, 2000.

CURTIN, Philip. *The Rise and Fall of the Plantation Complex*. Cambridge: Cambridge University Press, 1990.

DAMASCENO, Cláudia. *Des terres aux villes de l'or. Pouvoirs et territoires urbains au Minas Gerais (Brésil, XVIIIe siècle)*. Paris: CCCG, 2003.

FONSECA, Cláudia Damasceno. *Des terres aux villes de l'or. Pouvoirs et territoires urbains au Minas Gerais (Brésil, XVIIIe siècle)*. Paris: CCCG, 2003.

FIGUEIREDO, Luciano. *Rebeliões no Brasil colônia*. Rio de Janeiro: Jorge Zahar Editora, 2005.

FLORENTINO, Manolo. *Em costas negras. Uma história do tráfico de escravos entre a África e o Rio de Janeiro*. São Paulo: Cia das Letras, 1997.

FRAGOSO, João Luís e FLORENTINO, Manolo. *O arcaísmo como projeto. Mercado atlântico, sociedade agrária e elite mercantil no Rio de Janeiro, c. 1790-c. 1840*. Rio de Janeiro: Diadorim Editora Ltda, 1993.

FRAGOSO, João Luís. *Homens de grossa aventura. Acumulação e hierarquia na praça mercantil do Rio de Janeiro, 1790-1830*. Rio de Janeiro: Civilização Brasileira, 1998.

FRAGOSO, João, BICALHO, Maria Fernanda e GOUVÉIA, Maria de Fátima, (orgs.) *O Antigo Regime nos Trópicos: a dinâmica imperial portuguesa (séculos XVI-XVIII)*. Rio de Janeiro: Civilização Brasileira, 2001.

FURTADO, Júnia Ferreira (org.) *Diálogos oceânicos. Minas Gerais e as novas abordagens para uma história do ultramarino português*. Belo Horizonte, Universidade Federal de Minas Gerais, 2001.

GOMES, Flávio. *Palmares. Escravidão e Liberdade no Atlântico Sul*. São Paulo: Editora Contexto, 2005.

HEMMING, John. *Red Gold The Conquest of the Brazilian Indians, 1500-1760*. Cambridge: Harvard University Press, 1978.

MAURO, Frédéric. *Le Portugal, le Brésil et l'Atlantique au XVIIe siècle (1570-1670). Étude économique*. Paris, Fondation Calouste Gulbenkian/Centre Culturel Portugais, 1983.

MAURO, Frédéric e SOUZA, Maria de. *Le Brèsil du XVe siècle à la fin du XVIIIe siècle*. Paris: Sedes, 1997.

MAXWELL, Kenneth. *Conflicts and Conspiracies: Brazil and Portugal, 1750-1808*. Cambridge: Cambridge University Press, 1973.

MAXWELL, Kenneth. *Pombal: Paradox of the Enlightment*. Cambridge: Cambridge University Press, 1995.

MELLO, Evaldo Cabral de. *Olinda Restaurada. Guerra e açúcar no Nordeste, 1630-1654*. Rio de Janeiro: Topbooks, 1998.

MELLO, Evaldo Cabral de. *O negócio do Brasil. Portugal, os Países Baixos e o Nordeste, 1641-1669*. Rio de Janeiro: Topbooks, 2003.

MELLO, Evaldo Cabral de. *A fronda dos Mazombos. Nobres contra mascates, 1666-1715*. São Paulo: Editora 34, 2003 (2ª edição revisada).

MONTEIRO, John Manuel. *Negros da terra. Índios e bandeirantes nas origens de São Paulo*. São Paulo: Cia. das Letras, 1995.

PUNTANI, Pedro. *A guerra dos Bárbaros. Povos indígenas e a colonização do sertão nordeste do Brasil, 1650-1720*. São Paulo, Hucitec/ Editora da USP/ Fapesp, 2002.

SALLMANN, Jean-Michel. *Géopolitique du XVIe siècle, 1490-1618. Nouvelle histoire des relations internationales* 1. Paris: Le Seuil, «Points histoire», 2003.

SALOMON, Frank e SCHWARTZ, Stuart B. (orgs.) *The Cambridge History of the Native Peoples of the Americas*, vol. III, Part 1. Cambridge: Cambridge University Press, 1999.

SCHWARTZ, Stuart B. *Burocracia e Sociedade no Brasil Colonial*. São Paulo: Editora Perspectiva, 1979.

SCHWARTZ, Stuart B. *Sovereignty and Society in Colonial Brazil. The High Court of Bahia and its judges, 1609-1751*. Berkeley–Los Angeles–Londres: University of California Press, 1973.

SCHWARTZ, Stuart B. *Sugar Plantations in the Formation of Brazilian Society. Bahia, 1550-1835*. Cambridge: Cambridge University P., 1985.

SCHWARTZ, Stuart B e LOCKHART, James. *Early Latin America: a History of Colonial Spanish America and Brazil*. Cambridge: Cambridge University Press, 1983.

SOUZA, Laura de Mello e, e BICALHO, Maria Fernanda Batista. 1680-1720: *O Império deste mundo*. São Paulo, Cia. das Letras, 2000.

SOUZA, Laura de Mello e. *O sol e a sombra: política e administração na América portuguesa do séc. XVIII*. São Paulo: Cia. das Letras, 2006.

VAINFAS, Ronaldo, (org.) *Dicionário do Brasil colonial (1500-1808)*. Rio de Janeiro, Objetiva, 2000.

VIDAL, Laurent, *Mazagão, la ville qui traversa l'Atlantique (1769-1783)*. Paris: Aubier, 2005.

VILLALTA, Luiz Carlos. *1789-1808: O Império luso-brasileiro e os Brasis*. São Paulo, Cia. das Letras, 2000.

WELHING, Arno e WELHING, Maria José C. *Formação do Brasil colonial*. Rio de Janeiro: Editora Nova Fronteira, 1994.

HISTÓRIA DO BRASIL INDEPENDENTE

Séculos XIX-XX

ABREU, Marcelo de, (org.) *A ordem do progresso. Cem anos de política econômica republicana, 1889-1989*. Rio de Janeiro: Editora Campus, 1990.

ENDERS, Armelle. *Histoire du Brésil contemporain, XIXe-XXe siècle*. Bruxelles : Complexe, «Questions au XXe siècle», 1997.

FERREIRA, Jorge & DELGADO, Lucília de Almeida Neves, éd., *O Brasil republicano*. – Rio de Janeiro, Civilização brasileira, 2003, 4 vol.

ROUQUIE, Alain, (org.) *Les partis militaires au Brésil*. Paris: Presses de la Fondation Nationale des Sciences Politiques, 1980.

VIDAL, Laurent. *De Nova Lisboa à Brasília. L'invention d'une capitale (XIXe-XXe siècle)*. Paris: IHEAL éditions, 2002.

1808-1930

ALENCASTRO, Luiz Felipe, (org.) *História da vida privada no Brasil: Império. A Corte e a modernidade nacional.* São Paulo: Cia. das Letras, 1999.

ALEXANDRE, Valentim. *Os sentidos do Império: a questão colonial na crise do Antigo Regime.* Porto: Afrontamento, 1993.

BARMAN, Roderick J. *Brazil: The Forging of a Nation, 1798-1852.* Stanford: Stanford University Press, 1988.

BARMAN, Roderick J. *Citizen Emperor. Pedro II and the Making of Brazil, 1825-91.* Stanford: Stanford University Press, 1999.

CAPDEVILA, Luc. *Une guerre totale. Paraguay, 1864-1870. Essai d'histoire du temps présent.* Rennes: Presses Universitaires de Rennes, 2007.

CARVALHO, José Murilo de. *A construção da ordem: a elite política imperial.* Rio de Janeiro: Campus, 1980.

CARVALHO, José Murilo de. *Un théâtre d'ombres: la politique impériale au Brésil, 1822-1889.* Paris, Maison des Sciences de l'Homme, 1990.

CARVALHO, José Murilo de. *Dom Pedro II.* São Paulo: Cia. das Letras, 2007.

CAVALCANTE, Berenice. *Razão e sensibilidade. José Bonifácio, uma história em três tempos.* Rio de Janeiro: Editora FGV, 2001.

CHALLANDES, Jean-Philippe. *A Pátria dos vencidos. O crepúsculo de um projeto de nação. Brasil: 1839-1842.* Tese de doutorado, Universidade de Brasília (UNB), 2002.

DEAN, Warren. *Rio Claro: a Brazilian plantation system, 1820-1920.* Stanford: Stanford University Press, 1976.

DIAS, Maria Odila Silva. «A interiorização da metrópole (1808-1853)», *in*: MOTA, Carlos Guilherme (org.) *1822: Dimensões.* São Paulo: Editora Perspectiva, 1972, p. 160-184.

DOLHNIKOFF, Miriam, *O pacto imperial. Origens do federalismo no Brasil.* São Paulo: Globo, 2005.

DORATIOTO, Francisco. *Maldita Guerra. Nova história da Guerra do Paraguai.* São Paulo : Cia. das Letras, 2002.

ENDERS, Armelle. «Pour en finir avec la 'politique du café au lait': État fédéral, intérêts régionaux et intérêts du café sous la Première République (1889-1930)», *Cahiers du Brésil contemporain*, nº 19, dezembro de 1993, p. 69-91.

ENDERS, Armelle. *Plutarque au Brésil. Grands hommes et héros nationaux de l'Indépendance du Brésil au centenaire de l'Indépendance (1822-1922).* Paris: Les Indes Savantes (a ser publicado).

GRAHAM, Richard. *Patronage and politics in Nineteenth-Century Brazil*. Stanford: Stanford University Press, 1990.

JANSCÓ, István (org.) *Independência: história e historiografia*. São Paulo, Editora Hucitec/Fapesp, 2005.

LEMOS, Renato. *Benjamin Constant. Vida e obra*. Rio de Janeiro: Topbooks, 1999.

LYRA, Maria de Lourdes Viana. *A utopia do poderoso império*. São Paulo: Sette Letras, 1994.

MALERBA, Jurandir (org.) *A independência brasileira: novas dimensões*. Rio de Janeiro: Editora FGV, 2006.

MATTOSO, Kátia M. de Queirós. *Bahia século XIX. Uma província no Império*. Rio de Janeiro: Editora Nova Fronteira, 1992.

MELLO, Maria Tereza Chaves de. *A República, consentida. Cultura democrática e científica do final do Império*. Rio de Janeiro, Editora FGV, 2007.

MOREL, Marco. *O período das Regências (1831-1840)*. Rio de Janeiro: Jorge Zahar Editora, 2003.

MOREL, Marco. *As transformações dos espaços públicos. Imprensa, atores políticos e sociabilidades na cidade imperial (1820-1840)*. São Paulo: Hucitec, 2005.

NEEDELL, Jeffrey D. *A Tropical Belle Époque. Elite culture & society in turn-of--the-century Rio de Janeiro*. Cambridge: Cambridge University Press, 1987.

NEVES, Lúcia Maria Bastos Pereira das e MACHADO, Humberto Fernandes. *O Império do Brasil*. Rio de Janeiro: Editora Nova Fronteira, 1999.

NEVES, Lúcia Maria Bastos Pereira das. *Corcundas e constitucionais. A cultura política da Independência (1820-1822)*. Rio de Janeiro, Faperj/Revan, 2003.

PAIVA, Eduardo França. *Escravidão e pena, Lincoln de Abreu, O progresso da ordem. O Florianismo e a construção da República*. Rio de Janeiro: Sette Letras, 1997.

PEREIRA, Jorge Miguel. «Economia e política na explicação da Independência do Brasil», *in*: MALERBA, Jurandir (org.) *Independência Brasileira: Novas dimensões*. Rio de Janeiro, Editora FGV, 2006.

REIS, José João. *Rebelião escrava no Brasil. A história do levante dos Malês em 1835*. São Paulo, Cia. das Letras, 2003.

RICCI, Madga. *Assombrações de um padre regente. Diogo Antônio Feijó (1784-1843)*. Campinas: Editora da Unicamp, Cecult-IFCH, 2001.

SILVA, Eduardo. *As camélias do Leblon e a abolição da escravatura. Uma investigação de história cultural*. São Paulo: Cia. das Letras, 2003.

SILVA, Eduardo. *Prince of the People. The life and Times of a Brazilian Free Man of Colour*. Londres-Nova York, Verso, 1993.

STEIN, Stanley J. *Vassouras: a Brazilian coffe county, 1850-1900. The Roles of Planters and Slaves in a Plantation Society*. Princeton: Princeton University Press, 1985.

VIZCARDI, Cláudia Maria Ribeiro. *O teatro das oligarquias. Uma revisão da «política do café com leite»*. Belo Horizonte: Editora C/Arte, 2001.

1930-2007

ABREU, Alzira Alves de et *ali* (org.) *Dicionário Histórico-Biográfico Brasileiro Pós-1930*. Rio de Janeiro: Editora FGV, 2000, 5 volumes.

BOYER, Véronique. *Femmes et cultes de possession au Brésil*. Paris: L'Harmattan, 1993.

CONNIFF, Michael L. *Urban Politics in Brazil. The Rise of Populism 1925-1945*. Pittsburgh: UPP, 1981.

ENDERS, Armelle. «Saint Tancredo de l'Espérance. La mort du president Tancredo Neves et la démocratie brésilienne», *in*: Jacques Julliard (org.) *La mort du Roi. Autour de François Mitterrand. Essai d'éthnographie politique comparée*. Paris : Gallimard, 1999, p. 327-358.

ENDERS, Armelle. «La gauche brésilienne et le pouvoir: de Getúlio Vargas au gouvernement Lula», *Problèmes d'Amérique Latine*, inverno de 2004-2005, n°55, p. 89-113.

FERRAZ, Francisco César. *Os brasileiros e a Segunda Guerra Mundial*. Rio de Janeiro: Jorge Zahar Editora, 2005.

FERREIRA, Jorge (org.) *O populismo e sua história. Debate e crítica*. Rio de Janeiro: Civilização Brasileira, 2001.

FERREIRA, Marieta de Moraes (org.) *João Goulart. Entre a memória e a história*. Rio de Janeiro: Editora FGV, 2006.

Fico, Carlos. *Além do golpe. Versões e controvérsias sobre 1964 e a Ditadura Militar*. - Rio de Janeiro: Record, 2004.

GOMES, Ângela de Castro, PANDOLFI, Dulce Chaves e ALBERTI, Verena. *A República no Brasil*. Rio de Janeiro: Editora Nova Fronteira-CPDOC, 2002.

GOMES, Ângela de Castro. *A invenção do trabalhismo*. Rio de Janeiro: Relume--Dumará, 1994 (2ª edição).

GOMES, Ângela de Castro (org.) *Capanema: o ministro e seu ministério*. Rio de Janeiro: Editora FGV, 2000.

GOMES, Ângela de Castro. *Cidadania e direitos do trabalho*. Rio de Janeiro: Jorge Zahar Editora, 2002.

GOMES, Ângela de Castro (org.) *O Brasil de JK*. Rio de Janeiro: Editora FGV, 2002.

JACOB, Cesar Romero, HESS, Dora Rodrigues, WANIEZ Philippe e BRUSTLEIN, Violette. *Atlas da filiação religiosa e indicadores sociais no Brasil*. São Paulo: Edições Loyola, 2003.

LEVINE, Robert M. *Father of the Poor? Vargas and his Era*. Cambridge: Cambridge University Press, 1998.

MARIN, Richard. *Dom Helder Câmara, les puissants et les pauvres. Pour une histoire de l'Église des pauvres dans le Nordeste brésilien, 1955-1985*. Paris, les éditions de l'atelier, 1995.

MARIN, Richard «Le XXe siècle brésilien», *in*: Bartolomé BENNASSAR e Richard MARIN. *Histoire du Brésil 1500-2000*. Paris: Fayard, 2000, p. 271-526.

MARTINS FILHO, João Roberto (org.) *O Golpe de 1964 e o Regime militar: novas perspectivas*. São Carlos: Edufscar, 2006.

MONBEIG, Pierre. *Pionniers et planteurs de São Paulo*. Paris: Armand Colin, 1952.

MORAIS, Taís e SILVA, Eumano. *Operação Araguaia. Os arquivos secretos da guerrilha*. São Paulo: Geração Editorial, 2005.

PANDOLFI, Dulce (org.) *Repensando o Estado Novo*. Rio de Janeiro: Editora FGV, 1999.

SENTO-SÉ, João Trajano. *Brizolismo. Estetização da política e carisma*. Rio de Janeiro: Editora FGV, 1999.

SKIDMORE, Thomas. *Politics in Brazil 1930-1964. An Experiment in Democracy*. Oxford: Oxford University Press, 1967.

SKIDMORE, Thomas. *The Politics of Military Rule in Brazil, 1964-1985*. Oxford: Oxford University Press, 1988.

STEPAN, Alfred. «The New Professionalism of Internal Warfare and Military Role Expansion», *in*: STEPAN, Alfred (org.) *Authoritarian Brazil. Origins, Policies, and Future*. New Haven-Londres, Yale University, 1973, p. 54.

TAIEB, Éric e BARROS, Octavio. *Economie et société brésiliennes, croissance ou développement?* Paris: Nathan, 1989.

VÉRAN, Jean-François. *L'esclavage en héritage (Brésil). Le droit à la terre des descendants de marrons*. Paris: Karthala, 2003.

VIDAL, Dominique. *La politique au quartier. Rapports sociaux et citoyenneté à Recife*. – Paris, Éditions de la Maison des Sciences de l'Homme, 1998.

VIDAL, Dominique. *Les bonnes de Rio. Emploi domestique et société démocratique au Brésil*. Villeneuve d'Asq: Les Presses universitaires du Septentrion, 2007.

WILLIAMS, Daryle. *Culture Wars in Brazil. The First Vargas Regime, 1930-1945*. Durham: Duke University Press, 2001.

Anais do seminário *1964-2004. 40 anos do golpe. Ditadura militar e resistência no Brasil*. - Rio de Janeiro: Editora 7 Letras, 2004.

Índice

Álvares Cabral, Pedro 17, 18, 25, 27, 28, 29, 249
Amado, Jorge 168
Amaral, Tarsila do 168
Anchieta, José de 36
Andrada Machado e Silva, Antônio Carlos Ribeiro de 111
Andrada, Martim Francisco Ribeiro de 111
Andrade, Carlos Drummond de 181
Andrade, Mário de 168, 180
Andrade, Oswald de 168
Arns, Paulo Evaristo 203

Bandeirantes 59, 166, 167
Barata, Cipriano 90, 115
Barbosa, Januário da Cunha 111, 117
Barbosa, Rui 152, 153, 156
Bocaiúva, Quintino 144
Bonifácio, José (José Bonifácio de Andrada e Silva) 85, 86, 111, 113, 114, 116, 117, 118, 119, 122, 124, 154, 251, 260, 265
Bossa nova 189, 253
Bourbon, Charlotte de (Carlota Joaquina) 99
Breves, Joaquim José de Sousa 135

Brizola, Leonel 12, 189, 191, 195, 211, 212, 219, 230
Buarque, Chico 197

Câmara, Hélder 190, 203
Caminha, Pero Vaz de 17, 25, 28, 29
Campos, Francisco 179, 195
Caneca (frei) 119
Canudos 157, 158
Capanema, Gustavo 180, 181
Caramuru 34, 265
Cardoso, Fernando Henrique 215, 224, 225, 226, 227, 228, 229, 230, 232, 233, 239, 240
Castelo Branco, Humberto 194
Caxias, duque de (Luís Alves de Lima e Silva) 125, 126, 142, 265
Chica da Silva 75, 265
Ciclos 9
Coelho, Duarte 33, 42
Collor, Fernando (Fernando Collor de Mello) 220, 221, 222, 223, 224, 235, 265
Companhia Siderúrgica Nacional (CSN) 182, 224, 265
Companhia Vale do Rio Doce 225, 265

Congo, Manuel 126
Conjuração de Minas Gerais 87
Consolidação das Leis do Trabalho (CLT) 183, 265
Constant, Benjamin (Benjamin Constant Botelho de Magalhães) 118, 145, 149, 152, 154, 261, 266
Costa, Cláudio Manuel da 88, 89
Costa e Silva, Artur da 194, 195, 197, 199, 204, 206
Cotegipe, barão de 148, 156
Cunha, Euclides da 158, 159
Cunha, Luís da 78

Debret, Jean-Baptiste 98, 113
Dirceu, José 230, 235, 236
Diretas Já 213, 214
Dom João (João VI) 98, 101, 106, 107, 108, 112, 113, 114, 118, 120, 121, 134
Dom Pedro (Pedro I) 114, 115, 117, 118, 119, 120, 121, 123, 124, 127, 129, 266
Dom Pedro (Pedro II) 125, 127, 128, 129, 130, 131, 132, 133, 139, 140, 142, 144, 146, 149, 152, 160, 168
Dom Vital 131
Duguay-Trouin, René 79

Eckhout, Albert 53
Engenho de açúcar 43
Erundina, Luiza 219, 223
Eu, conde d' 131, 142, 146

Farroupilha 125
Feijó, Diogo 123, 127, 128, 136, 261, 266
Figueiredo, João 198, 208, 211

Fonseca, Manuel Deodoro da 149, 152, 156, 157
Franco, Itamar 223, 225, 228
Freyre, Gilberto 168, 181

Geisel, Ernesto 196, 208, 209, 210, 211, 246
Gil, Gilberto 197
Gonçalves Magalhães 133
Gonzaga, Tomás Antônio 88
Goulart, João 12, 186, 187, 189, 191, 192, 195, 262
Grandjean de Montigny 98, 107
Guerra dos Emboabas 69, 70
Guerra dos Mascates 44
Guerra Guaranítica 80
Guerrilha do Araguaia 202
Guimarães, Ulysses 217, 219
Gusmão, Alexandre de 80

Isabel, princesa 146, 147, 148

Kubitschek, Juscelino 187, 188, 189, 195

Lacerda, Carlos 187, 189, 203
Lamarca, capitão 199, 200
La Ravardière, Daniel de la Touche de 61
Ledo, Joaquim Gonçalves 111, 113, 115, 117
Lemos, Miguel 145
Leopoldina 114, 120
Lima, Pedro de Araújo 127
Linhares, conde de (Rodrigo de Sousa Coutinho) 91, 92, 93, 95, 98, 116
Luís, Washington 170, 171, 176

Lula (Luiz Inácio da Silva dito) 10, 190, 209, 210, 212, 215, 219, 221, 222, 223, 225, 228, 230, 231, 232, 233, 234, 235, 236, 237, 238, 239, 240, 243, 253, 262, 266

Magalhães, Antônio Carlos 220
Maluf, Paulo 213, 219, 220, 229, 266
Mamelucos 33, 39, 49, 58, 59
Mauá, barão de (Irineu Evangelista de Sousa) 139, 140
Médici, Emílio Garrastazu 194, 198, 206, 207, 208, 246, 267
Mem de Sá 35, 37, 267
Mendes, Raimundo Teixeira 145, 154
Mercosul 243
Modernismo 168
Morais, Prudente de 157, 158, 159, 162, 166
Movimento dos Trabalhadores Sem--Terra (MST) 226, 227, 234, 253, 267

Nabuco, Joaquim 147, 153
Nassau, Maurício de 52, 53
Netto, Antônio Delfim 204
Neves, Tancredo 190, 212, 213, 214, 217, 220, 262
Nóbrega, Manuel da 35
Nossa Senhora da Aparecida 239
Nunes Viana, Manuel 69

Ouro Preto, visconde de 149

Patrocínio, José do 147, 149
Peçanha, Nilo 160, 169

Peixoto, Floriano 156, 157, 158, 162
Pereira, José Clemente 111, 112, 114
Petrobras 186, 225, 226, 243, 267
Pombal, marquês de (Sebastião José de Carvalho e Melo) 67, 81, 82, 83, 84, 86, 91, 250
Positivismo 145, 153, 154, 155
Post, Franz 53
Prado, Eduardo 153
Prado, Paulo 168
Prestes, Luís Carlos 169, 170, 171, 178, 179, 185, 195, 201

Quadros, Jânio 189, 195
Queirós, Eusébio de 137
Quilombo 50, 60, 147, 240

Ramalho, João 33
Ramos, Graciliano 168
Raposo Tavares, Antônio 59
Revolta dos Malês 126
Rio Branco, visconde de (José Maria da Silva Paranhos) 146
Rondon, Cândido 154

Sabino, Francisco 124
Sá e Benevides, Salvador Correia de 56, 57
Sá, Estácio de 37
Sales, Manuel Campos 159, 160
Sales, Manuel de Campos 152
Salgado, Plínio 178
Santos, Felipe dos 70
Santos, marquesa de 120
Sarney, José 214, 217, 218, 219, 220, 224, 243, 246, 254, 267

Senzala 43
Sertão 36, 45
Sesmarias 33
Silva, Francisco Manuel da 122
Silva, Golbery do Couto e 195, 198
Solano López, Francisco 140, 141, 142
Sousa, Martim Afonso de 32
Sousa, Tomé de 34, 35

Taunay, Nicolas 98
Teixeira, Pedro 61
Tenentismo 169, 170, 179
Teresa Cristina 129
Tibiriçá 33
Tiradentes (Joaquim José da Silva Xavier) 88, 89, 154

Tomás, Manuel Fernandes 111
Torres, Alberto 165
TV Globo 206, 221, 268

Vargas, Getúlio 12, 13, 170, 171, 175, 177, 179, 180, 184, 185, 186, 187, 191, 225, 262
Varnhagen, Francisco Adolfo de 133
Veiga, Evaristo da 120
Velho, Domingos Jorge 60
Veloso, Caetano 197
Viana, Oliveira 180
Villegaignon, Nicolas de 37
Zumbi 50, 240, 268

Ilustrações dos mapas

O povoamento da América do Sul p. 21

As migrações tupi-guarani (segundo a hipótese de Brochado, 1984)
    Fonte: Carlos Fausto, *Os Índios Antes do Brasil* (2000) p. 24

Os portugueses no mundo do século XVI p. 38

A expansão territorial no século XVII p. 51

Cidades e estradas de Minas Gerais p. 71

Uma independência difícil (1821-1823) p. 109

A expansão do café no século XIX p. 136

O tráfico negreiro para o Brasil do século XVI a 1850 p. 138

A guerra do Paraguai p. 143

A densidade populacional e as migrações inter-regionais no Brasil p. 216

Este livro foi composto na tipologia
Warnock Pro, em corpo 11/14,7
e impresso pela Gráfica Edelbra, em papel Offset 90g/m².
no primeiro semestre de 2012.